사랑의 진화

Die Entwicklung der Liebe

사랑의 진화

Die Entwicklung der Liebe

에밀 루카 지음
마이너스 옮김

일러두기

- 책의 각주는 모두 옮긴이의 주입니다.
- 인명, 지명, 독음 등은 외래어표기법을 따르되, 설명이 필요한 경우 주석 처리하였습니다.

목차

서문	6
1부. 성적 본능	8
2부. 사랑	28
1장. 유럽의 탄생	29
2장. 여성의 신격화	123
3장. 형이상학적 에로티시즘의 도착	262
3부. 성(性)과 사랑의 결합	278
1장. 합일에 대한 갈망	279
2장. 사랑의 죽음	302
3장. 성(性)과 사랑의 갈등	318
4장. 성(性)의 복수	325
결론. 심리유전 법칙	333

서문

 모든 교양 있는 남녀를 독자로 삼는 이 책의 목적은 사랑의 원시적 발현을 설명하고, 내가 '형이상학적 에로티시즘'이라 부른 기이한 감정적 절정들을 조명하는 것이다. 역사적 세부 사항은 내 주제를 증명하고 설명하며 예증하는 데 도움이 될 때만 언급했다. 또한 심리학적 동기와 문명의 성장 및 확산에서 비롯된 동기를 뒤섞는 것을 주저하지 않았다. 역사적 사실을 한쪽으로만 치우쳐 바라보면 필연적으로 사랑의 역사를 서술하게 될 터인데, 나는 그런 작업을 할 능력도 없고 그럴 마음도 없다. 반면에 시대의 흐름을 무시하고 순전히 심리학적 논문만 썼더라면, 현실을 다루는 대신 상상력에 고삐를 내주었다는 정당한 비난을 면치 못했을 것이다.

 나는 역사적 사실들을 활용하여, 심리학이 사랑의 진화에 필수적인 단계라고 밝힌 것들이 실제로 역사적 시간 속에 존재했으며 한 문명 시기 전체의 특징을 이루었음을 증명하고자 했다. 문명의 역사는 '유럽의 탄생'이라는 장에서만 그 자체로 목적이 된다.

 내 저서는 무엇보다도 인류의 감정 생활에 관한 개별 연구서가 되고자 한다. 나는 인정보다는 거부를 받을 각오가 되어 있다. 역사학자도 심리학자도 만족하지 못할 것이다. 더욱이 내 관점이 절망적일 만큼

'구식'이라는 점도 잘 알고 있다. 오늘날 거의 모든 사람은 성적 충동을 모든 에로스적 감정의 원천으로 여기고, 사랑을 그저 성적 충동의 가장 정교한 발현에 불과한 것으로 보는 데 만족한다.

반대로 내 책은 사랑이 성(性)과 완전히 무관함을 입증하고자 노력한다.

사랑처럼 강력한 감정이 역사 시대, 그것도 그리 멀지 않은 과거에 생겨났다는 나의 주장은 매우 이상하게 보일 것이다. 진화에 대한 외적인 믿음의 고백에도 불구하고, 사람들은 여전히 인간 본성의 불변성을 당연하게 여기는 경향이 있기 때문이다.

내가 주장의 근거로 삼은 사실들은 잘 알려져 있지만, 나의 추론은 새롭다. 그것이 옳은지 그른지를 판단하는 것은 내 몫이 아니다. 첫 번째 (서론) 부분에서는 플라톤과 시인들 외에 기존의 저작들을 활용했지만, 두 번째와 세 번째 부분은 거의 전적으로 독창적인 연구에 기반을 두었다.

에밀 루카

1부
성적 본능

   시간의 어두운 심연에서 중세의 여명기로 서서히 떠오르던 세대에게, 성적 본능의 충족은 다른 어떤 욕구를 채우는 것보다 상대적으로 쉬웠다. 계획이나 준비 없이 순간의 충동에 따라 욕망을 풀고 나면 갈망은 곧 사라졌고, 사람들은 더 어렵게 얻어야 하는 생활필수품을 확보하는 데 힘을 쏟을 수 있었다. 원시와 선사 시대의 인간은 철저히 현재에만 살았다. 먹을 것이 풍족하면 내일이나 모레 닥칠지 모를 굶주림은 아랑곳하지 않고 배가 터지도록 먹었다. 그의 생각은 짧고 얕았으며, 순간의 포옹과 오래 뒤에 태어날 아이 사이에 인과가 있다는 생각은 전혀 하지 못했다. 임신과 출산은 주술의 결과라고 여겼다. 실제로 오늘날까지도 오스트레일리아 일부 원주민은 생식과 출산의 관계를 알지 못한다. 원시인들에게 기억되는 것은 단지 "여자가 아이를 낳는다"는 사실뿐이었다. 아이가 어느 어머니에게 속했는지조차 종종 잊히곤 했다. 어머니가 죽었거나, 아이가 공동체 밖으로 나갔다가 돌아왔을 때 친모가 알아보지 못했기 때문이다. 그러나 모든 아이에게 어머니가 있다는 사실만은 누구도 의심하지 않았다. '아버지'라는 개념은 아직 존재하지 않았다. 경험이 가르쳐 준 진리는 단 두 가지, "여자는 아이를 낳는다"와 "모든 아이에게 어머니가 있다"였다.

따라서 역사 시대의 여명기까지 성관계는 무질서하고 되는 대로 이루어졌다고 보는 것이 타당하다. 모든 여성은—아마도 자기 부족 내에서—모든 남성에게 속했다. 물론 이 가정이 모든 부족에 동일하게 적용된다고 단정할 수는 없다. 후대의 민족학자들, 특히 베스터마르크는 오늘날 일부 부족 사회에 들어맞지 않는다는 이유로 이를 부정했다. 그러나 헤로도토스는 역사 시대에도 에티오피아나 카스피해 연안처럼 서로 멀리 떨어진 지역에서 무분별한 성관계가 존재했다고 기록한다. 성관계가 집단혼, 아내 교환이나 대여, 혹은 그와 유사한 형태로 이루어졌다는 점은 부정하기 어렵다.

어머니와 자식의 관계는 자연이 직접 맺어준 것이므로, 최초의 인류 가족은 어머니를 중심으로 형성되었고 그녀가 자연스러운 우두머리로 받아들여졌다. 이 구조는 생식과 출산의 인과관계가 밝혀진 이후에도 오래 지속되었다. 지중해 연안의 나라들, 특히 리키아·크레타·이집트에서는 가정과 국가 모두에서 여성적 요소가 지배적이었다. 이는 셈족이나 아리아족 같은 동방 민족들의 자연 종교에도 반영되었으며, 그리스 신화 속에서도 무수한 흔적으로 남아 있다. 성관계의 역사에서 이러한 단계를 밝혀낸 공로는 바흐오펜에게 돌아간다. 그는 이렇게 말했다.

"생명을 주는 모성에 기반한 여성 지배는 삶의 안

팎을 지배하는 자연의 원리와 현상에 의해 좌우되었다. 그것은 아직 벗어나지 못한 자연의 통일성과 우주의 조화를 생생히 인식했다. … 모든 면에서 물질적 존재의 법칙에 순종했고, 시선은 땅에 고정되어 있었으며, 빛의 신들보다 대지의 신들을 숭배했다."

인간은 꽃이 흙에서 피어나듯 어머니에게서 태어나, 가이아·데메테르·이시스와 같은 풍요와 다산의 여신들에게 제단을 쌓았다. 초기 인류는 자신을 자연의 일부로만 인식했다. 그들은 맹목적인 자연 법칙에 지성으로 맞서려는 생각을 품지 못했고, 개성을 자각하지 못한 채 자연의 절대적 지배에 수동적으로 복종했다. 그들에게 진정한 개체는 개인이 아니라 어머니를 중심으로 한 가족과 씨족 공동체였다. 이는 개별 벌이 아닌 벌떼 전체가 하나의 존재를 이루는 것과 같았다. 그들은 자연과 완전히 조화 속에서 살았다. 정신적 삶이나 역사는 아직 없었다. 문명과 지적 가치는 공동체가 원시적 조건에서 벗어날 때 비로소 생겨나기 때문이다. 분화의 영향은 거의 미치지 않았고, 사람들은 외모·성격·습관까지도 서로 비슷했다.

지중해 연안의 여러 나라들(인도와 바빌로니아까지 포함하여)에서는 무분별하고 책임 없는 성관계의 초기 단계가 종교에 의해 제도화되었다. 아도니스, 디오니소스, 밀리타, 아스타르테, 아프로디테를 기리는 봄의 연례 축제는 억제되지 않은 방종을 공공연히 기념했다. 공동체 전체가 대지의 부활을 맞아, 그것을 열정의 무절제한 탐닉으로 환영한 것이다. 이 시기 인간은 단지 씨앗을 흩뿌리는 꽃 이상이기를 바라지 않았다. 풍요와 번성의 불가해한 지배자들 앞에서 욕망은 결코 개인화되지 않았다.

난교는 남성성과 여성성의 결합을 상징했으나, 그것은 결코 개인적 차원의 남녀 관계가 아니었다. 그 속에는 개별적 주체성이나 사적인 의미가 개입할 여지가 없었다. 또한 그러한 본능의 해방은 상징적 행위도 아니었다. 상징이 되려면, 인간은 지적인 존재로서 자연과 대면하며, 자신의 행위를 통해 자연을 비추고 변형시켜야 했기 때문이다. 그러나 그는 아직 그 단계에 이르지 못했다. 그의 바람은 단지 자신 안에서 자연을 실현하는 것에 머물렀다.

인류는 여전히 모호한 어머니들의 지배 아래 있었다. 레아, 데메테르, 키벨레 같은 대지의 여신들, 그리고 그들의 자손인 디오니소스, 에페소스에서 숭배된 다유방(多乳房)의 여신 앞에서 인간은 무력한 존재였다. 성은 불멸이었고, 성과 더불어 원초적 물질—아리스토텔레스가 형식과 대비시킨 질료—도 불멸로 여겨졌다. 고대인들의 의식에서 "여성적 원리는 육체의 어머니이지만, 정신의 어머니는 남성"이었다. 그들의 제의의 본질은 탄생과 죽음, 끝없는 반복이었다. 겉으로는 무의미하고 목적이 없어 보였지만, 그 성사는 영원한 성의 결합을 상징했다.

세대를 잇는 유일한 끈은 모성이었다. 그것은 두 개인 간의 특정한 관계라기보다는, 인류가 가장 먼저 깨달은 자연적이고 보편적인 힘이었다. 주재하는 신들은 '어머니들'이었으며, 시간과 공간을 초월한 영원한 생명의 부여자이자 인류의 보존자였다. 그들의 침묵 속 위대함 앞에서, 인간이 자신의 기원과 종말을 알고자 하거나 개성을 얻고자 하는 욕망은 오히려 신성모독처럼 여겨졌다. 그들은 성에게는 불멸을 부여했으나, 개인에게는 죽음을 남겼다.

따라서 우리는 먼저 아버지가 없는 '자연적 임신'의 단계를 확인하게 된다. 이는 만물이 원소에서 비롯되었다고 본 고대 철학 이론과도 상통한다. 그 뒤 세대는 점차 정신적 원리를 발견했고, '생성' 혹은 '영원한 존재'라는 개념에 이르렀으며, 마침내 정신과 물질 사이의 갈등을 인식하기 시작했다.

그러나 성관계에 대한 일반적 태도는 개인들이 점차 자신만의 개성을 의식하기 시작하면서 변화를 겪었다. 모든 구성원이 서로 닮아, 개별적인 차이가 거의 드러나지 않던 공동체에서는 자연 선택이 작동하기 어려웠다. 여인들 사이에 뚜렷한 차이가 없었다 해도, 건강하고 젊고 강한 여인이 병약한 여인보다 선호되었음은 분명하다. 그러나 단순히 처음 만난 상대에게 만족하는 대신, 파트너를 선택하려는 소망이 생겨난 것은 인류가 점차 외적·내적으로 분화하기 시작했음을 보여준다. 고대 작가들의 기록으로 직접 입증할 수는 없지만, 개개인이 눈에 띄는 차이를 보이기 전에는 '선호'라는 감정이 생길 수 없었음은 분명하다. 따라서 분화가 진전됨에 따라, 처음에는 미약했지만 점차 확대된 새로운 요소—선택의 요스—가

성생활 속으로 들어왔다.

개성의 발달은 보편적 성관계와 모계 사회 전반에 대한 반발을 낳았다. 남성들은 자신만의 세계를 만들고자 했다. 그들은 모성적 삶의 불멸성 속에서 별다른 몫을 갖지 못했기 때문이다. 단일 개체로서, 그들은 어머니들의 사슬 속에서 세대를 잇는 물질적 유대에 맞서 섰다. 빛의 신들과 필멸의 어머니들 사이에서 태어난 반신(半神)들이 바로 그러한 전환을 이끌었다. 헤라클레스, 테세우스, 페르세우스는 고대의 어둠의 세력을 전복하고, 인간을 조야한 물질주의로부터 해방시킨 문명의 개척자였다. 그들은 정신적 삶을 열어젖힌 자들이었으며, 태양처럼 부패하지 않고, 온화함과 더 높은 노력, 새로운 섭리로 특징지어지는 새로운 문명의 영웅이었다.[1]

하인리히 슈르츠는 모계 사회와 직접 관련 짓지는 않았지만, 초기 사회에서 가족과 나란히 미혼 남성들의 결사체가 존재했음을 입증했다. 이 결사체들은 혈연이 아닌 친교를 목적으로 했고, 소년들이 어머니의 보살핌을 벗어나자마자 놀이, 전쟁, 사냥을 위해 결합했다. 따라서 이 남성 결사체는 삶의 필요에서 생겨난 것이었다. 혁신과 발명은 대체로 보수적인 여성들보다 이 집단에서 비롯되었으며, 모든 정신적·사회적 진화의 온상으로 작용했다. 자연적 혈연이 아닌, 형제애와 우정의 감정에 기초한 이 연맹은 가족적 유대에 대한 도전이자, 여성에 대한 적대감과 경멸의

---

[1] 요한 야코프 바흐오펜, 『모권』(1861)에서 인용

표현일 수도 있었다. 또한 당시 사회에 널리 퍼져 있던 동성애와도 긴밀히 연결되어 있었을 것이다.

슈르츠의 묘사가 얼마나 정확한지는 논란이 있을 수 있으나, 모계 사회에 대한 최초의 투쟁이 이 결사체에서 비롯되었다는 사실은 분명하다. 그 투쟁은 결국 남성 원리의 승리, 아버지 권위의 인정, 여성의 법적 권리 박탈, 남성 정부의 수립, 그리고 정신의 지배로 이어졌다. 다시 말해, 어두운 풍요의 지배자들 위에 빛의 신들이 승리한 것이다. 이 혁명은 아마도 인류가 겪은 가장 철저한 전환일 것이다.

이후 수많은 타협과 제한을 거쳐, 무질서한 성관계는 마침내 일부일처제로 귀결되었다. 자유로운 성관계는 신들에 의해 허용되었지만, 새로운 질서에 그들을 화해시키기 위해서는 일시적이고 보편적인 본능 해방의 형태로 희생이 요구되었다. 그 첫 번째이자 가장 중요한 타협은 바로 신전 매춘이었다. 소아시아, 그리스 군도, 인도, 바빌로니아의 여러 민족에서 행해졌던 이 제의에서 많은 소녀들은 지참금을 마련하기 위해 일시적으로 몸을 바쳤다. 그러나 이후 결혼하면 엄격한 정절을 지켰고, 이로써 종교적 요구는 충족되었다. 처음에는 해마다 반복되는 의식이었지만, 점차 여성의 삶에서 단 한 번 행해지는 통과의례로 자리 잡았다. 프리슈터는 이를 두고 이렇게 말했다. "매년의 헌신 대신, 이제 단 한 번의 행위가 이루어진다. 기혼 여성의 헤타이라주의는 처녀의 헤타이라주의로 계승되었다. 결혼 중 행해지던 것이 이제는 결혼 전, 처녀 시절에 행해진다. 맹목적 헌신은 특정 개인에게의 복종으로 바뀌었다."

문명이 발전하면서, 일부 소녀들―'히에로둘레스'라 불린―이 분노한 신들을 달래는 역할을 맡게 되었고, 그들의 행위는 다른 여성 시민들을 대신해 속죄의 의미를 지녔다.

그리스 사회가 일부일처제를 채택한 이유는 에로스적 열정 때문이 아니라 정치적·사회적 필요 때문이었다. 그 가운데 가장 중요한 동기는 합법적인 자손을 확보해야 한다는 요구였다. 재산을 지닌 이라면 당연히 합법적으로 상속할 아들을 원했으며, 아버지에서 아들로의 상속권은 이 시기에 확립되어 후에 로마법에도 편입되었다. 그러나 아들을 두는 것은 단순히 재산의 문제가 아니었다. 종교적 관념에 따르면, 죽은 이는 제사 음식을 필요로 했고, 그것은 오직 합법적인 남성 후손만이 제공할 수 있었다. (이 믿음은 인도와 동아시아에도 공통적으로 존재했다.)

몇몇 그리스 도시국가에서는 결혼이 의무였으며, 독신자에게는 벌금이 부과되었다. 동시에 결혼은 남성의 개인적 자유를 크게 제한하지 않았다. 그는 지적 자극을 위해 헤타이라를 찾거나, 혹은 성적 쾌락을 위해 노예를 이용할 수 있었다. 아내는 자유롭지 않았지만, 가정과 자녀의 수호자로서 존중받았다. 이혼의 유일한 법적 사유는 불임이었으며, 우리가 이해하는 의미의 부부간 사랑은 존재하지 않았다. 그것은 고대인들에게 전혀 알려지지 않은 감정이었다.

로마 제국 말기에 접어들어 종교가 사람들의 상상력을 지배하던 힘이 약화되기 전까지, 구세계의 사회생활에는 중세 여명기까지도 큰 변화가 없었다. 오토제크는 이렇게 말한다.

"아내의 임무는 합법적인 자손을 낳는 것 외에는 없었다. 그런데도 그녀는 잘난 체하며, 질투와 성질로 남편의 삶을 괴롭히거나, 더 나쁘게는 사악한 행동으로 모든 사람의 입방아에 오르내렸다. 결혼이 단지 국가에 대한 의무로만 여겨지고, 수많은 남성이 그 짐을 기꺼이 짊어질 만큼 애국심이 충분하지 않았다는 것이 놀라운 일인가?"

결국 보편적 성관계에 대한 남성적 원리의 승리는 성적 충동을 억제하고 특정 개인에게 향하게 하는 두 번째 단계를 열었다. 그러나 이 변화는 '사랑'과는 무관했다. 일부일처제는 원칙과 이상으로는 승리했지만, 여전히 제도적 성격이 강했다.

우리 시대까지 가장 강력하게 전해져 내려오는 그리스 비극, 아이스킬로스의 『오레스테이아』의 심오하고 신비로운 핵심은 바로 낡은 모성적 권위에 대한 새로운 남성 원리의 승리이다. 오레스테스는 아버지의 죽음을 복수하기 위해 어머니를 살해했고, 이는 낡은 법을 정면으로 위반한 행위였다. 태양신 아폴론은 복수를 명령했으나, 모성권을 옹호하는 에리니에스들은 이를 가장 끔찍한 범죄로 단죄했다. 그들에게 모친 살해는 아버지 살해보다 더 무겁게 여겨졌다. 그러나 아폴론은 이렇게 반박한다.

> "아이는 어머니에게 생명을 빚지 않았다.
> 그녀는 아버지가 밝힌 불꽃을 지키고
> 돌볼 뿐이다.
> 그녀는 단지 그의 서약을 지킬 뿐이다."

 이에 대한 에리니에스들의 탄식은 곧 낡은 신들의 패배를 의미했다. 이때 제우스의 딸이자 어머니 없는 처녀 여신 아테나가 중재자로 등장한다. 그녀는 아버지의 권리를 어머니의 권리보다 우위에 두며 새로운 섭리를 선언했고, 오레스테스는 무죄 판결을 받는다.

 이 비극은 곧 그리스에서 남성 원리가 승리했음을 상징적으로 기념하는 것이다. 그러나 동시에 아테나는 새로운 양성적 이상을 구현하는 존재로 등장하는데, 이는 그리스 사회에서 뿌리 깊었던 동성애적 문화와도 긴밀히 연결되어 있다.

 인간의 영혼을 한 번이라도 고양시켰던 것은 결코 완전히 사라지지 않는다는 정신적 법칙이 있다. 그렇지 않다면 영혼의 창고는 텅 비어 있을 것이다. 새로운 가치가 창조되더라도 낡은 진리는 계속 남는다. 다만 그것들은 더 낮은 영역, 열등한 사회 계층으로 밀려나 존속하며, 종종 새로운 것과 융합된다. 이 법칙은 성(性)관계에도 예외 없이 적용된다. 우리는 이를 거듭 확인하게 될 것이다.

 고대인에게 낯설었던 정신적 사랑이 특징이 된 두 번째 단계에서도, 순수한 성적 충동은 여전히 온전한 힘으로 남아 있었다. 그러나 그것은 권위를 잃고 비천하고 저속한 것으로, 더 나아가 죄악적이고 악마적인 것으로 낙인찍혔다. 사람들의 마음은 새로운 이상에 의해 움직이기 시작한 것이다.

고전기 그리스에서도 이와 유사한 태도를 찾을 수 있다. 헬레니즘의 고도로 발달한 자의식은 무분별한 성관계를 기피하고, 본능을 체계화하여 '플라토닉 사랑'이라는 새로운 이상을 세웠다. 그러나 표면 아래에서는 억제되지 않은 자연의 힘이 여전히 소용돌이쳤다. 그리스 정신과 조화를 이루며, 억지로 감추지 않고 새로운 체계 안에 자리를 차지했다.

비밀 종교의 어둠 속에서, 새로운 빛의 신들의 시선으로부터 숨겨진 채, 그 힘은 꺼지지 않는 갈증을 달래려 했다. 이 비밀 종교는 아폴론을 숭배하는 헬라스가 혼돈의 아시아에 바치는 일종의 공물이었으며, 이를 통해 헬라스는 더 높은 정신적·심리적 이상을 자유롭게 추구할 수 있었다. 아테네의 찬란한 문명은 바로 이 비밀 종교의 어두운 제의 위에 세워졌다.

아도니스와 밀리타의 제의와 마찬가지로, 양성적 성격을 띤 디오니소스와 데메테르의 축제에서는 비인격적이고 생식적인 힘이 숭배되었다. 따라서 그리스 국가가 남성적 가치에 따라 성관계를 제한하고 합법적인 자손 번식을 추구하는 한편, 그 이면에서는 고대 동방 신들의 난교적 제의가 여전히 살아 숨 쉬고 있었다. 그 제의는 창조와 임신의 열기를 통해 필멸자들에게 생명의 비밀을 엿보게 했다.

여성들은 이 열정의 종교를 그 자체의 목적으로 옹호했다. 바쿠스 여신도들, 여성 복장을 한 남성들, 거세된 사제들은 맹목적으로 풍요의 신들에게 제물을 바쳤다. 디오니소스는 아마존 여전사들마저 정복하고 자신의 숭배자로 만들었다고 전해진다.

에우리피데스의 『바쿠스 여신도들』은 억제되지 않은 성적 충동과 새로운 질서 사이의 전쟁을 다룬 작품이다. 그는 이 서사에서 디오니소스가 어떻게 아시아를 가로질러 헬라스에 도착했는지, 버려진 여성들의 무리를 이끌고 산속에서 어떤 삶을 살게 했는지를 묘사한다. 여성들은 길들인 독사로 머리를 묶고, 늑대 새끼와 어린 사슴을 팔에 안아 젖을 먹였다. 티르소스로 땅을 치면 우유와 포도주가 솟아났다.

디오니소스는 펜테우스에게, 마이나데스들 사이에 변장하지 않고 들어가지 말라고 충고한다.

"그들이 네 성별을 알게 되면 널 죽일 것이다."

그는 남성과 여성 기질의 비밀을 알고 있었던 것이다.

> "… 먼저 그의 마음을 가벼운 혼란으로
> 흐리게 하라.
> 그의 남성성을 의식한다면 결코
> 여성복을 입지 않으리.
> 그러나 미쳤다면 분명 입게 되리라."

펜테우스는 결국 디오니소스 안에서 새로운 법 개념의 적, 곧 여성들을 광기로 몰아넣은 여성스러운 이방인을 보았다. 그는 어머니 아가베가 이끄는 광란의 바쿠스 여신도들에게 붙잡혀 갈기갈기 찢겨 황소 신 디오니소스에게 희생된다.

이 기이하고 심오한 비극의 결말에서, 아가베는 제정신을 되찾고 자신이 광기 속에서 저지른 행위들을 저주한다. 여성들은 새로운 정신적 섭리에 굴복한다. 우리는 이제 새로 도입된 일부일처제의 수호 여신 헤라가 왜 디오니소스를 미워하고, 그가 태어나기도 전에 죽이려 했는지를 이해할 수 있다.

오르페우스의 아름다운 신화가 다루는 주제는 원시적 성적 충동과 그것이 한 개인의 인격 속에서 어떻게 개별화되는가 하는 문제다. 오르페우스는 에우리디케의 죽음을 일곱 달 동안 애도하며, 다른 모든 생명체에 무관심했다. 이 충절은 트라키아 여성들을 불쾌하게 하고 분노케 했는데, 그들은 오르페우스의 태도에서 자연과 조화를 이루는 삶에 대한 반역적 정신을 감지한 것이다. 결국 어느 날 밤, 디오니소스 제의를 거행하던 중 그들은 시인—더 높은 헬레니즘적 시적 이상을 대표하는 인물—을 덮쳐 갈기갈기 찢어버린다. 그러나 살해된 가수의 머리가 강을 따라 떠내려가면서도 창백한 입술은 여전히 사랑하는 이름, "에우리디케"를 불렀다.

그 먼 전설의 시대에 그러한 사랑이 실제로 존재했을 리는 없다. 그러나 예언적 성격을 가진 그리스 정신은 무분별한 성관계와 한 여성에 대한 헌신적 사랑을 대조시킨 것이다. 지금까지 우리는 개별화되지 않은 성적 본능과, 제한된 범위 내에서나마 개별화를 향한 미약한 시도만을 보았다. 그러나 그것조차 본능의 문제일 뿐, 오늘날 우리가 이해하는 사랑과는 전혀 닮지 않았다. 구세계에는 사랑이 존재하지 않았다. 오르페우스의 전설에서 우리는 현대적 사랑과 닮은 감정을 엿볼 수 있지만, 내가 아는 한 그것은 그리스 역사 속에서 고립된 사례일 뿐이다. 마치 플라톤의 저술에서 기독교의 예견을 발견하는 것처럼, 이 전설 또한 새로운 것에 대한 예언으로 읽을 수 있다. 이런 현상들은 역사 속에서 간혹 발견되지만, 문명에 영향을 미치지 못한 예감에 불과했다. 이해할 수 없었던 시대에는 그만큼 드물게 나타났고, 그 드문성 때문에 오히려 보존될 수 있었을 것이다.

그럼에도 불구하고, 고대에는 남성이 여성에게 품는 정신적 사랑은 알려지지 않았다. 그러나 플라톤은 "비천하고 타락한 에로스"와 "신적인 에로스"를 대조했다. 파우사니아스는 『향연』에서 이렇게 말한다.

"감각만으로 사랑하는 자는 여자와 소년을 똑같이 사랑한다. 그는 영혼보다 육체를 더 사랑한다. 그의 유일한 관심은 욕망의 대상을 얻는 것이며, 그것이 가치 있든 없든 상관하지 않는다. 그가 섬기는 에로스는 남성과 여성의 속성이 뒤섞인 젊은 여신의 동맹자다. 그러나 다른 에로스는 신적인 우라니아 아프로디테의 동반자다. 그녀는 아버지에게서 태어나고 어머니에게서 잉태되지 않았으며, 남성적 요소의 자손으로서 더 나이가 많고, 열정에 물들지 않았다. … 영혼보다 육체를 더 사랑하는 관능주의자는 비천하다. 그의 사랑은 그의 열정의 대상처럼 곧 사라진다. 그러나 올림포스 여신의 동반자는 연인들의 마음에 덕에 대한 갈망을 심는 에로스다. 다른 에로스는 타락한 아프로디테의 공범자다."

또 『향연』의 참석자 아리스토파네스는 이렇게 말한다.

"그 갈망은 단순히 감각의 쾌락에 대한 욕망이 아니다. 한 사람이 다른 사람과의 교제에서 기쁨을 얻는 것이 아니다. 각 영혼이 말로는 표현할 수 없지만, 어렴풋이 예감하고 추측할 수 있는 어떤 것을 갈망하는 것이다."

그리고 신비로운 디오티마는 소크라테스에게 에로스적 삶의 완전히 새로운 원리를 드러낸다. 그것은 인간을 감각의 쾌락 너머로 인도하여, 사랑을 통해 신적인 것으로 이끄는 원리였다.

"감각의 노예는 여자를 좇는다. 그러나 영혼으로 사랑하며, 덕과 지혜를 통해 불멸을 추구하는 자는 위대하고 아름다운 영혼을 찾아 자신을 온전히 바친다."

그러나 고전기의 견해에 따르면, 아름다운 영혼은 오직 남자의 몸에서만 발견될 수 있었다. 여성은 낮고 동물적인 영역에 속했다. 그녀는 감각적 쾌락과 종족 번식을 위해 운명 지어진 존재였다. 플라톤의 이데아론은 자연과 물질, 그리고 그것의 수호자인 여성에 대한 남성-정신적 원리의 철학적 승리였다. (아마도 이것은 인간의 원래 노예 상태에 대한 그리스적 천재의 복수일지도 모른다.)

플라톤의 예언자는 이렇게 계속 말한다.

"남성 간의 사랑은 부모와 자식의 사랑보다 더 강한 유대, 더 긴밀한 우정을 형성한다. 그것은 불멸하며, 인간의 자녀보다 훨씬 더 아름다운 자녀들을 공유한다."

디오티마는 소크라테스에게, 이 고귀한 사랑이 육체적 사랑이 인간 생명의 기원인 것처럼, 정신의 모든 장엄한 창조의 뿌리에 있다고 가르친다.

"모든 육체의 아름다움이 하나로 연결되어 있다는 것을 깨닫기 전까지, 사람은 온 마음을 다해 한 개인을 사랑해야 한다. 그러나 진정으로 아름다움을 좇는 자는 모든 육체의 아름다움을 하나이자 동일한 것으로 보지 않는 것은 어리석은 일임을 깨닫는다. 그때 그는 모든 아름다운 형태의 연인이 될 것이다. 하나에 대한 열렬한 열정은 사라지고, 그는 개인을 경멸하고 가볍게 여길 것이다."

헬레니즘의 동성애와 함께, 원래 자연스러운 양성적 관능주의에 이질적이고 심지어 적대적인 요소가 인류의 에로스적 삶 속으로 스며들었다. 그것은 플라톤의 대화편인 『향연』과 『파이드로스』에서 가장 고전적인 표현을 얻는다. 플라토닉 사랑—흔히 오해되는 것과 달리—은 단순히 개인 간의 애정이 아니라, 순전히 정신적인 것, 곧 진리와 아름다움, 선의 개념을 향한다. 그것은 초자연적인 것에 대한 갈망이며, 동시에 그 길임을 스스로 인식한다. 모든 고귀한 영혼들의 상호적 사랑 속에 더 높은 것들의 씨앗이 놓여 있으며, 그것은 곧 빛의 신들에게 이르는 길이다.

이 맥락에서 플라토닉 사랑은 철학적으로는 이데아로 개념화된다. 그러나 이는 추상적인 개념이 아니라, 헬레니즘적 정신에 따라 객관적이고 영원한 원형으로 이해된다. 중요한 점은 플라토닉 사랑이 중세의 여성 숭배와 달리 특정 개인을 향한 감정이 아니라는 것이다. 플라톤의 관점에서 개인에 대한 사랑은 단지 첫 단계일 뿐이다. 그것은 더 높은 아름다움과 영원한 이데아에 대한 사랑으로 이끄는 길목이다. 따라서 플라톤이 구상한 형이상학적 사랑의 본질은 보편적인 것에 대한 사랑이었다. 개인에 대한 사랑은 나중에 유럽적 맥락에서 등장하는, 보다 겸손하고 구체적인 사랑 개념의 특징으로 남게 된다.

플라토닉 사랑의 완성은 결국 지식이었다. 그것의 알파와 오메가가 신비주의자들이 말하는 열정이나 충만함이 아니라, 신적인 것들에 대한 인식이었다. 이 개념은 후대에 기독교적으로 해석되어 신비적 지혜로 이해되었다. 플라톤에게는 모든 개인—심지어 사랑하는 여인조차—완벽한 아름다움을 향해 가는 길의 이정표에 불과했다. 진정한 덕은 심오한 지식의 산물이며, 그것은 인간을 신적인 존재로 변화시킨다. 중세의 여성 숭배는 한 개인에 대한 사랑을 통해 덕과 완벽에 도달하려는 욕망으로 발전했는데, 그 뿌리는 이미 플라토닉 사랑의 이상 속에 깊이 자리 잡고 있었다.

반면, 비의 종교 속에서는 인간 형태의 아름다움이 아무런 가치를 갖지 못했다. 그곳에는 관능과 도취만이 지배했다. 아시아의 성적 숭배는 선택의 여지도, 아름다움을 위한 여지도 허락하지 않았다. 인간 형태의 아름다움을 처음 발견한 것은 그리스인들이었다. 그들의 영혼은 아름다움 속에서 사랑의 불꽃을 발견했고, 아름다움은 곧 에로스적 가치의 척도가 되었다. 그들의 이상은 칼로카가토스, 즉 몸과 영혼이 조화를 이룬 아름다운 청년이었다.

『파이드로스』에서 플라톤은 『향연』보다 더 강렬하게 "들판의 짐승처럼 관능적 쾌락을 좇는 자"와 "아름다움과 완벽을 추구하는 자"를 대비한다. 후자에게 사랑하는 이의 얼굴은 숭고한 아름다움의 반영이다. 그는 연인을 불멸의 신들에게 바치듯 숭배하며, 모든 아름다운 육체를 통해 점차 형태의 아름다움, 더 나아가 영혼의 아름다움을 인식한다. 그것은 형이상학적 아름다움, 인류의 영원한 이데아로 향하는 길이다. 소크라테스가 개인의 아름다움을 경멸할 수 있었던 것은, 그것을 단지 완벽한 아름다움의 불완전한 반영으로 보았기 때문이다. 이 의미에서 플라토닉 사랑은 본질적으로 비인격적이다. 그것은 특정 인간에 대한 정신적 사랑이 아니라, 그리스적 아름다움 숭배의 독특한 표현이었다.

헬레니즘의 아름다움 이상은 거의 예외 없이 남성의 형태에서 구현되었다. 고전 시대의 그리스인들은 여성을 경멸했다. 그녀는 비천한 관능과 결부된 존재였고, 그 경멸은 두려움과 공포에서 비롯되었다. 모계 사회가 지배하던 시대는 그리 멀리 있지 않았고, 그 흔적은 수많은 신화와 인간 영혼의 무의식 속에 남아 있었다. 그리스인에게 여성은 사랑의 어두운 면을 형상화한 존재였다. 후대에 여성이 악마의 도구로 간주된 것도, 이 개념의 논리적 귀결에 불과했다. 그 기원의 근원은 바로 플라톤 시대에 있었다.

여성과의 교제에서 남성은 자신이 벗어나고자 애써왔던 모호하고 원초적인 상태를 다시금 어렴풋이 느꼈다. 그래서 그는 더 친숙한 동성 친구들에게로 도망쳤다. 남성과 남성 사이의 사랑이야말로 그를 비천한 관능에서 해방시키고, 정신성을 강화하며, 신들에게로 이끌 수 있지 않겠는가? 이와 관련해 『파이드로스』에서 제우스는 φίλιος(우정을 만드는 자)라 불린다. 플라톤은 이 교리를 통해, 영웅 시대에 터동하고 고전 시대 그리스인들에 의해 정교하게 다듬어진 새로운 문명적 이상—겉으로는 남성적이지만 그 본질은 양성적인 이상—의 가장 급진적인 결론을 이끌어냈다. 그것은 무분별한 성관계와 무책임한 번식에 맞선 정신적 원리의 승리였고, 동시에 헬레니즘 정신에 따라 다시 물질적인 방식으로 해석된 이상이었다.

개별화된 사랑은 고대인들에게 아직 낯선 것이었다. 그래서 그들은 석관을 황홀한 삶의 상징들—춤추고 껴안는 파우누스와 마이나데스―로 장식했다. 세대는 지나갔지만 새로운 세대가 일어나 삶을 이어갔다. 삶은 영원했기 때문이다. 죽음은 이름 없는 수많은 존재들의 황홀경 속에서 정복되었다. 그들에게 삶의 진정한 의미는 종족 보존에 있었다.

그러나 영혼이 삶의 중심이자 정점이 되기 전까지, 개인의 죽음은 깊고 통렬한 의미를 갖지 못했다. 한 개인이 영원히 사라지면, 그를 되돌릴 수 있는 것은 아무것도 없었다. 죽음은 최종적인 결말이자 공포였다. 그것은 모든 것 가운데 가장 위대한 것, 곧 자의식적인 인간을 파괴하기 때문이다.

그러나 사랑 또한 변모했다. 그것은 더 이상 육체에 의존하고 육체와 함께 소멸하는 단순한 성적 충동이 아니었다. 이제 그것은 자신을 의식하며, 땅 너머 먼 곳까지 촉수를 뻗는 영혼의 갈망이 되었다. 새로운 고통이 세상에 찾아왔지만, 동시에 새로운 화해도 함께 찾아왔다.

2부

사랑

1장. 유럽의 탄생

그리스도의 모습과 설교에 대한 기억은 수 세기에 걸쳐 강력한 영향을 미쳤다. 그 영향은 그리스 지혜의 가장 성숙한 결실인 플라톤의 이데아론뿐만 아니라, 셈족의 중세 유일신 사상 속으로까지 스며들며 점차 새로운 모습으로 변모했다. 그때까지 알려지지 않았던 삶과 인류에 대한 새로운 감정이 생겨났고, 처음에는 모호하고 불확실했으나 점차 명확성과 통일성을 갖추어 갔다.

로마 황제의 자리에 주교가 앉게 되었고, 교회의 권력은 새로운 문명의 발전과 함께 커졌다. 초월적 원리의 승리는 교회를 세계 지배자의 위치에 올려놓았다. 천 년에 걸친 지적 에너지가 교회에 집중되었지만, 그 보상으로 인류는 역사상 처음으로 고뇌하는 지성의 물음에 대답을 얻고, 고통받는 영혼의 번민이 진정되었으며, 우주의 목적과 인간의 운명이 해석되었다. 선과 악의 구분이 명확해지고, 모든 도덕적·지적 가치는 교회를 중심으로 모였다. 제국과 더불어 교회는 죽은 문명들의 정신적 유산을 계승했고, 교회 밖에는 야만이 지배했다. 교회의 사명은 새로운 민족들을 가르쳐 기독교 문명으로 통일하는 것이었다.

기독교가 낯선 민족들에게 비교적 쉽게 수용된 사실은 놀랍다. 튜턴족의 전사적 기질은 기독교의 금욕주의와 정반대였고, 종종 적대적이었다. 『니벨룽겐의 노래』에서 하겐이 사제를 경멸하는 장면만 보더라도 그 긴장을 엿볼 수 있다.

그러나 고대 켈트족과 튜턴족은 기독교 세계와 하나의 심오한 특징을 공유했다. 바로 개인의 영혼에 부여한 특별한 중요성이었다. 이 공통점 덕분에 그리스도의 종교는 유럽의 종교로 격상될 수 있었다. 이는 아시아의 야만인, 구약의 유대인, 그리스인에게는 낯선 특징이었다. 기독교는 인간의 영혼을 최고의 가치로 보는 새로운 직관을 제시했고, 그것을 삶과 신앙의 중심으로 삼았다. 이는 플라톤조차 결코 도달하지 못한 위치였다. 그리스도의 가장 개인적인 경험이, 그의 죽음 후 수 세기가 지나 민족들에 의해 최고 가치로 재발견된 것이다. 기독교는 이로써 유럽의 자연스러운 종교가 되었고, 새로운 문명 체계의 영혼이 될 자격을 얻었다.

이는 브라만교와 불교를 포함한 모든 아시아 종교와 가장 뚜렷한 대조를 이룬다. 인도에서 인간의 영혼은 단일한 실체가 아니며, 의식은 다양한 정신적 원리와 형이상학적 힘으로 구성된 공화국처럼 여겨진다. 그것들은 '나'를 중심으로 집중되지 않고, 비인격적으로 나란히 존재한다. 위대한 개념일 수는 있지만, 유럽인의 감정과는 이질적이다. 유럽인에게는 나, 영혼, 개성이 삶이 회전하는 중심축이었다.

유럽 정신의 진화는 모든 정신적 힘이 독립적으로 발전하면서도 점점 더 긴밀한 통일체로 융합되는 방향으로 나아갔다. 새로운 가치가 창조되더라도 영혼의 융합력은 내적·외적 삶을 조정하고 통일하려는 강도를 더해갔다. 개성은 자신의 목적에 부합하게 세계를 재창조하고, 그 과정에서 객관적인 문명 체계를 세워나갔다. 반면 인도의 사상은 도덕·사변적 사고에 치우쳐, 모든 것을 도덕적 현상으로만 보았다. 그래서 그는 세계의 다른 설명을 인정하지 않았으며, 해방적 행위나 내적 변혁이 아니라 삶의 허무함을 깨닫는 데서만 진정한 의미와 구원의 가능성을 찾았다.

성숙하고 정신화된 기독교의 핵심은 독일 신비주의자들에게서 정점에 도달했다. 그들의 사상은 주관적이고 우연적인 모든 것을 벗어던지고, 인간 영혼이 정신, 곧 하나님의 실재로 거듭나기를 갈망하는 데 있었다. 이 유럽 종교의 완성자로 불릴 수 있는 에크하르트는, 당대의 교리를 정면으로 거슬러 인간을 천사보다 높은 존재로 보았다. 그는 말했다. "인간은 자유 덕분에, 천사조차 열망할 수 없는 목표에 이를 수 있다. 그는 언제나 새롭고, 천사들과 모든 유한한 이성의 한계를 무한히 초월해 있기 때문이다." 영혼과 하나님의 관계에 대해서도 그는 "의로운 자의 영혼은 하나님과 함께할 것이며, 하나님의 동등한 벗이자 동료일 것이다"라고 단언했다.

반면, 인도의 우파니샤드는 세계의 중심이 개인 영혼이 아니라, 모든 것을 아우르는 보편적 영혼 브라만에 있다고 가르친다. 개인 영혼은 단지 환영일 뿐이며, 이는 마치 물에 비친 태양의 반영과 같다. 세계의 목적은 개인 의식의 소멸, 곧 브라만 속으로의 흡수와 고통의 종식이다. "감정이 멈추면 고통도 멈추고, 세상은 구원받을 것이다." 인도적 사유에는 '사랑'이라는 중심 개념이 부재하며, 그 빈자리를 '지식'이 대신한다. 원시 기독교가 육체와 영혼의 연결을 유혹이나 형벌로 이해했던 것과 달리, 베다 전통에서 그것은 단지 현자가 겪지 않는 망상일 뿐이다.

그러나 유럽과 기독교의 감정에 따르면, 삶과 우주는 단순한 환영이 아니라 진정한 실재이며, 영혼의 시금석이다. 사랑은 영혼의 가장 큰 보물이자, 하나님께 이르는 유일한 참된 길이었다. 지식은 결코 그 자리를 대신할 수 없다. 에크하르트는 말한다. "영혼을 흐르는 신성한 사랑의 흐름은, 영혼을 그 기원, 모든 지식의 경계를 넘어 하나님께로 이끈다."

기독교와 인도 신비주의를 흔히 동일시하려는 시도는, 두 전통이 공유하는 형이상학적 경향 때문에 가능해 보이지만, 본질적으로는 오류다. 기독교 신비주의와 인도 신비주의는 전혀 다른 기반에서 출발한다. 전자는 사랑과 인간 영혼을 중심에 두는 반면, 후자는 지식과 브라만에 의지한다. 그러나 세계의 과정이 끝나는 지점에서는, 서로 다른 길을 걸어온 그들이 결국 신 안에서 만날 수도 있다.

에크하르트는 이렇게 말한다. "영혼이 하나님을 숭배하고, 하나님을 깨닫고, 하나님을 아는 동안에는 하나님과 분리되어 있다. 이것이 곧 하나님의 목적이다. 영혼 속에서 자신을 소멸시켜, 영혼 또한 자신을 잃게 하는 것이다. 왜냐하면 하나님은 피조물에 의해 하나님이라 불렸기 때문이다." 그가 남긴 또 다른 말,

"영혼은 내면에서 하나님을 창조하고, 신적인 것과 연결되며, 스스로 신적이 된다"는 구절은 특별히 의미심장하다.

베단타 학파의 가르침에 따르면, 인간의 영혼은 세계-영혼의 발현이다. "신은 개인의 영혼과 다르지만, 개인의 영혼은 신과 다르지 않다." 이 지점에 이르면, 기독교 신비주의자의 체험과 브라만교도의 사유를 구별하기가 쉽지 않다. 비록 그들이 인간·삶·세계에 대해 내린 가치 판단은 서로 다르고 때로는 정반대이지만, 결국 두 전통은 신 안에서 만난다. 베단타에는 이렇게 쓰여 있다. "우주를 창조하고 유지하는 힘, 모든 존재의 영원한 원리는 우리 각자 안에 온전히 거한다. 우리의 자아는 최고 신과 동일하며, 단지 겉으로만 구별될 뿐이다. 이 진리를 깨달은 자는 모든 피조물과 하나가 된다. 그렇지 못한 자는 모든 피조물에게 이방인이며 적이다."

나는 인도의 지혜를 폄하하려는 것이 아니다. 다만 서양 사상과 본질적으로 닮지 않았음을 분명히 하고 싶다. 유럽 정신의 위기와 그 성장을 탐구하는 내 과제는 이 구분 위에서만 제대로 진전될 수 있기 때문이다.

영혼의 신성한 본질을 깨닫고 영혼이 하나님께 나아가는 길을 탐구한 그리스도의 종교적 경험은, 서양 정신을 떠받치는 근본 원리를 확립했다. 인간의 영혼 깊은 곳에서 흘러나온 세계 체계가 구축되었고, 존재하는 모든 것—하늘과 땅, 세계의 창조와 파괴, 구원과 멸망—이 인간 영혼과 긴밀히 연결되었다. 이러한 체계는 그리스의 천재성이 만들어낸 형이상학과, 야만적 지성에 의해 외부 세계로 투사된 순진한 신학의 도움으로 가능해졌다. 그 형이상학은 독특한 계시에서 그 내용을 끌어왔으나, 본질적인 의미는 종종 변증법과 사변에 의해 가려지곤 했다.

첫 번째 기독교 천년기는 비록 기독교의 본러 원리를 완전히 저버린 것은 아니었으나, 그것을 교리 속에 가두려는 시도로 인해 본래의 빛이 희미해지기도 했다. 미성숙한 야만 민족들이 영적 세계의 시민으로 자리매김하고, 새로운 전통을 흡수해 그 깊은 의미를 이해하기까지는 오랜 시간이 필요했다. 그 과정에서 원리는 여러 차례 변형되고 수정되었다. 이 장대한 교육의 과정은 1100년 무렵 일단락되었으며, 마침내 유럽 민족들은 교회의 보호적 지배에서 벗어났다. 새로운 시대가 열리고 창조적 정신이 활짝 꽃피기 시작했다. 유럽 문명은 모든 야만성과 동양적 습속을 넘어, 세계의 지평선 위에 찬란히 떠오르는 별처럼 빛나기 시작했다. 인종과 자연, 그리고 하나님의 진리에 대한 자발적 감각이 다시금 가능해진 것이다.

여기서 나는 내 주제의 한계를 잠시 넘어서야겠다. 십자군 시대를 기점으로, 첫 기독교 천년기의 무력감을 털어내고, 유럽인의 영혼이 놀라운 속도로 성장하기 시작한 씨앗들을 살펴보고자 하기 때문이다. 이 새로운 영혼은 르네상스 시대에 이르러 더 넓지는 않더라도 훨씬 더 깊이 있는 전개를 경험했고, 오늘날까지 우리의 정신적 삶을 풍요롭게 하는 원천이 되었다.

내 서술이 다소 장황하다 해도, 두 가지 이유가 그것을 정당화해 줄 것이라 믿는다. 첫째, 문명사의 관점에서 이 주제가 지닌 중요성 때문이다. 둘째, 더 직접적인 이유는, 이 주제가 내 책의 중심 사상과 긴밀히 맞닿아 있기 때문이다. 그때까지 남편과 아내의 관계가 육체적 성(性)에 기반했다면, 이 시기에는 전혀 다른 새로운 감정—정신적 사랑—이 생겨났고, 빠른 속도로 정점에 도달했다. 이 사랑은 남녀 사이의 관계를 넘어, 하나님과 자연을 향한 태도에도 스며들어 그 시대의 위대한 창조들을 낳았다.

정신적 사랑, 곧 여성을 신격화하는 단계로 이어진 남녀의 새로운 관계, 독일 신비주의자들의 신앙, 자연의 아름다움에 대한 새로운 인식, 태어나자마자 완숙한 모습으로 등장한 독일 시, 그리고 고대 예술과 단절된 채 유럽적으로 독자적인 길을 걸은 고딕 건축—이 모든 것이 당시 새롭고 낭만적인 것을 갈망하는 정신에서 비롯되었다. 기사도의 이상, 성묘와 성배와 같은 반인간적이면서도 반초월적인 개념들 역시 그 산물이었다.

그리고 마침내 인류가 아직 경험하지 못했던 일이 일어났다. 관능과 아무런 공통점이 없고, 오히려 그것에 의도적으로 맞서는 사랑—한 영혼에서 솟아나 다른 영혼으로 흘러드는, 개성을 전제로 한 사랑—이 탄생한 것이다. 따라서 내가 세부적인 논의에 들어간

것도, 우리 현대 감각에는 이질적으로 보일 수 있는 이 현상, 곧 형이상학을 향한 남성의 정신적 사랑을 해명하려는 노력임을 이해해주길 바란다.

새로운 현상을 드러내기 위해서는 먼저 그 배경을 그려야 한다. 첫 번째 기독교 천년기의 정신적 업적은 기독교적 우주 체계의 완성에 있었다. 교회는 하늘과 땅의 모든 것을 아우르는 완전한 지식을 지니고 있다고 여겨졌다. 세상 만물은 영원한 진리의 상징에 지나지 않았다. 교회의 지혜는 거의 하나님의 지혜와 다름없었다. 삶과 죽음의 비밀이 드러나 그녀[2]에게 위임되었기 때문이다. 4세기에 성 크리소스톰이 말한 "교회는 하나님이다"라는 선언은 실제가 되었다. 가장 심오한 지혜와 가장 위대한 권력이 교회에 주어졌다. 가장 숭고한 이상이, 과거에도 미래에도 유례없는 방식으로 실현된 셈이었다. 교회의 지혜가 하나님의 직접적인 선물이었던 것처럼, 그녀의 권력 또한 신적 기원을 지녔으며, 지상의 삶을 넘어서는 힘을 가졌다. 교회만이 영원한 행복의 열쇠를 쥐고 있었고, 그녀의 저주는 곧 영원한 저주를 의미했다. 파문당하는 것은 현세와 내세의 복락을 동시에 잃는 것이었고, 파문자는 짐승보다 더 비참한 존재가 되었다. 그는 지옥의 악마들에게 넘겨졌으며, 그 사실을 스스로 알았다. 구원의 길은 오직 하나, 참회와 겸손한 복종뿐이었다.

---

2 여기서 "그녀"는 교회를 의인화한 표현이다. 라틴어 ecclesia가 여성 명사이며, 전통적으로 교회를 '그리스도의 신부'로 상징했기 때문이 3인칭 여성 대명사로 지칭하는 것이 일반적이었다.

이 진리는 로마-독일 황제가 보여준 상징적 장면 속에 각인되었다. 그는 카노사의 안뜰에서 사흘 동안 맨발로 단식하며 눈 속에 서 있다가, 마침내 하나님의 왕국으로 다시 받아들여졌다. 곧 하나님의 왕국은 곧 교회와 동일한 것이었다. 유대인과 이교도는 악마의 자식으로 간주되었으며, 교리의 단 하나의 조항이라도 감히 의심하거나 전통을 거슬러 독창적으로 사유한 이단자는 스스로 하나님께 등을 돌린 자로 여겨졌다. 그는 스스로 눈을 뜨고 악마의 왕국으로 들어간 것이었고, 그 행위는 전적인 악으로 규정되었다. 세상의 어떤 형벌도 그 죄에 합당하지 않다고 믿어졌다. 이미 380년, 테오도시우스 황제는 이단자들을 "미친 자들, 정신 나간 자들"이라 불렀으며, 그들의 시신을 화형에 처해 영혼이 악마의 손에 떨어지지 않도록 하는 것은 오히려 과분한 자비라 선언했다.

교회의 권력은 산 자뿐 아니라 죽은 자에게도 미쳤다. 파문당한 자는 무덤에서 시신이 끌려 나와 썩은 고기 구덩이에 던져졌다. 독일의 어느 수녀원 묘지에 파문자의 시신이 묻히자, 마인츠 대주교는 발굴을 명령하며 불복종 시 예배를 금지하겠다고 위협했다. 그러나 빙겐의 힐데가르트(1098-1179)는 위대한 영성과 예언적 영감을 지닌 수도원장이었고, 그녀는 주교의 명령에 반대했다. 힐데가르트는 하나님께 받은 계시를 전하며 이렇게 편지를 썼다.

"내 관습에 따라 나는 참된 빛을 우러러보았고, 하나님께서는 내게 시신 발굴을 거부하라 명령하셨습니다. 왜냐하면 그분께서 친히 그 죽은 자를 교회의 영역에서 데려가시어, 복된 자들의 지복으로 인도하셨기 때문입니다. … 내 주님의 명령에 불복종하는 것보다는 차라리 사람의 손에 떨어지는 것이 낫습니다."

성녀는 하나님의 뜻을 해석했고, 대주교는 고인이 마지막 순간에 사면을 받았다는 소문을 승인하며 굴복했다. 그러나 이것이 곧 하나님께서 파문자의 시신을 신성한 땅에 용납할 수 있다는 신념을 지지한 것은 아니었다. 다만 힐데가르트의 환상이 잘못된 절차를 바로잡는 데 기여했을 뿐이었다.

성직자에게 감히 말이나 행동으로 반대하는 자는 영원한 멸망을 면치 못했다. 기껏해야 사람은 세속적 쾌락을 누리며 확실한 저주 앞에서 어깨를 으쓱할 뿐이었다. 그러나 죽음의 시간에 막대한 유산이 남겨져 있다면, 그것이 그를 구원할 수도 있었다. 악마에 대한 두려움은 때로는 무관심으로, 때로는 심지어 악마 숭배로 바뀌었다. 단 하나의 불경한 생각조차 영원한 죽음을 불러올 수 있었고, 많은 이들—심지어 성직자들조차—하나님의 면전에서 끊임없이 살 수 없다는 것을 깨달았을 때, 쾌락이 아니라 절망 때문에 자신의 영혼을 악마에게 바치곤 했다. 악마 숭배는 광신적인 수도사들의 발명품이 아니라 실제로 존재했으며, 종종 하나님께 버림받았다고 여긴 자들의 마지막 위안이었다.

교회는 사람들의 이러한 정신적 태도로 인해 부여

받은 권력을 단 한순간도 놓치지 않았다. 세속의 왕과 제후의 정부는 일시적이고 죄 많은 질서에 불과했다. 교황은 지상의 왕이었고, 세계의 군주들은 그의 봉신으로 여겨졌다. 교황이 그들을 임명하여 타락한 세상을 억제하게 하고, 무능하거나 불순종하거나 악마 숭배에 물들었다고 판단하면 폐위하는 시대가 도래했다. 온 세상은 계층적 질서 속에서 교황을 정점으로 떠받들었고, 그는 보이지 않는 하늘의 정상 위에 서 있는 하나님의 대리자였다. 이노센트 3세의 말처럼, 그는 "하나님과 인류 사이의 중재자"였다.

그는 『세상 경멸에 관하여』라는 문서를 남겼는데, 그 속에서 모든 세속적인 것은 덧없고 허망하다고 선언했다. 이 꺼지지 않는 권력욕과 철저한 내세주의의 결합은 모순이 아니었다. 아우구스티누스의 『하나님의 도성(Civitas Dei)』에 따르면, 세상의 운명이 완성되려면 하나님의 왕국이 필연적으로 세워져야 했다. 모든 교황은 그 거대한 일의 진전에서 자신이 맡은 몫에 대해 하나님 앞에 설명해야 했으며, 세상의 통치자가 인간 영혼 위에 더 큰 권력을 획득할수록, 그의 책임 또한 무겁게 늘어나 하나님 앞에서 더욱 떨었다.

"세상을 지배하는 교회를 섬기기 위한 세상의 포기, 포기를 섬기기 위한 세상의 지배. 이것이 중세의 문제이자 이상이었다."[3]

교황뿐만 아니라 모든 성직자 역시 하나님의 왕국

---

3 아돌프 폰 하르나크(Adolf von Harnack, 1851-1930). 독일의 교회사학자. 『교리사 강의(Lehrbuch der Dogmengeschichte)』에서 중세 교회의 본질을 설명하며 남긴 말

의 직접적인 구성원으로서 세속 통치자보다 우월했다. 이는 클레르보의 성 베르나르가 끊임없이 강조한 바였으며, 신국의 열렬한 광신자였던 그레고리우스 7세 또한 독일 주교에게 보내는 편지에서 이렇게 말했다. "약간의 지식과 추리력을 가진 자라면, 누가 감히 사제를 왕보다 낮게 두겠는가?" 콘스탄티누스 황제조차도 제국의 이상에 사로잡혀 있었지만, 즈교들을 그의 주인으로 인정했다. 전설에 따르면, 그는 로마 주교에게 권력의 상징인 홀과 왕관, 망토를 건네주고, 겸손하게 그 고위 성직자의 말고삐를 잡았다고 전해진다.

이러한 정신적 태도의 이론적 기반은 교부들과 초기 스콜라 철학의 교리였으며, 인간 인식의 무한한 가능성을 선언하는 데 있었다. 세계의 가장 깊은 심연이 탐구되었고, 그 수수께끼가 마침내 풀렸다고 여겨졌다. 따라서 철학은 더 이상 세계의 의미와 인간의 운명에 대한 끝없는 사색을 위한 자유로운 공간이 될 수 없었다. 학문이 맡은 과제는 단 하나, 계시된 종교적 진리를 논리적으로 증명하는 일이었다.

이 입장의 가장 위대한 옹호자는 캔터베리의 안셀름(1033~1109)이었다. 그는 저술 『왜 하나님은 인간이 되었는가(Cur Deus Homo)』에서 하나님이 구원의 사역을 완성하기 위해 반드시 인간이 될 수밖에 없었다고 논증했다. 아벨라르 역시 비슷한 교리를 설교했지만, 사상의 열정에 이끌려 마침내 불명예스럽게 철회해야만 했다. 그의 논증은 끝내 예정된 결론을 찾아내지 못했기 때문이다.

세계에 대한 최종적이고 오류 없는 지식 체계가 확립되었다는 믿음은 곧 교회 권위의 기초가 되었다. 사제만이 모든 참된 지식을 보유한다고 여겨졌다. 왜냐하면 그들에게 구원의 교리가 맡겨져 있었기 때문이다. 만약 누군가 교회의 체계에 반하여 자신의 견해를 주장하려 한다면, 사람들은 그가 악마에 의해 거짓된 논증이나 환상에 빠져들었다고 단정했을 것이다. 따라서 교회에 대한 복종은 곧 악을 이긴 증거였으며, 사람은 하나님 숭배와 악마 숭배 사이에서만 선택할 수 있었다.

그 누구도 인간 지식의 한계를 알지 못했다. 학식 있는 성직자뿐 아니라 평범한 신자들까지도, 누군가는 무한한 비밀의 열쇠를 쥐고 있다고 굳게 믿었다. 필요한 것은 단 하나, 곧 '현자의 돌'을 소유하는 것뿐이라고 여겨졌다. 이 때문에 주술에 대한 믿음과, 초자연적 힘을 가진 것으로 추정된 특정 인물들—곧 성직자들—에 대한 두려움은, 계시에 기초한 세계 체계에서 자연스럽게 비롯된 결과였다.

보편적 야만 상태를 막았을지도 모를 라틴 시인들의 연구는 위험하다고 간주되었고, 고대의 신들은 성경 속 악마와 동일시되었다. 이 관점은 수많은 귀중한 필사본의 소실을 초래했다. 악마들이 가장 즐겨 출몰하는 곳은 본래 악마와의 싸움터로 세워진 수도원들이었으나, 이곳 역시 미신과 무지 속에서 종종 파멸했다. 모든 수도사는 악마의 환영을 목격한다고 믿었다. 기적은 끊임없이 보고되었고, 문제는 그것이 하나님에 의해 일어난 것인지, 아니면 악마의 소행인지 가려내는 일이었다.

자연은 단지 신비로운 상징들의 집합으로 여겨졌다. 그것은 신성하거나—혹은 악마적인—우화를 담고 있었으며, 성경의 올바른 해석을 통해서만 의미가 드러난다고 믿었다. 세상에서 일어날 수 있는 모든 일은 성경에 이미 기록되어 있다고 여겨졌다. 중요한 것은 올바른 단어를 찾아내어 해석하는 것이었는데, 모든 단어가 모호하고 우화적이라고 생각했기 때문이다. 태양의 일식, 혜성의 출현, 심지어 불길조차도 숨은 의미를 가진 상징이었다. 그것은 현상 뒤에 자리한 영적 사건을 드러내는 징표로 이해되었다.

성경의 우화적 해석은 모든 단어가 필연적으로 무궁무진한 의미를 지닌다고 믿었기 때문에, 난해함의 극치에 이르렀다. 독일 시인이자 신비주의자 수소는 이렇게 해석했다. "솔로몬의 수많은 아내 가운데, 왕이 특별히 사랑했던 흑인 여인이 있었다. 성령은 이를 통해 무엇을 뜻하는가? 하나님이 특별히 기뻐하시는 흑인 여인은 곧 하나님이 보내시는 시련을 인내하며 견뎌내는 사람이다." 아벨라르의 해석은 더욱 기묘했다. 그는 "그녀는 겉은 검지만 뼈, 곧 본성은 희다"고 주장했다.

악취미의 극단은 문명이 이미 상당히 진전되었을 때 나타났다. 『사랑의 기도서(Breviari d'Amor)』의 저자 마트프레 에르멘가우는 누이에게 꿀 케이크와 벌꿀술, 구운 거세닭으로 된 크리스마스 선물을 보내면서 다음과 같은 편지를 덧붙였다.

"벌꿀술은 그리스도의 피이고, 꿀 케이크와 거세닭은 그의 몸이다. 그는 십자가에서 구워지고 찔리셨다. 성령은 동정녀의 자궁에서 케이크를 굽고, 그 안에서 신성의 단맛이 인간성의 반죽과 섞였다. 성령은 또한 동정녀의 자궁에서 벌꿀술에 향신료를 넣고 포도주로 준비하셨다. 향신료는 신적 덕이며, 포도주는 인간의 피다. 또한 그는 거룩한 거세닭이 알에서 태어나게 하셨다. 알의 노른자는 신성, 흰자는 인성, 껍질은 동정녀 마리아의 자궁이다…"

그리스도의 종교는 본래의 순수함을 잃었고, 인간은 점차 자신의 영혼에 낯선 존재가 되었다. 사방에서 들려오는 하늘의 경고, 심판의 날의 징조, 악마의 유혹이 그를 끊임없이 둘러쌌다. 프랑스 연대기 작가 라둘프 글라베르(약 서기 1000년경)는 고대를 풍자하려 했을지도 모르지만, 그는 동시대인들에게 나무와 샘을 비롯한 모든 곳에 악마들이 숨어 있다고 경고했다. 그는 고전 시인들을 연구하던 한 학자에 대해 이렇게 기록한다.

"그는 악령의 마법에 현혹되어 우리의 거룩한 신앙에 반하는 교리를 펼쳤다. 그의 주장에 따르면 고대 시인들이 말한 것은 모두 사실이었다. 그 도시의 주교 베드로는 그를 이단자로 정죄했다. 당시 이탈리아에는 이러한 거짓 교리를 믿는 이들이 많았고, 그들 대부분은 칼이나 화형으로 처형되었다."

같은 시기, 훗날 교황 실베스테르 2세가 된 게르베르트가 친구에게 보낸 편지가 전해지는데, 그는 라틴 철학자들과 시인들의 필사본을 구해달라고 간청했다. 그는 천문학, 기하학, 의학 교재를 집필했고, 아라비아 숫자와 십진법을 유럽에 도입한 인물이기도 하다. 그러나 이로 인해 그는 마법과 아라비아 이교도들과의 교제로 고발당했다. 한 연대기 작가는 그가 악마에게 영혼을 팔아 그 힘으로 교황이 되었다고 전하며, 죽음이 임박했을 때는 악마가 시신을 빼앗지 못하도록 자신의 몸을 조각내라고 명령했다고 기록했다.

오늘날 우리는 이런 정신 상태를 상상하기조차 어렵다. 현대의 가장 정통적인 성직자라 하더라도 세상에는 자신과 의견을 달리하면서도 새로운 지식을 추구하는 이들이 있다는 사실을 부정하지는 않는다. 그들을 비록 길을 잃고 하나님께 버림받은 자들로 단정한다 하더라도, 인간 지성이 창조한 새로운 가치에 완전히 눈을 감을 수는 없다. 그러나 중세의 사람들은 괴물 같은 이원론에 지배되었고, 인간 인식의 무한한 힘을 믿으면서도 전통적 교리를 절대적으로 받아들였다. 그 교리가 감각과 지성이 제공하는 단순한 증거와 충돌할 때마다, 그들은 주저 없이 감각과 지성을 거부했다.

따라서 중세의 과학은 사물의 참된 관계를 탐구하지 않았다. 그것은 한 번 계시된 진리를 영원히 적용하는 데 그쳤다. 더 이상 새롭게 발견할 것은 없다고 여겨졌으므로, 학자들은 오늘날 우리에게는 무의미하고 유치하게 보이는 논리적·변증법적 사변을 즐겼다. 르네상스 시대에 이르기까지 자연사는 고대의 전통과 동양의 우화, 피상적인 관찰이 뒤섞인 잡동사니에 불과했다. 우리가 매일 접하는 동물들에게도 기이한 특성이 덧붙여졌다.

프로방스 지방의 한 동물학서에는 다음과 같은 내용이 적혀 있다.

"귀뚜라미는 자기 노래에 도취되어 먹는 것을 잊고 노래하다가 죽는다."

"뱀은 벌거벗은 사람을 보면 두려움에 압도되어 차마 쳐다보지 못한다. 그러나 옷을 입은 사람을 보면 약한 자로 여기고 덤벼든다."

"독사는 발삼을 지킨다. 누군가 발삼을 훔치려면 먼저 악기를 연주해 독사를 잠들게 해야 한다. 그러나 독사가 속았음을 깨달으면 꼬리로 한쪽 귀를 막고 다른 귀는 땅에 비벼 흙으로 메워 음악을 차단한다."

"모든 동물 중 유니콘만큼 위험한 것은 없다. 그것은 머리 위의 뿔로 사람을 공격한다. 그러나 처녀를 몹시 좋아해, 사냥꾼들이 처녀를 길에 세우면 유니콘은 그녀의 무릎에 머리를 눕히고 잠들며, 그 순간 쉽게 붙잡힌다."

자석에 대해서도 기이한 전승이 기록되어 있다. 자석은 부부 사이의 평화를 회복시키고, 모든 사람의 마음을 온화하게 하며, 수종(水腫)을 치료한다고 믿었다. 또 "자석을 가루로 내어 집의 네 귀퉁이 숯불에

태우면 주민들이 다리에 힘이 빠진 듯 착각해 놀라 도망친다. 도둑들은 이를 자주 이용했다. 또한 자석을 잠자는 여자의 베개 밑에 두면, 정숙한 아내라면 꿈속에서 남편을 껴안지만, 부정을 저지른 아내라면 두려움에 침대에서 떨어질 것이다."

이 모든 지식은 그 시대 사람들에게는 보편적인 재산이었다. 예컨대 '미학적' 음유시인 리샤르 드 베르베질은, 마치 죽은 사자 새끼가 어미의 포효로 다시 살아나는 것처럼, 자신도 여인에 의해 생명을 되찾았다고 노래한다. (다만 그는 그것이 여인의 포효 때문이라고는 밝히지 않았다.) 콘라트 폰 뷔르츠부르크는 성모 마리아를 죽은 새끼, 곧 인류를 큰 포효로 되살리는 암사자에 비유한다. 같은 시대의 또 다른 음유시인 바르톨로메 조르기는 자신의 연인을 뱀에 비유하며 이렇게 설명한다. "그녀는 벌거벗은 시인 앞에서는 달아나지만, 옷을 걸치면 그의 용기가 돌아온다."

중세 전역에 걸쳐 유니콘은 잘 알려진 순결의 상징이었으며, 특히 마리아의 처녀성을 나타내는 상징이었다. 독일의 민네징어이자 훗날 수도사가 된 콘라트 폰 뷔르츠부르크의 『황금 대장간』에는 다소 난해한 시가 전하는데, 그 서두는 이렇다.

사냥이 시작되었다.
천상의 유니콘이
이 이방 세계의 덤불 속으로

**쫓겨 들어와,
황제의 처녀여,
네 팔 안에서 성소를 찾았다….**

 자연사는 형편없이 뒤떨어져 있었고, 지리적 지식 또한 허위로 가득했다. 교회는 자연 연구에 반대했는데, 세상의 유일한 문제는 인간을 영원한 저주에서 구원하는 것이라고 보았기 때문이다. 테르툴리아누스를 비롯한 여러 교부들은 물리적 탐구를 불필요하고 어리석으며 심지어 불경한 것으로 여겼다. 락탄티우스는 이렇게 묻는다. "나일강의 발원지를 안다고 해서, 물리학자들이 꾸며낸 하늘의 이야기를 안다고 해서 내게 무슨 행복이 있겠는가?" 그리고 덧붙인다. "우리가 알 수 없는 문제에 대해 지식이 있다고 가장한다면 미친 사람으로 여겨지지 않겠는가? 하물며 인간의 호기심으로는 결코 드러나지 않을 자연의 비밀을 안다고 주장하는 자들은 얼마나 더 미친 자들로 여겨져야 하겠는가?"

 여기서 우리는 『파이드로스』에서 소크라테스가 말한 바를 떠올리게 된다. 그는 "소크라테스가 나무와 풀에서 무엇을 배울 수 있겠는가?"라며 도시를 떠나는 것을 거부했다. 또한 율리우스 카이사르는 알프스를 넘으며 시간을 보내기 위해 자신의 전쟁 기록을 집필했다.

 만약 교회가 무지한 야만인들만 상대하지 않았다면, 교리 체계는 덜 경직되었을지도 모른다. 그러나 켈트족과 튜턴족에게는 완전하고 공격할 수 없는 교리 체계와 그에 따른 성직자의 불관용만이 유일한 해답이었다. 이 민족들의 전통은 기독교와 지나치게 이질적이어서 기독교의 씨앗이 그들의 토양에서 쉽게 뿌리내릴 수 없었다. 새로운 민족들은 로마가 제공한 것을 받아들이는 데 그쳤으며, 그들의 청년기는 거의 완전히 불모의 시간이 되었다.

이 치명적인 첫 번째 천년기의 업적은 이렇게 요약될 수 있다.

"서유럽의 문명 세계는 로마 교회의 통치 아래 통일되었다. 모든 민족은 죄 많은 세상에 살고 있다는 사실을 동일한 단어와 동일한 비유의 조합으로 각인받았다. 그들은 세상이 언제 창조되었고, 언제 구원자가 나타났는지를 알았다. 또한 그 끝이 죽은 자들의 육체적 부활과 두려운 최후 심판의 날과 함께 올 것이라는 것도 알았다. 악마가 사방에 도사리며 인간의 영혼을 파괴하려 하고, 오직 교회만이 그를 구원할 수 있다는 사실을 알았다. 그리고 이 모든 믿음은 계절의 순환처럼 변치 않았다."

고대 문명의 근본 원천이 관능과 금욕이었다면, 중세의 요소는 추상적 사유와 역사적 신앙이었다. 이제 새로운 시대에는 감정이 주요한 동력이 되었다. 영혼에서 솟아나온 감정은 곧 삶 전체를 지배하기 시작했다. 기독교 시대의 여명기 이래로 메말라 있던 샘이 프랑스 남부의 작은 땅에서 다시 터져 나온 것이다.

문명의 중심은 이미 아시아에서 그리스로, 다시 로

마로 이동한 바 있었다. 이제 그 무대가 다시 서쪽으로 옮겨가고 있었다. 첫 천 년 동안 그리스와 소아시아는 유럽과 단절된 채 독자적인 비잔틴 문화를 세웠지만, 그것은 유럽의 발전에는 아무런 자취를 남기지 못했다. 심지어 오래된 문명의 무대였던 이탈리아조차 새로운 문명의 요람이 될 운명은 아니었다. 아마도 기독교 이전 고대의 기억이 여전히 너무 강하게 남아 있었기 때문일 것이다. 새로운 문명의 요람은 오히려 처녀지, 곧 프로방스였다.

프로방스는 본래 켈트족과 튜턴족이 지배하던 땅이었으나, 로마의 독수리가 그것을 빼앗아 로마 정신으로 가꾸어 놓았다. 해안 도시들, 특히 마르실리아에는 그리스 정착지의 흔적이 풍부하게 남아 있었고, 인종과 언어에는 무어인의 영향이 배어 있었다. 이렇게 서로 다른 요소들이 어우러져 하나의 조화를 이룬 곳이 바로 프로방스였다. 그러나 왜 하필 이곳에서 새로운 정신적 중심이 형성되었는지는 단언하기 어렵다.

이곳에서 교회가 구축한 가치 체계는 처음으로 새로운 세계와 마주쳤다. 그것은 옛 튜턴 전사의 이상처럼 야만적이지 않았고, 세속적 궁정의 가치 체계로 규정할 수 있었다. 이 새로운 이상은 권위에 의해 강요되는 것이 아니라, 인간 영혼의 열정적인 갈망에서 직접 솟아났다. 인간은 자신을 재발견했고, 자기 안의 창조적 힘을 의식하기 시작했다. 천 년 동안 서서히 힘을 모으며 땅속에 묻혀 있던 씨앗이 마침내 껍질을 깨고 나와, 유럽 문명의 장엄한 나무로 빠르게 성장하고 있었던 것이다.

프로방스에서 교회적 가치 체계에 대한 조용한 반대와 함께, '가치와 아름다움'(pretz e valor e beutatz), '기사도와 예의'(cavalaria and cortezia)라는 새로운 이상이 옹호되었다. 지혜, 궁정 예절, 정직, 자제라는 네 가지 세속적 미덕은 교회가 내세우던 기본 미덕과 대조되었다. 제후들의 궁정은 새로운 삶과 예술의 중심이 되었다. 축제와 향락에 대한 새로운 정신적·미학적 감각은 과거의 단순한 연회와 난잡한 음주를 고상하게 변모시켰다.

그때까지 남성들의 사회에서 배제되어 있던 여성이 갑자기 존재의 중심으로 옮겨졌다. 그녀를 위해 남자들은 거칠고 잔인한 성정을 억누르고, 세련된 예절과 취향, 예술적 재능으로 기쁨을 주려 애썼다. 교회가 여성을 깎아내리고 마콩 공의회(6세기)에서 그녀의 영혼을 부정했던 바로 그 여인이, 이제는 영혼의 그릇으로 재발견된 것이다. 남자들은 그녀 앞에 무릎을 꿇었고, 새로 창조된 여신을 숭배했다.

이 새로운 궁정 예절의 정신은 음유시인들의 초기 예술과 동시에 피어났다. 놀랍게도 그들의 노러는 점진적인 발달 과정을 거치지 않고, 처음부터 이미 완성에 가까운 형태로 나타났다. 전해지는 이름 중 최초의 음유시인은 아키타니아의 공작 기엠 드 푸아티에(1100년경)였다. 위대한 군주들과 남작들은 이 새로운 예술을 행하는 것을 자랑으로 삼았고, 도든 궁정은 시인들을 두었다. 그들은 환대받고 풍성한 선물을 받았다. 지상의 권력자들은 르네상스 시대에 이르러서야 다시 보게 될, 사치스럽고 장대한 규모의 예술과 문학 후원을 이미 시작하고 있었다. 저명한 시인들은 봉급을 받는 음악가, 곧 조글라르(종글뢰르)를 고용했는데, 그들은 궁정에서 궁정으로 떠돌며 주인의 새로운 노래를 불렀다. 또 다른 무리, 즉 콩테르는 사랑과 모험의 이야기를 들려주어 귀족과 귀부인들의 열렬한 호응을 이끌어냈다.

궁정 예절과 고상한 원칙은 빠르게 보편적 이상으로 자리 잡았다. 단순히 육체적 쾌락에 만족하는 자는 경멸의 대상이 되었다. 가장 큰 비난은 '비열함(vilania)'이었다. 프랑스 서사시인 크레티앵 드 트루아의 『이뱅』은 이 보편적 감정을 이렇게 노래한다.

궁정인은 죽어서도 가치가 있지만,
촌뜨기는 뚱뚱하고 붉어도 그보다 못하다.

단테와 그의 동시대인들, 그리고 최고의 음유시인들은, 피상적인 크레티앵의 '궁정인(cortois)'을 대신해 지위와 부, 권력보다 더 귀하게 여겼던 '고귀한 마음(cor gentil)'을 내세웠다. 단테는 이렇게 말한다. "덕이 있는 곳에 고귀함이 있지만, 고귀함이 있는 곳에 반드시 덕이 있는 것은 아니다." 이제 개인적인 탁월함은 학식이 있든 없든, 귀족이든 평민이든 모든 이의 손에 닿을 수 있는 시대가 열린 것이다. 물론 평민이 결코 귀족과 동등한 대우를 받았던 것은 아니다. 그가 여전히 위대한 자들의 관대함에 의존했기 때문이다. 단테조차 제후의 후원을 구해야 했으며, 르네상스 시대에 이르러서야 비로소 자선에 의존하지 않고서도 그들의 풍자적 언어로 권력자를 두렵게 만들던 작가들이 등장했다.

그때까지 통용되던 수도사의 관조적 삶의 이상에 반하여, 궁정인의 삶이라는 새로운 이상이 옹호되었다. 교회가 강조하던 성스러움은 기사적 명예와 대조되었다. 기독교 시대 초기에 악평을 듣고 불경하며 심지어 악마적 행위와 연결되었던 아름다움은 다시 제자리를 되찾았다. 무엇보다 여성의 아름다움이 재발견되었고—혹은 오히려 새로운 정신적 의미에서 새롭게 발견되었으며—그것은 그 시대 최고의 남성들로 하여금 열정과 사랑을 바치도록 요구했다. 천년의 암흑과 잔혹함 끝에, 기쁨과 문화가 새 세상 위에 다시 광채를 드리운 것이다.

기사도의 이상은 옛 튜턴족의 영웅 이상과는 거의 닮은 점이 없었다. 오래된 이상은 전적으로 신체적 힘의 평가에 기초했지만, 새로운 기사도는 문화의 전파자였다. 그것은 교회 문화, 곧 지금까지 문명과 동의어였던 가르침을 한참 뒤로 남겨두었다. '절제'(Mezura, masze, 그리스적 의미의 μφστόης)[4]는 야만인의 무절제와 대비되는 새로운 기준이었다.

---

[4] Mezura (프로방스어), masze (중세 독일어), 그리고 그리스 철학의 '절제'(sōphrosynē, σωφροσύνη) — 이 세 용어가 사실 같은 개념, 즉 자기 절제·분별·균형이라는 미덕을 가리킨다는 말.

나는 프로방스 궁정의 삶을 세세히 묘사하려는 것이 아니다. 그 소식은 이미 북쪽으로 전해져, 모든 곳에서 모방하려는 열망을 불러일으켰다. 새로운 삶의 필요성이 모든 사람의 마음을 강하게 흔들고 있었다. 사람들은 아름다움과 자발성, 열정적인 삶, 전례 없고 낭만적인 것을 갈망했다. 이러한 열망은 특히 북쪽, 즉 프랑스와 독일, 그리고 무엇보다도 상상력이 풍부하고 재능 있는 켈트족의 나라 웨일스에서 두드러졌다. 이곳의 삶은 남쪽보다 훨씬 힘겹고 가난했으며, 더 거칠고 야만적이었다. 교양 있는 영혼은 호의적인 남쪽보다 잔인한 북쪽의 환경에서 더 큰 고통을 겪었다. 바로 이곳에서 시대의 갈망을 가장 명확하게 드러내는 중세의 위대한 전설들이 처음으로 모아졌다.

초기 중세 문학은 성경적 주제를 다룬 서사시, 예컨대 9세기 수도사 오트프리트가 쓴 『복음서 조화』와 같은 작품에서 시작되었고, 독일의 『힐데브란트의 노래』, 프랑스의 『무훈시(Chansons de Geste)』—샤를마뉴와 그의 조카 롤랑의 무훈을 기린 작품들—을 통해 민중 영웅들의 위업을 찬양했다. 그러나 진정한 의미의 서사시는 풍부한 시적 자산을 지닌 켈트 전통에서 비롯되었으며, 11세기 프랑스 북부에서 갑자기 꽃피어나 비범한 풍요로움을 드러냈다. 몽상적이고 상상력이 넘치는 켈트 영웅들, 아서 왕과 원탁의 기사들, 마법사 멀린, 성배의 기사들의 전설은 프랑스를 넘어 문명화된 유럽 민족 전체의 공동 유산이 되었고, 모든 이들의 마음을 갈망과 환상적인 꿈으로 가득 채웠다.

크레티앵 드 트루아는 자신의 로맨스에서 기사들의 모험과 귀부인에 대한 봉사를 찬미하여, 오래된 이상과 새로운 이상을 결합시켰다. 그가 창조한 모험 소설은 수 세기 동안 세계를 매혹시켰다. 돈키호테가 그것의 뿌리를 뽑았다고 믿는 것은 잘못된 생각이다. 오늘날에도 여전히 대중은 기사들의 용맹한 행위와 귀부인들의 아름다움, 그리고 변함없는 영원한 사랑을 읽으며 열광한다.

위대하고 영웅적인 주제들뿐만 아니라, 더 작고 친밀하며 감상적인 로맨스들도 있었다. 이 이야기들은 특히 귀부인들이 즐겨 읽으며 널리 퍼졌다. 말을 타고 떠난 남작은 어린 아내를 집에 가두고, 스파이들로 감시하게 했다. 때로는 아내의 몸에 자신이 소유자임을 증명하는 낙인을 찍기도 했다. 그러나 창살에 갇힌 아내의 상상력은, 사랑 없는 남편—그녀와 결혼한 이유가 그녀의 토지였으며, 더 부유한 신부를 발견하면 곧바로 교회에 형식적인 친족 관계를 내세워 결혼을 무효화할 수 있었던 남편—이 아니라, 그녀를 위해 목숨까지 바칠 이름 없는 기사, 열정적인 연인에게로 향했다.

종글뢰르는 궁정에서 사랑이 유일한 지배자임을 노래했다. 그곳에서 기사들은 여인을 섬길 수만 있다면 기꺼이 슬픔과 궁핍을 감수했다. 그곳에서 연인은 매혹적인 파랑새의 모습으로 밤마다 창살을 넘어 여인의 팔에 날아들었다. 그러나 질투에 사로잡힌 남편은 창문에 가시 철사를 쳤고, 새벽에 떠나려던 연인은 피 흘리며 여인의 눈앞에서 쓰러졌다. 또 다른 종 글뢰르는, 오직 한 번 스쳐간 아름다운 여인에게 사로잡힌 기사가 밤마다 지하 통로를 파내려 그녀의 방으로 다가가는 이야기를 전했다. 매일 조금씩 가까워지는 그의 삽질 소리를 여인은 똑똑히 들었고, 마침내 그가 땅을 뚫고 나타나 그녀를 품에 안을 때, 이야기는 완성되었다.

이와 같은 이야기들은 의심할 여지 없이 켈트 기원의 전승으로, 12세기 여류 시인 마리 드 프랑스가 매혹적인 『레(Lais)』에 보존해 두었다. 그녀의 시는 수많은 고독한 아내들에게 눈물을 안겨주었고, 막연한 갈망에 형태를 부여했다. 남자, 더구나 연인이 매일 밤 파랑새로 변신하지 못할 이유가 없던 것이다. 이 단순하고 서정적인 운문들은 마음속 깊은 욕망을 충족시켰고, 북쪽의 상상력은 남쪽이 현실로 제공했던 풍부함을 보완했다.

유럽 최초의 여성 소설가로 불리는 마리 드 프랑스(12세기 말)는 특별한 이유로 더욱 기억할 만하다. 그녀는 사랑과 낭만을 향한 여성의 갈망, 곧 여성의 모험을 목소리로 표현한 최초의 시인이었다. 『인동덩굴 이야기(Lai du Chevrefoile)』는 당시에도 이미 전설적이었던 트리스탄과 이졸데의 사랑에서 한 장면을 다룬다. 트리스탄과 이졸데, 란슬롯과 귀네비어, 플뢰르와 블랑슈플뢰르—이들은 시인들의 노래와 꿈에 살아 있는 신화적 연인들이었으며, 온 세상이 그들의 모험담을 알고 있었다. 그 이야기는 세대를 거듭하며 되풀이되었고, 동일한 단어들이 경건히 보존되면서도 무의식적으로 재구성되었다. 연인들의 사랑 이야기가 낭송될 때면, 청중의 손은 서로의 손을 붙잡았다. 단테의 불운한 연인들이 고백했듯이, "그날 우리는 더 이상 읽지 않았다."

유럽 북부의 특징인, 세상을 향해 나아가 모험을 만나는 갈망은 프로방스와 이탈리아에서는 덜 두드러졌다. 온화한 기후와 풍부한 삶은 다른 나라들이 꿈꾸고 갈망했던 것들을 이미 제공하고 있었다. 그러나 그곳에서도 소설 같은 기이한 사건들이 실제로 벌어졌다. 루시용 백작 레몽은 음유시인 기엠 드 카베스탕이 자신의 아내를 사랑하고 또 그녀에게 사랑받았다는 이유로 그녀를 탑에 가두었다. 이어 그는 연인을 매복해 살해하고 그의 가슴에서 심장을 꺼내 구워 아내에게 내밀었다. 부인이 그것을 먹자, 레몽은 기엠의 잘린 머리를 보여주며 요리를 어떻게 즐겼는지 물었다. 그녀는 "다른 어떤 음식도 내 입술을 지나지 않을 만큼"이라고 대답한 뒤 창밖으로 몸을 던졌다. 이야기가 퍼지자 귀족들이 봉기했고, 아라곤 왕조차 그에게 전쟁을 선포했다. 결국 레몽은 잡혀 평생 감옥에 갇혔으며, 그의 영지는 몰수되었다. 기엠과 백작 부인은 교회에 함께 묻혔고, 오랫동안 남녀들이 먼 길을 찾아와 그들의 무덤 앞에 무릎을 꿇었다. 이와 같은 정열과 비극의 분위기 속에서, 오늘날까지도 독자들을 매혹하는 『멜루지네』와 『아름다운 마겔로네』 같은 서정적인 시편들이 작곡되었다.

11세기 이전에는 진정한 의미의 시는 존재하지 않았다. 당시에는 라틴어 교회 찬송가와 전설, 고대에 대한 왜곡된 회상, 하층민을 위한 성인 전설이나 단순한 춤 노래만이 있었다. 성직자들이 무자비하게 탄압한 탓에 그중 일부만이 가까스로 보존되었다. 그러나 유럽 시의 발상지가 프로방스라는 점에는 이견이 없다. 프로방스의 '달콤한 언어'는 처음으로 완전한 성숙과 완벽함에 도달했으며, 독일 정복자들의 언어를 동쪽으로 밀어내고 오늘날 프랑스어의 기초를 놓았다.

12세기 초, 음유시인의 시가 탄생했다. 이 시들은 처음부터 고대 서정시와 구별되는 현대 서정시의 특징을 모두 갖추고 있었다. 음절을 세는 양적 운율 대신, 강세와 악센트가 도입되었고, 이는 운율을 서정시의 가장 중요한 장치로 만들었다. 음악과 더욱 밀접하게 결합한 이 새로운 서정시는 균등하게 반복되는 완전한 구절 구조 속에서 완성도를 드러냈다. 많은 음유시인들의 시는 뜨거운 삶의 리듬으로 고동쳤으며, 전통이나 관습의 흔적을 찾아보기 어려웠다. 베르트랑 드 보른의 전투 노래는 쇠붙이가 부딪히는 소리를 연상시키는 힘찬 리듬으로 전진한다. 그의 노래 중 하나의 첫 구절을 인용해 본다.

백작은 어느 날 내게 사신을 보내어
아라몽 뤽 데스파로 경을 전했네.

노래 하나 지어 올리라 하여
천 개의 방패가 고리와 쇠사슬 속에서
부서지고, 적들의 갑옷과 투구가
산산이 조각나 흩어지도록.

프로방스 음유시인들의 시가 이미 전성기를 지나고 있을 때, 다른 유럽 국가들에서는 서정 예술이 아직 걸음마 단계에 머물러 있었다. 알비파에 대한 십자군(1209)은, 그레고리우스 7세가 새로운 정신과 세속 문명을 억누르기 위해 벌인 것으로, 많은 음유시인들을 이탈리아로 내몰았다. 그중에는 단테의 『신곡』에도 언급된 유명한 소르델로가 있었다. 또 다른 이들은 예술을 사랑한 황제 프리드리히 2세의 궁정이 있던 시칠리아로 향했는데, 그곳에서는 독특하지만 크게 독창적이지는 않은 시 예술이 꽃피었다. 이탈리아에서는 결국 단테가 '달콤하고 새로운 양식'을 불멸화하며, 중세 시의 완벽함이 정점에 도달했다.

그러나 위대한 이탈리아인들뿐 아니라, 프랑스 북부의 트루베르, 그리고 어느 정도는 독일의 민네징거들 역시 프로방스에서 비롯된 예술과 이상에 큰 영향을 받았다. 초기 라인란트와 오스트리아의 민네징거들의 노래는 여전히 독일 민속을 가까이 따르며, 디트마르 폰 아이스트 등의 작품에는 신라틴적 특성이 전혀 보이지 않는다. 그러나 곧 프로방스 시의 기술적 완성도와, 유럽 전역에 널리 알려졌던 프로방스의 예의와 사랑의 이상이 독일 정신에 강하게 스며들었다. 새로운 시와 기사도, 여성에 대한 봉사의 이상은 교회 문화와 나란히 발전하며 독자적인 세계를 형성한 최초의 흐름이었다.

경직된 라틴어는 점차 대체되었고, 인간의 영혼은 이제 자기 민족의 언어로 봄의 귀환, 여성의 아름다움, 기사도의 이상과 모험을 노래했다. 시는 세속 교육의 가장 중요한 원천이 되었으며, 각 민족이 자기 언어로 노래함에 따라, 가수 개인의 개성을 통해 민족적 특성이 드러났다. 프로방스인, 프랑스인, 독일인, 이탈리아인은 자신들이 서로 다른 민족이라는 사실을 자각하게 된 것이다. 이 의식은 특히 십자군 전쟁 기간 동안 두드러졌는데, 겉으로는 교회의 후원 아래 공동의 과업을 수행하는 듯 보였으나, 실제로는 민족적 정체성이 선명히 구분되기 시작했다.

프로방스, 프랑스, 독일에서는 모든 시가 음악과 결합되었고, 그 결과 서정 예술과 세속 음악이 동시에 발전했다. 음유시인 음악 연구의 권위자인 J.B. 벡은(민네징거들의 음악은 상대적으로 덜 연구되었다) 이렇게 말한다. "음유시인들과 트루베르들의 시는 하나의 방대한 노래집이며, 그들의 종종 놀라운 순진함과 선율성, 자발성과 건강한 음악성, 멜로디와 가사의 긴밀한 일치, 그리고 비범한 독창성은 오늘날까지도 비할 데가 없다." 이 노래들은 우아한 단순함으로 특징지어진다. 그러나 음악에 익숙하지 않은 이의 귀에는 벡이 강조하는 독창성이 잘 드러나지 않을 수 있으며, 실제로 음악은 종종 완벽한 가사에 미치지 못하기도 했다.

바로 이 시기에 오늘날의 기보법 체계가 시작되었다. 새로운 시는 '문학'에 대한 욕구를 불러일으켰고, 이는 이미 존재하던 채색 필사본 예술에도 자극을 주었다. 제후들은 봉급을 받는 필사본 제작자와 채색가들을 고용하여, 오늘날 박물관에 보존되고 연구되는 필사본들을 만들어냈다. 이 작업은 여러 예술 중심지에서 진행되었으며, 특히 아비뇽의 교황청, 파리, 랭스 같은 곳에서는 프랑스와 이탈리아 예술가들이 교류하며 협력했다. 이 작업실들은 소형화 회화(miniature painting)의 발상지였고, 부르고뉴의 유명한 『시도서(Livres d'Heures)』에서 그 완성에 도달했다.

오늘날 미학 연구는 프랑스와, 더 이른 시기의 영국 작업실에서 발흥하여 대륙 전체로 퍼져나간 영향을 추적하고 있다. 13세기 전반 프랑스의 소형화 예술이 후기 북유럽 회화의 모체였다는 사실은 매우 개연성이 높다. 헬레니즘과 비잔틴의 영향과 무관하게 북유럽에서 완전히 새로운 예술이 등장했으며, 이에 대해 막스 드보르작은 이렇게 말한다. "신라틴 예술 요소들의 빠르고 완전한 소멸에 외적인 원인을 찾기란 거의 불가능하다. 과거는 단순히 막을 내렸고, 완전히 새로운 시대가 시작된 것이다. 따라서 새로운 예술에는 전통이라 할 만한 것이 거의 존재하지 않았다." 드보르작은 이 급격한 변화를 고대 이래 회화사에서 가장 중요한 사건으로 평가했다.

게오르크 비츠툼 백작은 쾰른 화파가 북프랑스, 벨

기에, 그리고 독립적으로 발달한 영국 채색가 학파를 모델로 삼았음을 입증했다. 심지어 영국의 소형화 양식이 라인강 상류까지 영향을 미쳤다는 주장도 있다. 또한 반 에이크 형제의 네덜란드 예술 역시, 그 갑작스러운 출현이 설명 불가능해 보였지만, 오늘날에는 북프랑스에서 기원을 찾을 수 있음이 드러났다.

한편, 뚜렷한 독창성을 보여주는 세 명의 여성 수도자의 작품도 전해진다. 앞서 언급한 빙겐의 힐데가르트는 자신의 저서 『스키비아스(Scivias)』를 직접 소형화로 장식했는데, 하젤로프에 따르면 원시적 양식에도 불구하고 기괴하면서도 독창적인 조형 감각을 드러내며 그녀의 신비적 직관과 밀접하게 연관되어 있다. 알프레드 펠처는 이를 두고 "불꽃에 둘러싸인 환상적인 인물들"이라 묘사했다. 또 다른 두 수녀, 쇤나우의 엘리자베트와 란츠베르크의 헤라드는 막 시작된 신비주의의 강한 영향을 받았다.

이 지점에서 드보르작의 말을 다시 인용하는 것이 유익할 것이다. 그는 말한다. "새로운 문학과 동시에 우리는 새로운 삽화 예술, 즉 새로운 소형화를 보게 되는데, 그것들은 더 이상 고대에서 영감을 얻지 않는다…. 새로운 기술이 요구되는 곳마다(예컨대 스테인드글라스 예술이나 세속 문학의 삽화에서) 새로운 양식이 완성된 형태로 나타난다…." 그는 13세기 전반 파리에서 발명된 새로운 필사본 장식에 주목하면서, 새로운 시와 책의 채색 사이의 긴밀하고 인과적인 관계를 강조했다. 실제로 프로방스의 서정시, 북프랑스와 켈트의 로망스 전통은 두 세기 후 완숙한 형태의 새로운 유럽 회화 양식으로 이어졌다고 평가할 수 있다.

반면, 프랑스가 이탈리아 예술에 미친 영향은 제한적이었다. 치마부에와 조토, 시에나파의 기념비적 회화는 소형화 예술의 흔적보다는 오히려 고대 프레스코화에서 영감을 얻은 것으로 보인다.

평신도에게는 직접 접하기 어려우나, 예술사 서적의 복제본에서 자주 접할 수 있는 중세 소형화들에 대해 덧붙이자면, 종교적 주제뿐 아니라 아서 왕 전설에 등장하는 인물들—왕과 기사, 시인과 음유시인, 그리고 귀부인들—이 등장한다. 매사냥, 마상 시합, 연회, 체스놀이 등, 시인의 상상력을 자극했던 모든 요소가 생생하게 묘사되었다. 훗날 영국 라파엘 전파를 매료시킨 바로 그 로망스의 정신은, 이미 6세기 전 무명 채색가들의 붓끝에서 양식화되고 구체적 형상을 얻었던 것이다.

소형화 예술이—그 더 넓은 영향에도 불구하고—결코 보편적 중요성에 도달하지 못했다면, 중세 건축은 오늘날까지 첫날의 위엄을 간직한 채 장엄하게 우리 앞에 서 있다. 12세기 중반까지 유럽의 기념비적 건축물들은 여전히 후기 헬레니즘 문명의 직접적 영향을 받았다. 비잔틴 바실리카는 점차 신라틴 양식의 건물로 변모했고, 이처럼 유럽은 건축에서도 고대에서 영감을 끌어왔다. 그러나 고딕 대성당의 평면, 곧 측랑을 갖춘 신랑(nave)의 개념만이 전통적이며 신라틴 모델에서 차용된 것이었다. 이 평면 위에서 솟아오른 것은 완전히 독창적이고 토착적인 양식이었다.

이 새로운, 특히 중부 유럽적인 건축 양식은 고대 건축물처럼 "나는 완벽하다"라고 선언하며 새로운 영감을 억누르지 않는 토양에서 탄생했다. 고대는 예술의 길을 막는 적이었지만, 르네상스에 이르러서야 비로소 완전히 소화되고 극복되어, 새로운 예술의 비옥한 토양이 될 만큼 성숙해졌다. 고딕 건축의 본질은 무겁고 물질적인 모든 것을 해체하는 데 있었다. 그것은 물질 위에 군림하는 정신의 승리였다. 벽은 기둥과 솟구치는 아케이드로 분해되었고, 단조로운 면은 더 이상 허용되지 않았다. 가능한 모든 공간은 살아 있는 듯한 조각으로 채워졌다. 그 결과는 북프랑스 대성당들의 비할 데 없는 파사드에서, 또 비엔나 성 슈테판 대성당의 탑처럼 생명과 열정으로 진동하는 건축물에서 확인할 수 있다.

물질과 순수한 형태 사이의 갈등은—처음이자 마지막으로—고딕 건축에서 해소되었다. 올바른 비례를 갖춘 그리스 신전은 정신적 함의를 지니지 않은 채 형태의 완벽함만을 보여주었다. 그것은 대리석 조각상처럼 그 자체로 목적이었으며, 더 높은 진리를 가리키지 않았다. 반면 고딕 건축은 미학적 완벽함과 무한한 정신적 풍요로움을 결합하고, 이 두 요소를 더 높은 직관으로 융합해냈다. 그것은 천재의 두 특징, 곧 무궁한 창조력과 조화로운 표현 욕구의 균형이었다.

이는 세계에 대한 튜턴 정신의 첫 위대한 작용이었다. 고딕 건축은 형이상학적 갈망과 진정한 자연 사랑을 독창적으로 결합해, 아리스토텔레스와 주석가들의 반복에서 벗어나 신비주의적 직관 속에서 영감을 찾았다. 바로 이 점 때문에 고딕 양식은 이탈리아에서는 끝내 뿌리내리지 못했다. 특히 하늘로 솟구치는 탑은 이탈리아 건축가들의 미학적 감각에는 결코 매혹적이지 않았던 것이다.

  이전까지 기하학적 도형의 조합에 불과하던 장식과 주두는 웅장하고 인상적이었으나, 어디까지나 형식적이고 경직된 느낌을 벗어나지 못했다. 그러나 그것은 고딕 건축에서 사라졌다. 이름이 전해지지 않은 새로운 거장들은 주위를 둘러보며 자연에서 영감을 얻었다. 중부 유럽의 숲 속 나무들이 기둥이 되었고, 무성하게 모여 선 모습은 신비로운 생명으로 먹동하는 자연 자체를 반영했다. 나무들이 뻗어 올라가 서로 얽히며 잎과 가지와 열매를 맺었고, 첨탑은 가느다란 가지처럼 솟아올랐다. 박공에는 매달린 고드름이 장식처럼 반복되었다. 자연의 모티프는 여기서 그치지 않았다. 덩굴 위를 기민하게 달리는 작은 짐승들, 도마뱀과 새들, 심지어 독일 전설 속의 노움들까지도 대성당의 장식 속에 자리 잡았다. 전통적인 그리스 아칸서스 잎 대신 북유럽의 떡갈나무 잎이 조각가의 손끝에서 자라났고, 십자가조차 꽃무늬로 엮여 새로운 형상으로 태어났다. 기독교의 신성한 상징은 다시 구상되고, 새롭게 해석되어, 건축 속에서 생명력을 얻었다. 모든 무거움에서 해방된 듯 솟아오르는 아치를 지닌 고딕 대성당은, 에크하르트에게 영감을 주고 단테의 예술 속에서 완벽하게 구현된 그 우주적 감정의 건축적 표현이었다.

그러나 돌 속에 깃든 신비주의자의 영혼은 동시에 스콜라 철학자의 영혼을 닮아 있었다. 복잡하고 세분화된 중세 기질은 새로운 예술과 함께 파리에서 꽃피운 스콜라 철학의 세계와 맞닿아 있었다. 고딕 건축과 스콜라 사상은 끝없이 분할되고 정교해지며 장식적으로 뻗어 나가는 특징을 공유했다. 이는 남쪽 세계의 단순함과 대비되는, 북쪽 정신의 마지막 흔적일지도 모른다.

비옥한 토양처럼, 인간과 짐승을 조각한 세계가 대성당의 파사드 위에서 솟아났다. 나움부르크, 스트라스부르, 랭스, 아미앵, 샤르트르 대성당의 조각상들은 이탈리아에서 막 시작되던 르네상스의 성취보다도 더 뛰어났다. 그것들은 더 이상 내세의 추상적 영광의 상징이 아니라, 삶과 열정으로 충만한 진짜 인간이었다. "모든 경직성은 녹아내렸고, 뻣뻣하고 단단하던 모든 것은 유연해졌다. 영혼의 감정이 모든 곡선과 선을 통해 흐른다. 조각상의 굳은 얼굴은 내면에서 우러나는 미소와 내적 행복의 여운으로 밝아진다."[5]

세상은 기적을 믿고 모험을 갈망하는 열기로 가득 차 있었으며, 어떤 영혼도 이 매혹을 거부할 수 없었

---

[5] 보링거(Wilhelm Worringer), 『추상과 감정이입(Abstraktion und Einfühlung)』, 1908.

다. 불과 50마일 떨어진 이웃 나라에 대해서조차 확실히 알려진 것은 없었다. 여행자는 언제나 가장 놀라운 사건에 대비해야 했다. 저 너머 푸른 산 뒤에서 어떤 운명이 기다릴지는 아무도 알지 못했다. 자연법칙의 존재를 상상조차 하지 못했던 시대였기에, 용이나 사자가 말을 한다는 이야기는 결코 불가능하지 않았다. 자연과 초자연의 경계가 모호했던 시대의 상상력은 언제나 그 기질에 어울리는 환상에 빠져들었다. 고국이 아무리 가난하고 겨울이 길고 혹독하더라도, 저 먼 동방이나 아서 왕의 카멜롯에서는 아름다움과 햇살로 가득한 삶이 기다리고 있었다.

아서 왕의 전설은 사람들의 상상력을 강하게 사로잡았다. 이 이야기들은 모든 수녀원에서 비밀스럽게 낭독되었다. 무더운 여름 오후, 스승의 장황한 신학적 논의에 학생들이 하나둘 잠이 들 때, 스승은 갑자기 말을 멈추고 선언하곤 했다. "이제 내가 너희에게 아서 왕에 대해 이야기해 주겠다." 그러면 모든 눈이 빛나며 학생들은 열정적으로 귀를 기울였다. 아시시의 프란체스코는 제자 중 한 명을 '원탁의 기사'라 불렀고, 300년 뒤 돈키호테는 그 전설에 몰두하다 마침내 이성을 잃었다. 오늘날까지도 바그너의 오페라 『로엔그린』, 『트리스탄과 이졸데』, 『파르지팔』은 켈트 서사시의 풍부한 보물에서 주제를 취한다.

경험과 모험에 대한 갈망은 사람들의 상상력을 압도적으로 지배했다. 더 이상 듣는 것만으로는 만족할 수 없었다. 그들은 직접 참여하기를 원했다. 체육과 예법을 배우고 성경에 관한 기본 지식을 갖춘 젊은 기사는 미지의 세계를 향해 아버지의 성을 떠났다. 접근할 수 없는 산맥의 빽빽한 숲속에는 신비롭고 거의 초자연적인 성소가 지켜지고 있었다. 평생을 순수한 마음과 신성한 봉사에 헌신한 기사만이 그것을 발견할 수 있었다. 그러나 그가 세상에서 가장 신성한 유물, 곧 성배를 보기 위해서는 숲과 골짜기, 낯선 나라들을 홀로 오랫동안 방황해야 했다.

시대는 위대한 사건을 맞이할 준비가 되어 있었다. 그것은 사람들의 열정적인 갈망을 흡수할 보편적이고 압도적인 사업이었다. 아마도 교황들의 지혜가—무의식적이었든 시대적 압력의 결과였든—이 흐름을 교회의 강물로 이끌었을 것이다. 막연한 갈망은 뚜렷한 목표를 찾았다. 십자군이 조직된 것이다. 세상에서 가장 신성한 장소인 성묘가 이교도의 손에 있었고, 모욕과 더럽힘을 당하고 있었다. 사람들은 그것을 구출하고 이교도와 거인, 마법사의 손아귀에서 빼앗아 오는 것보다 더 숭고한 일을 상상할 수 없었다. 그들의 상상 속에서 주님의 무덤은 곧 성배를 향한 갈망의 현실적 구현이었다.

서기 1000년 무렵, 게르베르트(후일 교황 실베스테르 2세)는 모든 민족에게 사자를 보내 성지 탈환을 위한 성전을 독려했다. 그는 자신이 예루살렘에서 처음으로 미사를 집전할 것이라고까지 예언되었다. 실제로 피사에서 몇 척의 배가 장비되었으나, 십자군의 첫 시도는 아직 유럽이 준비되지 않은 탓에 실패로 돌아갔다. 당시 유럽은 거의 아무도 본 적도, 실질적 관심도 없는 낯선 나라를 정복하는 비범한 과업을 수행할 준비가 되어 있지 않았다. 무엇보다 먼저, 그 위대한 환상의 시대를 특징짓는 통제할 수 없고 막연한 갈망이 모든 마음을 사로잡아야 했다.

동방의 부가 십자군을 불러왔다는 해석은 옳지 않다. 물론 동방의 보물에 관한 소문은 유럽의 상상력을 자극했지만, 그것은 탐욕보다는 낯설고 새로운 것, 믿기 어려운 것에 대한 갈망을 더욱 강하게 불러일으켰다. 첫 번째 십자군의 결과를 예측하는 것은 불가능했다. 병사들은 낯선 땅으로 향했고, 귀환은 하나님께 달려 있었다. 언제나 부를 탐하는 이들이 있었지만, 그들을 십자군의 선동자와 조직자로 내세우는 것은 이 독특한 세계사적 사건을 평범한 일상의 관점으로 축소하려는 시도에 불과하다.

첫 번째 마법 같은 숲에서 사람은 샘가에 홀로 앉아 우는 아름다운 공주를 만날 수도 있었다. 그러나 동시에 거인이 갑자기 나타나 기사의 방패를 산산이 부수고 무거운 대가를 요구할 가능성도 있었다. 술탄이나 에미르의 왕국을 차지하는 일도 가능했는데, 그것은 용맹과 결투로 달성할 수 있었고, 그렇게 하여 왕이 될 수도 있었다. 당시 왕이란 본질적으로 큰 지주일 뿐이었기 때문이다. 이러한 꿈들은 실제로 가장 비범한 방식으로 실현되었다. 가난한 알자스 출신 기사 고트프리트 폰 부용은 예루살렘의 왕이 될 수 있었으나, 그의 구원자가 가시관을 쓰셨던 땅에서 금관을 쓰는 것을 거부하고 '성지의 보호자'라는 칭호에 만족했다.

예루살렘의 요새화된 성채는 성배처럼 세상 밖에 존재하는 초월적 장소로 그려졌다. 그곳에서 지구를 넘어선 갈망이 마침내 충족될 것이라 여겨졌다. 예루살렘은 지구의 중심이었고—단테의 『신곡』에서도 여전히 그 위치를 차지한다—낙원으로 향하는 직접적인 길이 열려 있어야 했다. 그곳은 구세주의 십자가가 세워진 자리였으며, 하늘이 열려 부활한 그의 몸을 받아들였던 장소였다. 수많은 기적이 벌어졌던 무대가 아니었던가? 그렇다면 지금은 왜 달라야 한단 말인가? 사람들은 팔레스타인에 대해 실제로 아는 것이 거의 없었으나, 성경 기록과 정확히 일치한다고 믿는 환상적 그림을 마음속에 간직했다. 구세주의 발자취는 나라 전체에 쉽게 남아 있을 것이라 여겨졌다. 그 땅의 소유는 초월적 꿈의 실현을 약속하는 듯했다.

그러나 십자군을 조직하는 충동과 힘은 본래 교회와는 이질적이고 심지어 적대적인 정신적 흐름에서 비롯되었다. 그럼에도 교황들의 탁월한 권위와 '신성한 왕국'이라는 압도적인 개념 덕분에, 그것은 로마 교회의 가장 위대한 승리의 도구가 되었다. 내적 불안과 막연한 갈망에 이끌려 바다를 건넌 군대들은 결과적으로 교회의 확장을 위해 싸우게 되었다. 위대한 힐데브란트는 기독교 세계 전체를 예루살렘으로 이끌어, 성묘 자리에 성 아우구스티누스가 설파한 신의 왕국을 세우고, 부활하신 그리스도의 이름으로 황제와 모든 세속 군주들에게 그들의 권위를 수여하려 했다.

십자군 전사와 성배를 찾는 기사는 기독교적-교회적 정신과 세속적-기사적 정신이 결합한 역설적 조화를 상징한다. 이 두 세계는 서로 본질적으로 이질적이었으나, 시대 정신 속에서는 완벽한 합일을 이루었다. 성전 기사단이 그 대표적 사례였다. 그들은 기사도의 모든 외적 상징을 지녔으나, 그 내적 동기는 교회적이었다. 전투와 승리의 영광, 아름다운 여인의 호의는 더 이상 주된 동기가 아니었다. 이제 기사는 오직 하나님의 영광과 기독교의 승리를 위해 싸웠다. 고전 중세는 아서 왕의 기사들뿐 아니라, 피의 강을 헤치며 구세주의 무덤 앞에 무릎 꿇는 사제 전사들, 그리고 성배를 찾아 형이상학적 과제에 헌신한 성배 기사들의 이상을 숭배했다. 아서 왕의 원탁은 실제 기사단의 모델이 되었으며, 프란체스코회뿐 아니라 수소(휴고 수도사)나 요하네스 타울러와 같은 독일 신비주의자들도 기사도의 상징을 즐겨 차용했다. 타울러는 그리스도가 '기사적 헌신'을 통해 받은 '진홍색 기사 예복'에 대해 언급하며, "그는 아버지와 천사 기사단 앞에서 입을 무기를 얻으셨다. 그러므로 그리스도는 그의 기사들이 이러한 예복을 입기를 선택할 때 기뻐하신다"고 말했다.

흥미롭게도 사라센인들은 종종 기독교 군대보다 더 관대하게 행동했다. 독일 연대기 작가 알베르트 폰 슈타데는 1221년 이집트 술탄이 "자발적으로 주님의 십자가를 돌려주고, 기독교인들이 모든 소유물을 지닌 채 이집트를 떠나는 것을 허락했으며, 동시에 3만 명에 달하는 포로를 석방했다"고 전한다. 그는 또한 부자에게는 물품을 팔고, 가난하고 병든 자들에게는 자선을 베풀라고 명령했다. 때로는 교황이 황제와 대립할 경우, 이슬람 세력과 동맹을 맺기도 했다. 1246년, 이집트 술탄 말렉 아스 살레 에쥴은 교황 이노센트 4세에게 이렇게 썼다. "황제의 조언과 동의 없이 기독교인들과 조약을 맺는 것은 우리에게 합당하지 않다. 우리는 황제의 궁정에 있는 우리 사절에게, 교황의 사절이 우리에게 제안한 모든 사항을 알리도록 편지를 보냈다."

시대의 불안을 가장 극적으로 드러낸 사건은 1212년의 소년 십자군이었다. 이 기이한 사건은 당대에도 무력한 경악만을 불러일으켰다. 두 독일 연대기 작가의 기록은 구두로 인용할 만큼 인상적이다.

"같은 해에 매우 놀라운 일이 일어났다. 세상 창조 이래 들어본 적 없는 사건이었기에 더욱 이상했다. 부활절과 성령강림절에 프랑코니아와 튜토니아에서 온 수천 명의 소년들이, 여섯 살 이상부터, 어떤 외부의 유인이나 설교도 없이, 부모와 친척들의 만류를 뿌리치고 십자가를 졌다. 어떤 이는 쟁기를 버렸고, 어떤 이는 양 떼를 버렸다. 그들은 깃발을 들고 스무 명, 쉰 명, 백 명씩 무리를 지어 예루살렘으로 향했다.

많은 이들이 그들에게 물었다. '왜 이 여정을 시작하는가? 불과 몇 해 전에도 수많은 왕과 제후, 무수한 병사들이 강력한 무장을 갖추고 성지를 향했으나 소망을 이루지 못하지 않았는가?' 그러자 아이들은 간결하게 대답했다. '우리는 하나님의 뜻에 순종하며, 그가 보내실 모든 시련을 기꺼이 감수할 것이다.'

그들은 길을 떠났다. 어떤 무리는 마인츠에서, 다른 무리는 피아첸차에서, 또 다른 무리는 로마에서 돌아섰다. 소수만이 마르세유에 도착했지만, 그들이 바다를 건넜는지, 어떤 운명을 맞이했는지는 아무도 모른다. 단 한 가지 확실한 것은, 떠났던 수천 명 중 극소수만이 살아 돌아왔다는 사실뿐이다."

또 다른 연대기 작가는 이렇게 기록했다.

"이 시기에 지도자나 안내자 없는 소년들이 각국의 도시와 마을을 떠나 바다를 향해 길을 재촉했다. '어디로 가는가?'라는 물음에 그들은 '예루살렘으로, 성지로'라고 대답했다. 부모가 그들을 붙잡아 문을 잠갔으나, 아이들은 문을 부수고 벽을 뚫고 탈출했다. 교황이 이 소식을 듣고 깊이 한숨을 내쉬며 말했다. '이 아이들이 우리를 부끄럽게 하는구나. 그들은 성지 회복을 위해 서두르는데, 우리는 여전히 잠들어 있다.' 아무도 그들이 어디까지 갔는지, 무슨 일을 겪었는지 알지 못했다. 다만 많은 이들이 돌아왔고, 왜 떠났느냐는 물음에 그저 '모른다'고 대답했을 뿐이다. 동시에 벌거벗은 여인들이 말없이 도시와 마을을 급히 지나가는 광경이 목격되었다."

십자군이 없었다면, 견딜 수 없는 긴장을 완화하기 위해 다른 무엇인가가 반드시 일어났을 것이다. 세상은 형이상학의 경계를 넘어서는 위대한 행위를 갈망했으며, 그 열정 자체가 성취를 보장하는 듯 보였다. 개인적으로는 허영과 과시욕도 적지 않은 동기를 제공했다. 오스트리아의 민네징거 울리히 폰 리히텐슈타인은 "하나님을 섬기기 위해서가 아니라, 한 여인을 기쁘게 하기 위해" 십자가를 지겠다고 제안했다. 이 진정한 돈키호테는 성묘를 연인의 손수건으로 장식하려는 꿈을 꾸었을 것이다. 역사적 증거는 없지만 충분히 그럴 법하다. 그러나 결국 그는 집에 머물렀다.

외국으로의 여행, 사랑하는 이를 향한 갈망, 귀환 뒤에 마주한 충절 혹은 배신은 중세의 낭만적 상상력에 무궁한 소재를 제공했다. 폰 글라이헨 백작과 두 아내의 이야기는 오늘날까지도 전해진다. 한 프로방스의 매혹적인 노래는 매일 샘가에서 연인을 기다리며 우는 처녀를 노래한다. 그녀는 떠나는 자리에서 연인과 작별했고, 그 자리에서 그의 귀환을 기다린다. 어느 날 한 순례자가 다가왔고, 그녀는 곧장 그에게 연인의 소식을 물었다. 순례자는 그를 아노라며 전할 말을 꺼냈다. 그러나 잠시 뒤 그는 두건을 벗고 자신이 바로 그 연인임을 드러내자, 기뻐하는 처녀를 팔에 안았다. 그는 수년의 부재 끝에, 과거에 작별을 고했던 그 자리를 가장 먼저 찾았던 것이다.

그러나 보편적 모험심과 결합하여 중세 전체를 지

배했던 또 다른 강력한 동기는 종교적 열망이었다. 그것은 참회하고, 삶의 실패 끝에 하나님께 돌아가려는 소망이었다. 십자군은 이 세속적 욕망과 영적 필요를 결합할 기회를 제공했다. 모든 선행 중 하나님을 가장 기쁘게 하는 것은 없었고, 모든 참가자에게는 죄의 사함이 약속되었다. 십자군 병사들의 느래에는 참회와 성화에 대한 강한 갈망이 담겨 있었으며, 이는 이교도의 손에서 성묘를 해방한다는 목적과는 무관했다.

> "내가 소중히 여기던 모든 것을
> 이제 혐오하노라.
> 나의 자부심, 나의 기사적 지위와 명예,
> 이제 모든 이가 숭배하는
> 그곳을 향해 나아간다.
> 순례자의 목표—예루살렘."

이 노래를 부른 이는 음유시인 중에서도 가장 쾌활했던 기엠 드 푸아티에였다.

더 사려 깊은 소수만이 신성한 영감이 인간 영혼에서 비롯되며, 십자군 전쟁이 명백히 무의미한 사업이라는 사실을 깨달았다. 하나님께서 인간의 도움이 필요하지 않다는 것은 말할 것도 없었다. 클뤼니 수도원장 베드로는 이렇게 말했다.

"겸손과 가난 속에서 항상 하나님을 섬기는 일이, 화려한 행렬을 이루어 예루살렘을 여행하는 것보다 더 위대하다. 주님의 발길이 닿았던 땅에 서는 것이 좋은 일이라면, 주님을 얼굴과 얼굴을 맞대어 뵙게 될 하늘을 향해 나아가는 것은 훨씬 더 좋은 일이다."

위대한 스콜라 철학자 안셀름과 클레르보의 베르나르 역시 같은 의견이었다. 그들은 말하였다. "사람은 지상의 예루살렘이 아니라 천상의 예루살렘을 열망해야 하며, 그곳은 발로 여행하는 곳이 아니라 마음의 소망으로 향하는 길이다." 그리고 "사람들은 외적인 대상에서 하나님을 찾고, 영혼의 가장 깊은 곳에 거하시는 하나님의 현존을 돌아보지 않는다."

그러나 이러한 주장을 편 이들조차 시대를 지배하던 거대한 이념의 마력에서 벗어나지 못했다. 베르나르는 다음과 같이 모순을 풀어냈다.

"주님께서 우리 같은 연약한 벌레들을 불러 그분의 것을 보호하게 하신다고 해서 그분의 힘이 약해진 것은 아니다. 그분의 말씀은 곧 행위이며, 원하시면 열두 군단 이상의 천사를 보내실 수도 있다. 그러나 주님은 우리를 멸망에서 구원하시려는 뜻으로, 우리에게 그분을 섬길 기회를 주시는 것이다."

이 말 속에는 사유의 뚜렷한 전환이 담겨 있다. 클뤼니의 베드로가 십자군을 반대했음에도, 중세에서 가장 존경받던 인물 중 하나였던 베르나르는 오히려 교황을 도와 프랑스 전역을 누비며 사람들의 마음에 광적인 열정을 불러일으켰다. 그의 설교를 들은 자는 누구든 세속적 소유를 버리고 십자가를 졌으며, 사람들은 베르나르 자신이 기독교 세계 전체를 이끌어주기를 간청했다.

"셀 수 없는 무리가 그의 깃발 아래 모여들었다. 도시와 성들은 텅 비었고, 일곱 여자마다 겨우 한 남자만이 남았다. 아내들은 남편이 살아 있음에도 이미 과부가 되었다."

베르나르는 교황에게 편지를 보내고, 독일을 여행하며 그의 단순한 존재만으로 병자를 치유했고, 누구도 알 수 없는 언어로 설교했지만 모든 이가 이해했다고 전해진다. 육체는 연약했으나 그의 정신은 굳건했고, 그 인격은 수많은 이들을 사로잡았다. 황제 콘라트조차도 오랫동안 저항했으나, 크리스마스 날 슈파이어 대성당에서 베르나르의 설교를 듣고 눈물을 흘리며 무릎을 꿇었다. 베르나르는 설교단을 내려와 황제의 어깨에 십자가를 꽂았다. 이 상징적인 장면에서, 교회의 형이상학적 정신이 정치적 현실을 압도하며 주인이 되었음이 선명히 드러났다.

십자군은 새롭게 깨어난 형이상학적 열망이 낳은 거대한 운동이었다. 그러나 같은 정신은 또 다른 방식으로, 곳곳에서 시작된 종교 개혁의 노력에서도 드러났다. 뷔트너는 에크하르트 판 서문에서 이렇게 말했다.

"이단의 출현과 확산은 언제나 개인의 종교적 삶을 가늠하는 척도였다."

그리스도 이후 처음으로 진정한 신앙의 감정이 다시 사람들의 마음에 불을 지피고 있었다. 이제까지 절대적 진리라 여겨졌던 교회의 교리는 더 이상 그들의 필요를 충족시키지 못했다. 소심하나마 반대의 목소리가 나오기 시작했고, 평신도들은 감히 종교의 영역에 발을 들이기 시작했다. 천 년 동안 모든 지식―따라서 모든 전통과 종교―은 성직자들의 독점물이었으나, 이제 그것이 흔들리고 있었다. 교양 있는 평신도들은 약간의 라틴어와 몇몇 스콜라 명제만 알았으나, 모든 것이 변하려 하고 있었다.

교회의 금지에도 불구하고 성경 일부가 민중어로 번역되어 배우지 못한 이들에 의해 열심히 읽히고 연구되었다. 곳곳에서 종교를 인생의 가장 중요한 문제로 삼는 사람들이 나타났고, 그들은 외부 교리를 맹목적으로 받아들이는 대신, 자기 영혼 속에서 하나님을 찾으려 했다.

교회 권위에 대한 혐오가 커진 가장 분명한 이유는 성직자들의 부도덕이었다. 겸손을 설교하면서도 탐욕과 악덕, 폭정에 빠진 모습은 너무나 뚜렷한 대조를 이루었다. 교회 직책은 공공연히 매매되었고, 하나님의 용서는 새 옷보다 값이 쌌다. 세금을 낸 사제라면 누구든지 주교의 보호 아래서 권력을 휘두를 수 있었다. 음유시인 기엠 피게이라스는 이를 신랄하게 노래했다. "우리의 목자들은 도둑질하는 늑대가 되어 평화의 사절을 가장한 채 양 떼를 약탈하고 노략질한다. 그들은 밤낮으로 양들을 위로하지만, 일단 손에 넣으면 거짓 목자들은 양 떼가 멸망하도록 내버려 둔다."

다른 시에서 그는 이렇게 탄식한다.

**그는 밤새 여인의 팔에 누워 있다가,
아침에—더럽혀진 채—일어나
거룩한 성체를 바친다.**

피게이라스는 후대의 개혁자들 못지않게, 토마를 향해 격렬한 비난을 퍼부었다.

"지옥의 불꽃과 고통 속에 네 자리가 있다! 너는 순진한 어린 양의 모습을 하고 있으나, 속으로는 사나운 늑대, 독사의 자식, 왕관 쓴 뱀, 악마의 벗이다!"

심지어 선량하고 절제된 민네징거 발터 폰 데어 포겔바이데조차 로마를 향해 이렇게 말하였다.

"그들은 우리에게 하나님께 가는 길을 가리키면서, 자신들은 지옥으로 간다."

교회의 열렬한 지지자였던 클레르보의 베르나르조차 『고려에 관하여(De Consideratione)』에서 교황과 성직자들의 타락을 날카롭게 꾸짖었다.

"가난한 자의 재산은 부자의 문 앞에 흩어지고, 금은 시궁창에서 반짝이며, 사람들이 사방에서 돌려온다. 그러나 그것은 궁핍한 자가 아니라, 가장 힘센 자와 가장 먼저 자리를 차지한 자에게 주어진다."

그는 또한 교황의 사치와 호화를 질타했다.

"베드로가 비단 옷을 입고, 금과 보석으로 장식되었는가? 군인들과 봉신들에 둘러싸여 가마에 실려 다녔는가?"

그리고 그는 오늘날까지도 역사적 진실로 남은 말

을 남겼다.

"너의 모든 화려함 속에서, 너는 베드로의 후계자가 아니라 콘스탄티누스의 후계자다."

성직자들의 부패와 로마의 압제에 대한 불만은, 비록 종교에 무관심한 사람들까지 괴롭혔지만, 신성한 전통 자체를 직접 의심하게 만들지는 않았다. 그러나 더 깊은 불만은 원칙적인 문제에서 비롯되었다. 그것은 종교적 갱신에 대한 갈망이었고, 왜곡된 진리를 드러내고 바로잡으려는 투쟁이었다.

이단자로 불리며 두려움과 증오, 가혹한 박해를 받았던 이들은 실제로는 자신의 신념을 굳건히 지킨 용기 있는 사람들이었다. 그들의 근본적인 이상은 교회의 외적 화려함을 억누르고 복음의 단순함으로 돌아가는 것이었다. 운명은 다양했다. 온화한 아시시의 성 프란체스코는 시성되었지만, 깨달음을 얻은 에크하르트는 고문을 당했다. 많은 이들은 열렬한 브레시아의 아르놀트처럼 화형을 당했다.

이처럼 진실한 종교인들을 가혹하게 대했던 교회의 태도는 이해하기 어렵지 않다. 한편으로는 그들의 경건이 의심할 여지 없이 분명했지만, 다른 한편으로는 그들의 가르침이 교회의 전통과 너무도 대조적이었으며, 또 너무 강렬하게 주장되어 더 이상 조용히 무시할 수 없었기 때문이다.

프로방스의 이단자 브뤼의 베드로는 성상 숭배, 심지어 십자가상의 이미지까지도 반대하는 설교를 한 최초의 개혁가였던 것으로 보인다. 그는 오직 보이지 않는 성인들의 공동체만을 인정하며, 모든 교회를 철저히 파괴하라고 명령했다. 결국 그는 성 질에서 격분한 군중에 의해 화형을 당했다.

그의 추종자인 페트루스파보다 더 강력하고 수적으로도 훨씬 많았던 집단은 카타리파와 발도파였다. 발도파는 1177년 베드로 발데스에 의해 창시되었으며, 곧 북부 이탈리아로 퍼져 롬바르드파와 합쳐졌다. 카타리파는 원시 기독교의 가르침에 따라 단순하고 금욕적인 삶을 옹호했고, 모든 교회 의식을 거부했으며, 성사―특히 세례―를 경멸했다. 그들은 후대의 개혁자들보다 훨씬 급진적이었으며, 화체설을 부정하고 성찬을 하나님과 영혼의 연합을 상징하는 행위로만 이해했다. 이로 인해 카타리파의 이름은 곧 '이단'과 동의어가 되었다.

그러나 단연코 가장 널리 알려진 종파는 발도파, 즉 알비파였다. 이들 가운데는 공개적으로는 아니더라도 비밀리에 따르는 위대한 프로방스 영주들이 많았다. 이 공동체가 성 프란체스코와 독일 신비주의자들의 정신과 맞닿아 있었으며, 새로운 기독교적 열정으로 충만했다는 사실은 의심할 여지가 없다. 알비파는 그리스도가 아니라 그의 환영만이 십자가에 못 박혔다고 믿었고, 구약의 하나님을 거부했다. 그들의 교리는 두 창조주의 존재를 전제했는데, 곧 객관적 세계를 창조한 악한 창조자와 영적 세계를 창조한 참된 하나님이었다. 이 교리는 가장 숭고한 파르시즘과 가장 심오한 영지주의를 떠올리게 한다. 인간은 선과 악 사이에 놓인 존재였고, 선택은 전적으로 그의 손에 달려 있었다.

결코 이단자가 아니었던 페이레 카르디날의 비범한 시는 이러한 정신을 드러낸다. 그는 관습적인 겸손이 아니라, 한 세력이 다른 세력과 맞서는 듯한 자세로 하나님과 마주했다.

"나는 새로운 시를 쓸 것이며, 최후의 심판 날에 나를 무에서 창조하신 분께 그것을 바칠 것이다. 만약 그분이 나를 영원한 저주에 처하신다면, 나는 그분께 말할 것이다. 주여, 저를 불쌍히 여기소서. 나는 언제나 사악한 세상과 싸워왔으니, 지옥의 고통에서 저를 구원하소서. 천상의 군대는 내 말에 놀랄 것이다. 나는 하나님께, 그분이 피조물들을 악마의 손에 넘겨준다면 그것이 죄라고 말할 것이다. 차라리 악마들을 몰아내소서. 그러면 더 많은 영혼이 구원받고 온 세상이 축복을 얻을 것이다…. 나는 절망하지 않을 것이므로, 당신은 내 죄를 용서하고 내 영혼과 마음을 구원해야 한다. 내가 태어나지 않았다면 죄를 짓지 않았을 것이다. 만약 당신이 나를 영원히 지옥에서 불타도록 정죄한다면, 그것은 큰 잘못이며 죄일 것이다. 왜냐하면 진실로 나는 당신이 하나의 축복에 대해 천 가지 악을 나에게 내리셨다고 고발할 수 있기 때문이다."

이노센트 3세가 프로방스에 내린 형벌은 가장 끔찍했다. 그는 교회의 권위가 모든 술탄과 에미르들을 합친 것보다 더 두려워할 만한, 진정한 종교적 본능의 부흥에 직면해 있음을 깨달았다. 절대적이고 불변하는 가치 체계는 무너질 위기에 처해 있었다. 1208년, 스페인 귀족 도미니쿠스 구스만이 도미니코회를 창설하고 종교 재판소를 세웠으며, 이것들은 정치적 이해관계로 프랑스의 지원을 받은 교황 군대와 함께 프로방스를 침공했다. 수백 명이 이해한 정신을 억누르기 위해 50만 명이 학살되었다. 한 화형대가 또 다른 화형대에 불을 붙였다. 전통과 교리를 지키기 위해 이보다 더 큰 희생이 치러진 적은 없었다. 원정군의 지휘관 시몽 드 몽포르는 교황에게 간결한 보고서를 보냈다.

"우리는 성별도, 나이도, 이름도 가리지 않고, 모두를 칼로 베어 죽였다."

음유시인들은 황폐해진 나라와 사라진 아름다움을 애도했다. 몽타냐골은 종교 재판소의 위협에도 불구하고 이 주제로 긴 시를 남겼으며, 그 외에는 알려진 바 없는 베르나르 시카르 드 마르바졸은 깊은 탄식의 노래를 불렀다.

> **오! 툴루즈와 프로방스여,**
> **그리고 너, 아장스 땅이여,**
> **카르카손과 베지에여!**
> **내가 한때 너희를 보았듯이―**
> **오늘 내가 너희를 보듯이!**

교양 있는 프랑스 고위 성직자 자크 드 비트리는

전혀 다른 입장을 취했다. 그는 "어리석은 시, 시인들의 거짓말, 여인들의 노래, 광대들의 거친 암시"를 맹렬히 비난했다. "그러한 해충들은 세속적인 풍요의 흐름 위에서 번성한다. 그것들은 말 그대로 모든 음식 위를 기어 다닌다. 왜냐하면 일반적으로 식사 뒤에는 쓸데없는 이야기의 홍수가 뒤따르기 때문이다." 두 세계 사이의 화해는 불가능했다.

발도파가 프로방스에서 번성하는 동안, 독일 서부와 네덜란드에서는 다양한 이단 종파가 등장했다. 그 중 두드러진 것은 복음서를 문자 그대로 받아들여 공산주의와 일부다처제를 도입했던 사도파였다. 또 대중적 주목은 덜 받았지만 개혁보다는 관조적인 삶을 옹호했던 베가르드파와 베긴회의 공동체도 있었다. 이들은 공동체의 모든 계층에서 지지를 얻었으며, 후대의 독일 신비주의자들과 연결된다. 우리에게 남아 있는 한 기소장은 그 종파들 중 하나인 '자유 정신의 형제들'의 독창성을 증명한다. 그들은 한 사람이 영적 완전성에 도달하는 것이 백 개의 수도원을 세우는 것보다 낫다고 주장했는데, 이는 당시로서는 이단적인 견해였다.

동시에, 영감 어린 예언자이자 신비 체험으로 유명했던 수녀 빙겐의 힐데가르트는 교황들에게 거친 편지를 보내 교회 내부의 악덕과 종교의 타락을 신랄하게 비난했다. "그러나 너, 오 로마여, 거의 죽음에 이른 너는 네 발의 힘조차 잃어 흔들릴 것이다. 왜냐하면 너는 왕의 신부인 의를 열렬히 사랑하지 않고, 나태한 잠에 빠져 사랑했으며, 그리하여 그녀에게 낯선 자가 되었기 때문이다. 그러므로 네가 그녀를 다시 부르지 않는다면, 그녀는 너를 버릴 것이다." 이에 교황 아드리아누스 4세는 겸손하게 응답했다. "으리는 당신의 경고의 말을 듣기를 갈망합니다. 사람들은 당신이 신성한 기적의 정신을 부여받았다고 말하기 때문입니다."

성 베르나르는 힐데가르트의 기도를 간청했고, 두 황제와 교황, 주교, 수도원장들은 그녀와 서신을 교환하며 그녀의 기도와 조언, 그리고 성경의 난해한 구절에 대한 해석을 요청했다. 힐데가르트는 므호하면서도 묵시적인 언어로 답했다. "참된 지혜의 신비 속에서 나는 이것을 보고 들었다."

그리스도의 복음 부활과 세상의 재생을 예언하는 이들이 북쪽과 남쪽에서 나타났다. 이탈리아의 수도사이자 광신자였던 요아힘 데 플로리스(약 1200년경)는 이 재생이 예정되어 있다고 설교했다. 그는 훗날 헤겔을 예견한 사상가로, 역사를 세 시대로 나누어 설명했다. 즉, 두려움과 율법의 엄격함으로 특징지어지는 아버지의 지배, 신앙과 연민이 지배하는 아들의 시대, 그리고 사랑이 충만한 성령의 시대였다. 요아힘에 따르면 마지막 시대가 이미 밝아오고 있었으며, 많은 이들은 그의 말을 예언자의 계시로 받아들였다. 실제로 수도사 제라르도 디 보르고 산 돈니노는 다가오는 세 번째 시대를 맞아 '성령의 새로운 복음'을 선포해야 한다고 주장했는데, 이는 종교적 열정 속에서 이단적 정신이 피어난 대표적 사례였다.

사람들은 타락한 성직자들을 경멸했고, 모든 개혁가에게는 호의적이었다. 동시에 신비한 마법을 행하는 자들에게 미신적인 경외심을 품었으며, 적절한 의식이나 헌물을 통해 그들의 힘을 빌릴 수 있다고 믿었다. 이 시기에 유물 숭배는 모든 지역에서 성행했다. 그리스도의 십자가 조각만 해도 팔리고 숭배된 양이 거대한 숲을 이룰 수 있을 만큼 많았으며, 성인들의 뼈는 수도 없이 거래되었다. 특히 프랑스의 많은 수도원들은 이를 통해 막대한 수익을 얻었다. 이미 당시에도 이러한 거래는 섬세한 지성인들에게 혐오감을 불러일으켰다.

1200년, 노비겐툼의 수도원장 기베르는 성인과 유물 숭배에 반대하는 설교를 통해 오늘날까지도 유효한 논거들을 제시했다. 그는 "어떤 신체 부위가 분리되어 금과 은으로 장식되는 것은 본래 모든 시신이 흙으로 돌아가야 한다는 법칙을 어기는 혐오스러운 일이다. 신의 아들의 시신조차 비참한 돌 아래 놓였는데, 그 어떤 인간의 뼈가 장식받을 가치가 있겠는가?"라고 반문했다. 그는 사람들에게 눈에 보이는 것, 손에 잡히는 것에서 떠나 보이지 않는 참된 것으로 돌아서라고 촉구했다. 또한 유물 숭배는 참된 종교 정신에 위배된다고 주장했다. "그리스도의 육체적 현존이 제자들에게서 거두어지기 전까지는 성령이 그들에게 내려올 수 없었다." 그는 더 나아가, 널리 퍼져 있던 물질적인 사후 세계관을 거부하고 지옥의 고통을 영적으로 해석해야 한다고까지 제안했다. "주님을 영원히 관조하는 것이 의인들의 최고의 행복이다. 그렇다면 저주받은 자들의 비참함은 곧 주님의 얼굴을 영원히 빼앗기는 데 있다는 것을 누가 부정할 수 있겠는가?"

종교는 사라지고 말았다. 생명력이 되어야 했던 것이 가장 학식 있는 사람들에게는 단지 역사적 사건에 대한 지식으로 전락했다. 많은 이들은 복음의 단순함과 사랑으로 돌아가는 것만이 유일한 해결책이라고 보았다. 그러나 그것은 한 사람의 설교가 아니라, 다시금 세상에 주어진 그의 삶이라는 위대한 모범을 통해 드러났다. 성 프란체스코는 이렇게 고백한다. "아무도 내가 무엇을 해야 할지 알려주지 않았다. 그러나 지극히 높으신 분께서 친히 복음에 따라 살라고 명령하셨다."

아시시의 프란체스코는 그리스도의 삶을 있는 그대로 받아들였다. 그는 신학자들처럼 교리나 우화적 의미에 얽매이지 않았고, 오직 사랑으로 봉사하는 삶을 통해 그리스도를 따랐다. 그에게 종교는 교계의 정치적 권력이 아니라 마음의 상태였다.

이 점에서 프란체스코는 종교 개혁가 에크하르트와 닮은 듯하지만, 본질적으로 달랐다. 그는 전통이나 성직자에 대해 적대적인 태도를 보이지 않았으며, 다른 개혁가들처럼 종교적 부패를 비난하지도 않았다. 오직 자신의 삶으로 개혁을 이루었으며, 그 바탕에는 위대한 사랑의 비밀이 있었다.

그는 교황과 주교들이 규칙을 만들라고 권유해도, 자신의 추종자들을 위한 규율을 정하는 것을 망설였다. 그의 진정한 가치는 특정한 수도회를 세운 것이 아니라, 그 자신이 곧 생명력이었다는 점에 있었다. 그는 절대적 확신이 들면 교회의 규범을 어기는 것도 서슴지 않았다. 성직자 서품을 받지 않고 사람들에게 설교했으며, 아무런 권위 없이 친구 클라라를 수녀로 축성하기도 했다.

놀랍게도 평생 이단 탄압에 헌신했던 교황 이노센트 3세는 프란체스코의 설교를 승인하고 비공식적인 형제회를 인정하는 지혜를 보였다. 이 덕분에 잠재적인 혁명가였던 프란체스코는 교회의 충실한 종으로 변모했다. 만약 그가 브레시아의 아르놀트 같은 인물이었다면 교회의 몰락을 초래했을 수도 있다. 프란체스코회와 교회의 갈등이 프로방스에서처럼 교회의 승리로 끝났을지는 미지수다.

프란체스코는 과학에 무관심했다. 그는 말했다. "모든 악마는 지상의 모든 사람을 합친 것보다 더 많은 지식을 가지고 있다. 그러나 악마가 결코 할 수 없는 것이 있는데, 바로 그것이 인간의 영광이다. 인간은 하나님께 충실할 수 있다." 이 말로 그는 전통과 신학을 내적으로 극복했고, 신성에 대한 직접적인 지식을 자신의 영혼 안에 체험했다. 그는 심지어 형제들에게 성경 사본을 소유하는 것도 금했다. 마음속의 하나님, 그것이 그의 교리의 핵심이었다.

그는 놀라운 직관을 지녔음에도 불구하고 무지에

대한 자각에서 완전히 순진했다. 그는 진정으로 자신을 가장 작은 이보다 더 작게 여겼다. 자신들을 "하나님의 종들의 종"이라 부르면서도 그 말에 아무 의미도 담지 않았던 주교와 교황들과는 달랐다. 주님의 몸을 담는 그릇을 정성껏 다루어야 한다고 열정적으로 강조한 것도 그의 단순한 마음을 잘 보여준다. 그러나 그는 빵과 포도주가 변하는 신비에 대해 거의 알지 못했고, 그저 어린아이처럼 아무런 의심 없이 기적을 받아들였다.

1219년, 성 프란체스코는 십자군에 참여했다. 다미에타 전투가 한창일 때 그는 사라센 진영에 들어가 술탄 앞에서 설교했고, 술탄은 그의 인격을 존중하여 무사히 돌려보냈다. 전설에 따르면, 그는 이후 베들레헴과 예루살렘을 방문했으며, 술탄은 감동하여 그가 성지를 자유롭게 출입하도록 허락했다. 프란체스코에게 이 성지 순례는 깊은 의미를 지녔다. 그에게 기독교란 곧 그리스도를 모방하는 것이었기 때문이다.

비록 그는 스스로 빵만 먹고 살았으며 가난을 자신의 선택된 신부로 삼았지만, 초기 중세의 금욕주의를 헛된 것으로 여기고 단호히 거부했다. 그의 안에서 타오르는 생명의 불꽃은 너무도 뜨거워 내일을 생각하지 않았고, 그는 문자 그대로 복음의 권고를 따랐다. "이와 같이, 너희 중 누구든지 자기의 모든 소유를 버리지 아니하면 능히 내 제자가 되지 못하리라." 우리는 『피오레티』(아마도 현존하는 가장 오래된 민중 시집)에서, 그가 금욕주의를 원칙으로서 명확히 금지했다는 기록을 읽는다. 이는 당시의 정신과 너무나 이질적인 발상이기에 꾸며낸 이야기가 될 수 없다. 그는 또한 보편적인 이상이었던 은둔적 수도 생활에 반대하며, 제자들이 세상 속에서 살며 사랑을 나누고, 동료들의 자선으로 생명을 유지하라고 가르쳤다.

『오레티』에 담긴 한 일화는 그의 위대하고도 명석한 정신을 잘 보여준다. 추운 겨울날, 프란체스코와 레오 형제는 깊은 눈 속을 걷고 있었다. 프란체스코가 말했다.

"레오 형제여, 만약 우리가 모든 맹인의 눈을 뜨게 하고, 불구자를 고치며, 악령을 쫓아내고, 죽은 이를 살릴 수 있다 해도—그것은 완전한 기쁨이 아니다. 또 우리가 과학의 모든 비밀과 별들의 운행, 짐승들의 길을 안다 해도—그것도 완전한 기쁨이 아니다. 설령 우리의 설교로 모든 이교도를 참된 신앙으로 이끌 수 있다 해도—그것조차도 완전한 기쁨이 아니다."

그러자 레오 형제가 물었다. "그렇다면, 아버지, 완전한 기쁨이란 무엇입니까?"

프란체스코는 대답했다. "만약 우리가 지금처럼 춥고 젖고 굶주린 채 수도원 문을 두드렸을 때, 문지기가 거친 말로 우리를 내쫓아 저녁까지 눈 속에 서 있어야 한다면, 그럼에도 불평 없이 모든 것을 인내하며 견딜 수 있다면—그것이 바로 완전한 기쁨이다.

그것은 곧 자제력 속에서 주어지는 자비이다."

"그는 노래하며 죽음을 맞이했다." 그의 전기 작가 첼라노의 토마스는 이렇게 기록한다. 그는 장엄한 『진노의 날, 그날(Dies irae, dies illa)』의 저자이기도 하다. 임종의 자리에 누운 성 프란체스코는 멈춤 없이 『태양의 찬가』를 지어 노래했는데, 이 숭고한 찬송가에는 그의 고귀한 생애가 응축되어 있다. 그것은 모든 창조물을 향한 사랑을 노래하며, 사랑의 황홀경과 완전한 겸손으로 이루어진 새로운 형태의 헌신을 담았다. 그는 형제 태양과 자매 달, 사랑스러운 별들을 마음에 껴안았다. 그는 형제 바람과 자매이자 어머니인 땅을 노래했다. 그리고 마지막 날, 이 세라핌 같은 성인은 '형제 죽음'에 대한 강렬하고 감동적인 찬송을 덧붙였다. 전설에 따르면, 그의 오두막 지붕 위로 새 떼가 내려와 노래했고, 그들의 합창은 성인을 내세로 인도했다.

이 죽음을 고대의 더 유명한 죽음, 곧 소크라테스의 죽음과 비교하는 것도 무리는 아니다. 소크라테스는 개인적 감정에 조금도 굴복하지 않고, 국가의 법에 순종하는 것이 타당하다는 순수한 논리적 확신에 따라 죽음을 맞았다. 그의 죽음은 보편적 명제를 개별적 상황에 적용한 것이었고, 변증법적 오류로 지적될 여지가 없었기에, 결론—그의 죽음—은 필연적이었다. 반면 프란체스코의 죽음은 영혼과 감정이라는 시대의 근본적 힘에 의해 지탱되었고, 그 안에서 삶의 의미를 완전히 드러냈다.

프란체스코와 그의 몇몇 후계자들은 삶 속에서 단순하고 종교적인 사랑의 근본적 감정을, 사람들이 명확히 이해할 수 있는 방식으로 구현했다. 그들은 "하나님의 음유시인들"이라 불렸다. 왜냐하면 교회의 의식 없이도 하나님의 사랑을 노래했기 때문이다. 야코포네 다 토디(1236-1306)는 아마도 단테와 귀니첼리 다음으로 이탈리아가 낳은 가장 위대한 시인이며, 황홀한 시로 하나님의 초월적 사랑을 찬양했다. 그는 음유시인들의 종교적 상응자였다. 아기 예수와 성모, 십자가에 못 박힌 그리스도에 대한 그의 열정적 헌신은 세속 서정시의 가장 강렬한 노래조차 능가했다.

이 남부 사람들은 그들의 종교가 가진 가시적 상징을 버리지 못했다. 그러나 "아무것도 자신의 것이라 부르지 않고, 지상의 재물을 원하지 않는 자만이 참으로 자유롭고, 결코 이웃과 다투지 않는다"는 무한히 단순한 원칙은, 비록 항상 지켜지지는 않았으나 적어도 이해되고 존중되었다. 사람들은 감사하는 마음으로 성 프란체스코의 이름을 전설로 감쌌다. 그의 삶은 새로운 예술의 아버지 조토에게 식물과 동물의 생명 연구에 영감을 주었고, 그의 이야기는 이탈리아 예술의 첫 기념비적 작품인 아시시 대성당 벽화에 그려졌다.

성 프란체스코는 예수의 지상 생활을 다시 살았다. 그러나 한 가지 면에서 그는 그의 본을 능가했다고 할 수 있다. 그리스도의 사랑이 모든 인류를 포용했다면, 프란체스코의 마음은 인간을 넘어 짐승과 식물, 별들까지 향했기 때문이다. 그는 "너희가 내 형제 중에 지극히 작은 자 하나에게 한 것이 곧 내게 한 것이니라"는 말씀을 형제 곰과 자매 새들에게 적용했다. 그는 그리스 시대 이래로 처음으로 자연을 신성한 말씀의 상징이나 비유가 아닌, 그 자체의 참된 모습으로 본 인물 중 하나였다. 사람들은 그 웅장함을 깨닫지 못한 채 원소의 위험을 두려움 속에 체험했지만, 프란체스코는 자연의 아름다움 속에서 창조주의 사랑을 인식했다. 이 발견, 곧 자연의 아름다움의 재발견과 미학의 부활은 새 문명의 본질적인 일부였다. 음유시인들과 민네징거들이 종종 감상적으로 노래했던 것을, 그는 삶으로 증명했다.

예컨대, 그가 새들에게 설교한 이야기는 인간과 짐승을 동등하게 여긴다는 점에서 거의 이교적인 듯한 인상을 주기도 한다. 그는 제자들에게 "내가 가서 내 작은 자매들, 새들에게 설교하는 동안 길가에서 잠시 기다려라"라고 말하고 들판으로 나아갔다. 그러자 나무 위의 새들이 모두 내려와 그를 둘러싸고, 그가 축복할 때까지 날아가지 않았다. 그가 손으로 만져도 움직이지 않았다. 그는 새들에게 이렇게 말했다.

"내 형제자매들, 작은 새들아, 창조주 하나님을 찬양하라. 그분이 너희에게 날개와 깃털을 주시고, 노아의 방주에 너희 종족을 받아들여 멸망하지 않게 하셨다. 너희는 씨를 뿌리지도 거두지도 않지만, 하늘 아버지께서 풍성히 먹이신다. 강과 샘, 산과 계곡, 높은 나무들은 너희를 위해 주어진 피난처다. 너희는

실을 잣지도 옷을 짓지도 못하지만, 하나님께서 너희와 너희 새끼들을 입히신다. 그분의 사랑의 위대함을 보라. 배은망덕의 죄를 경계하고 날마다 부지런히 하나님을 찬양하라."

그러자 새들은 부리를 열고 날개를 치며 땅에 절했다고 전해진다.

백 년이 지난 뒤, 슈바벤 지방에는 프란체스코와 같은 영혼을 가진 한 사람이 살았다. 바로 수소(Heinrich Suso, 1300–1365)였다. 그는 흔히 신비주의자들과 함께 분류되지만, 초원과 숲을 향한 그의 사랑은 전형적인 독일인의 성정이었고, 그것을 민네징거들보다 더 정교하게 표현했다. 그는 노래한다.

"하늘의 광대함과 별들의 질서를 보라. 주님께서 태양과 일곱 행성을 두셨고, 수많은 별로 장식하셨다. 태양은 땅에 풍요로운 열매를 내리고, 초원은 푸르게 피어나며, 나무와 꽃이 웃는다. 계곡에는 나이팅게일과 작은 새들이 노래하고, 겨울에 움츠렸던 짐승들이 나와 태양을 즐기며 짝을 찾는다. 오, 온유하신 주여, 당신은 피조물 속에서 얼마나 아름다운가! 오, 들판과 초원이여, 너희의 아름다움은 얼마나 빛나는가!"

또 그는 말한다. "내 눈이 본 수많은 기쁨의 광경 외에 무엇을 더 말하랴. 꽃 피는 초원을 지나며, 나는 새들이 창조주를 찬양하는 하프 같은 노래를 들었다. 숲은 그 노래로 메아리쳤다." 심지어 그는 더 깊은 동정심을 드러내며 고백한다. "나는 인간의 자녀들에 대해 말하지 않겠다. 그러나 짐승과 작은 새들, 모든 피조물의 비참함과 슬픔은 내 마음을 찢는다. 나는 그들을 도울 힘이 없기에, 한숨 쉬며 지극히 높으신 주께 그들의 구원을 기도했다."

그의 낙원 묘사는 마치 프라 안젤리코의 그림을 보는 듯하다. "보라, 여름의 기쁨! 달콤한 오월의 왕국, 모든 참된 기쁨의 계곡! 기쁜 눈이 기쁜 눈을 바라보고, 하프와 바이올린, 노래와 웃음이 울려 퍼진다. 청년과 처녀들이 춤을 이끌고, 슬픔 없는 사랑이 영원히 다스릴 것이다."

또한 수소는 인간의 삶을 그린 상징적 그림을 남겼다. 그 그림은 신으로부터의 출발과 귀환을 묘사하는데, 그 길은 포기와 금욕의 길이었다. 그림 속에서 죽음은 춤추는 연인들 위에 낫을 휘두르며 서 있고, 아래에는 이렇게 쓰여 있다. "이것이 지상의 사랑이다. 그 끝은 슬픔이다." 이 민감한 영혼은 그의 위대한 스승 에크하르트가 극복했던 세상 혐오의 전통적 흔적 속에서 여전히 머물러 있었다.

프로방스인들과 이탈리아인들은 봄의 기쁨을 노래했고, 독일 민네징거들은 그것을 혹독한 겨울의 모든 고난으로부터의 해방자로 맞이했다. 후자에게는 그것이 아름다움에 대한 순수한 기쁨이라기보다는, 겨울의 긴 감금 후에 다시 가능해진 야외 생활에 대한 어린아이 같은 기쁨에 가까웠다. 그러나 몇몇 독일 서사시, 예를 들어 『트리스탄과 이졸데』에는 숲의 아름다움에 대한 진정하고 진실한 묘사가 포함되어 있다. 예술, 특히 르네상스 시대의 독일 예술을 연구하는 사람은 새나 꽃과 같은 아주 사소한 자연물들이 다루어지는 비범한 사랑에 놀라지 않을 수 없다. 일상생활의 친숙한 것들이 이런 식으로 엄숙한 성경-역사적 주제들과 연결되었다.

모든 시대에 자연의 아름다움에 대한 어떤 예리한 인식이 일부 선택된 개인들에게 내재되어 있었다는 데에는 의심의 여지가 없다. 그러나 오직 초월적인 것만이 진정으로 아름답고, 지상의 아름다움은 단지 그 반사된 영광에 불과하다는 보편적으로 받아들여진 의견은 그들에게조차 너무나 강했다. 따라서 우리는 수소가 지상의 봄의 아름다움을 천상의 왕국으로 옮기는 것을 보았다.

동시에 사람들은 새로운 풍경을 보고 새로운 지식을 얻기 위해 먼 나라로 여행하기 시작했다. 유명한 베네치아인 마르코 폴로는 1300년경 중앙아시아를 방문하고 중국과 티베트를 횡단하며 일본이라는 미지의 나라를 유럽에 처음으로 알렸다. 이처럼 여행 자체가 목적인 '관광'이 탄생한 것이다.

상업적 목적의 장거리 항해는 낯선 일이 아니었지만, 소의 발이 닿지 않는 곳, 즉 알프스 정상에 인간의 발이 닿은 적은 없었다. 페트라르카는 1336년, 순전히 자연의 아름다움을 즐기기 위해 프로방스의 산인 몽방투에 오른 최초의 사람이었다. 이는 그의 모든 소네트와 논문을 합친 것보다 더 위대하고 불멸의 업적이었다.

그는 이 특별한 등반 경험을 길고 심오한 편지에 자세히 묘사했다. 그 편지가 담고 있는 깊은 의미 앞에서, 우리 시대의 모든 알프스 등반은 하찮은 체조 연습에 불과하다.

자연의 아름다움이 발견되고 평가되면서, 다양한 현상들 사이에 존재하는 관계에 대한 관심이 생겨났고, 존경받는 책들에 쓰인 것을 눈으로 증명하고—아마도 새로운 발견까지도 하려는—욕구가 일어났다. 이 방향에서 중요한 첫 번째 인물은 독일인 알브레히트 볼슈테트(알베르투스 마그누스)였는데, 그는 아리스토텔레스 철학의 보급에 다른 누구보다 더 많이 기여했지만, 개인적인 관찰에 기반을 둔 자연사 책을 썼다. 그러나 그의 위대한 영국 동시대인인 로저 베이컨은 현대 실험 과학의 진정한 아버지이다. 그는 "*scientia experimentalis*(실험적 지식)"라는 표현을 만들었고, 모든 연구는 자연 연구에 기반을 두어야 한다는 원칙을 세웠다. 그는 경험이 "모든 과학의 여주인"이라고 주장했고, 말했다. "나는 아리스토텔레스를 존경하고 그를 철학자들의 왕자로 여기지만, 항상 그의 의견에 동의하지는 않는다. 아리스토텔레스와 다른 철학자들은 과학의 나무를 심었지만, 후자는 결코 모든 가지를 뻗거나 모든 열매를 익히지 않았다." 이 생각은 우리에게는 자명해 보이지만, 스콜라 철학 시대에는 매우 중요했다. 베이컨은 10년을 감옥에서 보냈다. 그러나 모든 것에도 불구하고, 그는 스콜라 철학의 영향을 너무나 많이 받아서, 철학의 과제가 기독교 교리의 진실에 대한 증거를 제시하는 것이라고 생각했다.

여기서 그 시대의 철학적 사상의 본질을 대략적으로 스케치하고, 교부들과 스콜라 철학의 기독교에서 비역사적 기독교, 즉 소위 신비주의의 종교로 이어진 길을 지적하는 것이 필수적이다. 스콜라 철학은 13세기에 그 절정에 도달했다. 파리, 옥스퍼드, 파도바에 대학들이 설립되었고, 학문의 완전한 존엄을 열망하는 자는 그곳에서 학위를 받아야 했다. 에크하르트조차도 파리에서 그의 스콜라 교육을 받는 것을 소홀히 하지 않았다.

프로방스인들과 이탈리아인들은 봄의 기쁨을 노래했고, 독일 민네징거들은 그것을 혹독한 겨울의 고난으로부터 해방시켜 주는 구원자로 맞이했다. 독일인들에게 봄은 단순히 아름다움에 대한 순수한 환희라기보다, 겨울의 긴 감금이 끝난 뒤 다시금 누릴 수 있는 야외 생활에 대한 어린아이 같은 즐거움이었다. 그러나 몇몇 독일 서사시, 이를테면 『트리스탄과 이졸데』에는 숲의 아름다움을 담은 진실한 묘사가 이미 나타난다. 예술, 특히 르네상스 시대의 독일 회화를 연구하는 이들은 새와 꽃 같은 사소한 자연물이 얼마나 세심한 애정으로 다루어졌는지에 놀라지 않을 수 없다. 일상의 친숙한 사물들이 성경이나 역사적 주제와 자연스럽게 연결된 것이다.

물론 어느 시대에나 자연의 아름다움에 대한 예리한 감각은 일부 탁월한 개인들에게 내재해 있었다.

그러나 "오직 초월적인 것만이 진정으로 아름답다. 지상의 아름다움은 그 반사된 빛일 뿐이다"라는 보편적 신념은 그들에게조차 강하게 작용했다. 그래서 수소가 봄의 아름다움을 천상의 왕국에 옮겨 해석했던 것도 이러한 시대적 분위기를 반영한다.

동시에 사람들은 새로운 풍경을 보고 새로운 지식을 얻기 위해 먼 길을 떠나기 시작했다. 베네치아의 마르코 폴로는 13세기 말 중앙아시아와 중국, 티베트를 횡단하며 일본이라는 미지의 나라를 유럽에 처음으로 알린 유럽인이었다. 이처럼 상업적 목적을 넘어, 여행 그 자체를 목적으로 하는 '관광'이라는 개념이 탄생한 것이다.

무역을 위한 긴 항해는 예전에도 있었지만, 알프스처럼 인간의 발길이 닿지 않던 곳은 거의 없었다. 페트라르카는 1336년, 오직 자연의 아름다움을 즐기기 위해 프로방스의 메마른 산인 몽방투를 등반한 최초의 사람이었다. 이는 그의 모든 소네트와 논문을 합한 것보다 더 위대하고 불멸의 업적으로 평가된다. 그는 이 특별한 등반 경험을 학식과 깊은 성찰을 담아 긴 편지로 기록했다. 그 글이 지닌 심오한 의미 앞에서, 오늘날의 알프스 등반 업적조차 하찮은 체조 연습처럼 보일 정도다.

자연의 아름다움이 새롭게 발견되고 평가되자, 다양한 현상들 사이의 관계에 대한 관심이 일었고, 권위 있는 책에 쓰인 내용을 눈으로 직접 확인하거나 새로운 발견을 시도하려는 열망이 커졌다. 이 흐름에서 중요한 첫 인물은 독일의 알브레히트 폰 볼슈테트(알베르투스 마그누스)였다. 그는 아리스토텔레스 철학의 보급에 누구보다 크게 기여했지만, 동시에 자신의 관찰을 토대로 자연사 저작을 남겼다. 그러나 그의 영국 동시대인 로저 베이컨은 진정한 의미에서 현대 실험 과학의 아버지였다. 그는 "scientia experimentalis(실험적 지식)"라는 개념을 제시하며, 모든 연구는 자연 관찰에 근거해야 한다는 원칙을 세웠다. 그는 경험을 "모든 학문의 여주인"이라고 불렀고, 이렇게 말했다.

"나는 아리스토텔레스를 존경하며 철학자들의 왕자로 여기지만, 항상 그의 의견에 동의하지는 않는다. 아리스토텔레스와 다른 철학자들은 학문의 나무를 심었지만, 그 나무는 아직 모든 가지를 뻗지 않았고 모든 열매를 맺지 않았다."

이 생각은 오늘날에는 당연해 보이지만, 스콜라 철학이 지배하던 시대에는 대단히 혁신적인 것이었다. 베이컨은 결국 10년 동안 옥고를 치렀다. 그럼에도 불구하고 그는 스콜라적 사고에 여전히 크게 영향을 받아, 철학의 임무를 기독교 교리를 입증하는 데 두어야 한다고 믿었다.

이 지점에서 그 시대의 철학적 사상의 본질을 간단히 짚고 넘어가는 것이 필요하다. 곧, 교부들과 스콜라 철학의 기독교에서 비역사적이고 내면적인 기독교, 즉 흔히 '신비주의'라 불린 종교로 이어진 전환의 길을 보여줄 수 있기 때문이다. 스콜라 철학은 13세기에 절정을 이루었다. 파리, 옥스퍼드, 파도바에는 대학이 세워졌고, 학문의 권위를 추구하는 자는 그곳에서 학위를 받아야 했다. 에크하르트조차도 파리에서 스콜라 교육을 받는 것을 소홀히 하지 않았다.

스콜라 철학은 장엄하면서도 기이하게 뒤얽힌 체계였다. 그것은 화형대의 불꽃을 배경으로 성경 구절과 교회 전통, 고귀하고 순수한 사상, 그리고 고대와 중세의 미신을 엮어 세워졌다. 근본적인 문제, 곧 신앙과 지식의 경계를 어디에 두어야 하는가는 철학적 성격을 띠었다. 플라톤 전통 위에 세워진 초기 스콜라 철학이 계시를 변증법으로 증명하려 애쓴 반면, 알베르투스 마그누스와 그의 제자 토마스 아퀴나스(1226-1274)는 아리스토텔레스 철학의 무기를 빌려 이성적·감각적 진리와 초자연적·계시적 진리를 엄격히 구별했다.

교리를 지키기 위해 세워진 이 구분은 곧 모순을 드러냈다. 철학이라는 시녀가 신학이라는 여주인에게 반기를 들고 자격 증명을 요구하기 시작한 것이다. 토마스 아퀴나스에 따르면 인간 이성으로 파악할 수 있는 것은 오직 자연적 진리뿐이었다. 반면 계시된 진리, 즉 교리는 증명이나 과학적 인식이 불가능했다. 토마스는 이 영역을 탐구하려는 시도를 이단으로 규정하며 신앙의 영역을 영원히 보호했다고 확신했다. 그러나 더 깊이 사유하는 이들은 성경의 권위를 직접 공격하지 않으면서도 교회 전통이 아닌 자기 영혼에서 무한한 진리를 발견하고, 신앙에 새로운 의미를 부여했다.

이성적·감각적 진리와 신적·초자연적 진리 사이의 경계 설정은 인간 지식의 한계를 둘러싼 불멸의 질문을 남겼다. 토마스는 여전히 인간 이성으로 신의 존재를 증명할 수 있다고 믿었다. 하지만 둔스 스코투스는 신의 존재와 영혼 불멸을 과학의 영역에서 제외하고 신앙의 문제로 돌렸다. 오컴의 윌리엄은 더욱 단호했다. 그는 초자연적 사태에 대한 인식은 근본적으로 불가능하다고 선언하며, 감각을 통해 얻은 경험적 지식이 추상적 지식보다 우선한다는 입장을 내세웠다. 이는 유명론의 완성으로 이어졌고, 현실성은 오직 개별자에게만 인정되었다.

이로써 스콜라 철학은 조롱받던 체계이면서도 현대 사상의 길을 미리 걸은 셈이다. 토마스의 실재론에서 출발해 유명론자들의 조심스러운 의심을 거쳐, 베이컨·둔스·오컴의 불가지론으로 이어지는 흐름은 그대로 근대 사상의 예고편이었다. 유명론이 남긴 결론은 두 갈래였다. 초월적인 것의 부정을 통해 과학을 발전시키거나, 혹은 감각과 이성을 넘어 직관으로 우주의 심연을 파악하려는 신비주의로 향하는 길이었다.

시대는 준비되었고, 완성자들이 나타났다. 남쪽에는 단테, 북쪽에는 에크하르트였다. 단테에 관해서는 짧게만 말하겠다. 그는 모든 예술적 성취를 모아 결코 능가되지 않은 작품을 남겼다. 『새로운 인생 (Vita Nuova)』의 서두에 쓰인 "새로운 삶이 시작된다"라는 말은 상징적으로 그의 시대를 열었고, 『신곡(Divina Commedia)』은 유럽 예술을 절정으로 끌어올렸다.

에크하르트에 대해서는 더 많은 설명이 필요하다. 그는 제자 타울러, 수소, 그리고 루터가 서문을 쓴 『독일 신학(Theologica Germanica)』의 무명 저자이 가려 오랫동안 잊혔지만, 오늘날 그의 중요성이 다시 빛나고 있다. 에크하르트는 예수 이래 가장 위대한 종교적 창조 천재였다. 그의 저작은 언젠가 성 요한 복음서와 나란히 놓일지도 모른다. 그는 종교의 정신을 비할 데 없이 깊이 이해했으며, 후기 중세가 낳은 모든 것들은 그의 깨달음 앞에서 희미해진다. 성 아우구스티누스, 성 베르나르, 심지어 성 프란체스코조차 그 앞에서는 작아 보인다. 후대의 모든 개혁가들도 그의 영혼의 크기 앞에서는 초라하다.

그의 설교에는 다음과 같은 심오한 말들이 가득하다.

"하나님은 내가 되어야 하고 나는 하나님이 되어야 한다."

"분리된 실체로서의 영혼은 하나님 외에는 아무것도 남지 않을 만큼 소멸되어야 하며, 마침내 하나님보다 더 찬란해져야 한다."

"성경이 쓰이고 세상이 창조된 이유는 하나님이 영혼 안에 태어나고 영혼이 그 안에서 다시 태어나기 위함이다."

"모든 곡물의 본질은 밀이고, 모든 금속의 본질은 금이며, 모든 피조물의 본질은 인간이다."

"내 영혼의 가장 작은 능력조차 무한한 하늘보다 더 무한하다."

"하나님의 왕국은 곧 영혼이며, 영혼과 신성은 하나다."

"하나님은 영혼 안에 거하시며, 그의 신성 전체가 거기에 달려 있다."

"인간은 자유로워야 하며, 자신의 모든 행위의 주인이 되어야 한다."

에크하르트는 독일 민중어로 연속적으로 사고한 최초의 인물이었으며, 철학적으로 아직 처녀지였던 이 언어를 심오한 사상을 표현하는 매체로 만들었다. 그는 또한 최근에 발견된 라틴어 논문들을 집필했지만, 그의 가장 깊은 신념이 독일어로 표현되었다는 사실에는 의심의 여지가 없다. 라틴어는 언제나 아직 오염되지 않고 살아 있는 독일어보다 훨씬 더 강하게 정신을 얽매어 왔다.

한 개인의 종교적 천재성이 기독교를 창조했다. 그러나 그것은 처음부터 오해되었다. 세상의 구원은 온 인류에게 본보기가 되기를 열망했던 한 남자의 인격과 연결되었다. '하나님의 아들'이라는 표현은 고대의 영웅 숭배의 의미로 이해되었다. 아마도 이스라엘 자손들의 정치적·민족적 희망이었던 메시아에 대한 유대인의 신앙이 이에 상당한 영향을 미쳤을 것이다. 역사적 사건이 형이상학으로 번역되었다. 유일하게 진정으로 종교적인 사람이 새로운 신화의 중심이 되어 순진하게 숭배되었다. 역설처럼 들리겠지만, 첫 번째 천년기 전체가 내적으로는 비종교적이었다는 것은 사실이다. 그것은 역사적 사건의 조작 두에 형이상학적 직관의 결여를 숨기고 있었기 때문이다.

중세 전체(그리고 개신교 신학의 상당 부분)는 인류의 독특한 역사적 구원의 교리를 지적으로 파악하고 그것을 교리로 만드는 데 힘썼다. 그리하여 인도 정신을 결코 흐리게 하지 않았던 오해가 기독교 안에서는 발생했다. 즉, 영혼의 시대를 초월한 형이상학적 보물인 종교를, 소아시아에서 일어난—그리고 다소 왜곡되었거나 어떤 이들의 주장에 따르면 완전히 위조된—역사적 사건의 기록에 의존하게 만든 것이다. 이것이 기독교의 큰 잘못이었다. 종교의 본질을 드러내고 결과적으로 공식화될 수 있는 역사적 사건을, 세상의 구원을 가져오기 위한 신성한 개입으로 간주했던 것이다. 대신 기독교 창시자의 숭고한 모습에서, 영원히 새로운 하나님과 영혼의 관계라는 위대하고 아마도 완벽한 화신을 인식했어야 했다. 그러나 교회는 오직 하나의 영혼, 즉 창시자의 영혼만이 신성하다는 기묘한 생각을 전파했고, 인류 전체의 신성을 가르치는 대신 단 한 사람의 신성만을 강조했다. 그리하여 예수는 더 이상 인류의 완전한 표본이자 원형이 아닌, 인간이 무릎 꿇고 구원을 구해야 하는 신으로만 여겨졌다.

아마도 다른 방식으로 교리를 이해하는 것은 그 시대에 불가능했을 것이다. 인간이 자신의 신성을 자각하기 전에, 먼저 자신의 영혼을 의식하는 단계가 필요했기 때문이다. 첫 번째 천년기에 일어났고, 이제는 결코 되돌릴 수 없는 이 완전한 오해와 종교의 외면화는 본질적으로 이교적이고 고대적인 것이었다. 한 영웅에 의해 단 한 번 영원히 성취된 세상 구원의 기록, 즉 매일 영혼 속에서 다시 태어나는 신성한 불꽃의 내적 경험을 외부 역사로 바꿔버린 것은, 상징적 해석 이전에 문자 그대로 받아들여졌던 그리스 신과 반신(半神)들의 신화와 다를 바 없었다.

나는 지금 고대 영웅들과 동방 신비 종교들이 그리스도 개념에 얼마나 직접적으로 영향을 미쳤는지에는 관심이 없다. 내가 강조하고자 하는 것은 단지, 개인의 영혼에서 솟아나는 참된 종교와 역사적 전통 사이의 심오한 대조이다. 종교라 불릴 만한 것이 있다면, 그것은 모든 사람에게 동등하게 존재해야 한다. 즉, 우연히 특정 역사적 사건을 알게 된 자들뿐 아니라 그것을 모른 채 남겨진 자들에게도 똑같이 유효해야 한다는 것이다.

모든 이단적 운동은 이 대조에 대한 막연한 자각에서 비롯되었다. 그러나 에크하르트는 영혼과 신성 사이에 다시 다리를 놓는 비할 데 없는 업적을 이루었다. 그는 모든 뿌리 깊은 역사적 오해들을 배경으로 밀어내고, 대안이 없을 경우에는 주저 없이 그것들을 오류라 선언하거나 상징적으로 해석했다. 예컨대 그는 말했다. "성 바울의 말은 바울의 말일 뿐이다. 그가 은총의 상태에서 그 말들을 했다는 것은 사실이 아니다." 에크하르트에게 성경은 진리의 경계가 아니라, 신성한 사건을 직접 경험한 진리의 후속적 증거였다.

이 개념 속에서 기독교는 가장 높은 단계에 도달했다. 이제부터 모든 진리와 가치의 근원은 더 이상 교리와 권위가 아니라 인간의 영혼에서 찾아야 했다. 하나님은 하늘이나 역사 속에서가 아니라, 영혼 속에서 발견되어야 했다. 영혼은 신성하고 창조적인 존재가 되어야 했으며, 그 과제, 즉 세계의 재창조를 스스로 발견해야 했다.

성 아우구스티누스가 "우리는 기독교인이 아니라, 그리스도들이다(Non Christiani sed Christi sumus)"라고 말한 것은 사실이지만, 이 말은 결코 제대로 이해되지 않았고, 아마도 아우구스티누스 자신도 그것을 문자 그대로 의도하지는 않았을 것이다. 그러나 마침내 기독교의 근본 의식이 승리했다. 즉, '하나님의 아들 됨'의 원리가 신비주의자들의 영혼에 영감을 불어넣은 것이다. 미래의 종교는 영혼에서 발산되어 하나님 안에서 그 목표를 찾아야 했다. 기록된 문서와—심오한 사상가들의 경우—외적 모범은 더 이상 필수적이지 않았다. 이단 종파들은 그리스도의 말씀을 강조하기 위해 복음서 이후의 전통을 거부했지만, 여전히 역사적 사실에 의해 제약받았다. 그럼에도 그들은 진정한 개혁자들이었다. 다만, 그들의 관점은 오늘날까지도 개신교 신앙 고백의 관점으로 남아 있다.

이 새로운 개념이 역사적 나사렛 예수에게 아무런 중요성도 부여하지 않았다는 사실(그가 실제로 존재하지 않았더라도 아무 차이가 없었을 것이라는 점)은, 그것을 하나의 새로운 종교로 만들었다. 외적이고 우연적인 순간을 배제함으로써, 그것은 기독교의 형이상학적이고 순전히 영적인 핵심, 즉 영혼의 신성에 대한 근본적인 신념과 영원한 생명에 대한 의지를 종교 의식의 중심에 두었고, 그 결과 역사적 비판이나 회의론의 손길이 닿을 수 없는 영역에 스스로를 위치시켰다.

에크하르트는 그 누구보다도 영혼의 자유와 영원한 가치에 대해 깊이 확신했다. 그는 말했다. "나는 아들로서, 내 하늘 아버지와 같다." 그는 그리스도가 영혼 안에서 태어나며, 신성한 불꽃이 영혼 속에서 끊임없이 다시 타오른다고 가르쳤다. "생명과 젊음이 하나라는 것은 영원의 특성이다." 인간은 신과 더 이상 구별되지 않을 때까지 점점 더 신성해지고, 모든 비본질적이고 우연적인 것으로부터 점점 더 자유로워져야 한다. 완전한 인간이 곧 신이라는 결론은, 신비주의적 관점에서 보았을 때 논리적으로 당연하다. 그의 존재와 그의 의지는 절대적이고 보편적이며, 신성한 의지와 본질적으로 다르지 않다. 독일 신비주의는 이 점에서 우파니샤드와 일치한다. 칸트라면 그러한 인간의 원칙이 곧 우주 법칙이 될 것이라고 말했을 것이다. 죄란 곧 하나님으로부터의 소외, 하나님에게서 멀어지려는 의지일 뿐이다.

종교의 심오하고 유일한 사명은 이 혼란스러운 삶 속에서 인간에게 영원의 의식을 부여하는 것이다. 종교는 우리의 덧없는 삶을 영원의 관점 아래에 두는 것이다. 따라서 종교는 본질적으로 시간적인 것들과는 낯선 채로 남아 있어야 한다. 인간의 삶에서 오직 그 순간만이 진정으로 종교적일 수 있다. 즉, 그를 자신 너머로, 그의 사소하고 좁은, 우연에 의해 조건 지어지고 종속된 존재에서 벗어나, 시대를 초월한 보편적 삶으로 들어 올리는 순간이다. 그 순간은 역사적 사건들이 결코 결정적이거나 궁극적일 수 없다는 확신을 주며, 해방하고, 구원하며, 구원할 힘을 가진다. 그러므로 시간적 차원에서 일어난 한 사건—설령 그것이 지상에서 일어난 가장 위대한 사건일지라도—을 모든 인류를 위한 형이상학적 가치의 축으로 삼는 것은 비종교적이다. 세상의 구원을 비교적 우연한 사건에 연결하고, 영원의 의식을 단지 어떤 사실의 지식 위에 세우는 것은 곧 시간의 승리를 영원 위에 두는 것이며, 종교에 대한 비종교의 승리를 의미할 것이다.

나는 그 위대한 시대의 가장 위대한 업적이 자발적인 종교가 다시 가능해졌다는 점이라고 생각한다. 에크하르트는 인간의 신성한 본성을 재발견했다. 그가 『고독에 관하여』에서 표현한 시대를 초월한 영원의 의식은 이전에는 결코 이처럼 뚜렷하게 드러난 적이 없었다. 물론 그 이전에도 직접적인 종교적 직관을 가진 사람들이 있었고, 때로는 그것을 소심하게 드러내기도 했다. 그러나 전통의 권위가 항상 지나치게 커서, 그들은 결국 기독교가 근거한 역사적 사건과 자신들의 영혼에서 경험한 참된 종교적 직관 사이에서 타협할 수밖에 없었다.

에크하르트 역시 문자적 전통을 어기지 않으려 조심했으며, 그의 제자들은 의심을 받자 용어와 개념에서 많은 양보를 했다. 성 아우구스티누스는 이미 "그리스도라는 인간을 통해 그리스도라는 하나님께로 (Per Christum hominem ad Christum Deum)"라는 말에서 역사적 개념과 종교적 개념 사이의 중간 길을 택했다. 수소 또한 『영원한 지혜의 소책자』에서 같은 길을 따랐다. 그는 이렇게 말했다. "영원한 지혜는 말한다. 만약 너희가 나를 나의 영원한 신성 안에서 보기를 원한다면, 먼저 나의 고통받는 인성 안에서 나를 알고 사랑해야 한다. 이것이 영원한 구원으로 가는 가장 빠른 길이다."

그러나 세상의 구원에 대한 지식을 가질 기회조차 없었던 모든 이들이—특히 그 사건 이전에 죽은 사람들—영원히 멸망한다는 교리는 많은 사려 깊은 이들에게 걸림돌이 되었다. 구약의 족장들은 그리스도의 조상이나 예언자였다는 사실 덕분에 구원받을 수 있다고 여겨졌으나, 이교도와 그리스인들, 심지어 아리스토텔레스까지도 정죄되었다. 위대한 단테조차도 예외가 아니었다. 그의 『신곡』은 인간에게 허락된 가장 심오한 신성의 비전을 보여줌으로써 그가 영감 어린 신비주의자임을 증명하지만, 그의 천재성은 교회의 교리적 울타리 안에 묶여 있었다. 그의 종교적 시각은 초기 중세와 교리적 가톨릭주의의 연장선에 있었다.

시인이자 연인으로서 단테는 새로운 세계의 창시자였지만, 동시에 정죄된 세계 체계의 정점과 결론을 나타냈다. 그는 시대의 철의 이정표였으며, 에크하르트는 영원한 가치를 창조한 인물이었다.

에크하르트의 선구자 중 가장 중요한 인물은 클레르보의 베르나르(1091-1153)였다. 그는 지식보다 하나님의 사랑을 더 중요하게 여겼다. 그의 편지에서 그는 사랑을 "하나님의 존재 자체"라고 부르며, 성 요한 복음의 "하나님은 사랑이시다"라는 구절에 그 정의를 근거지었다. 베르나르에 따르면 사랑은 우주를 창조하고 보존하는 영원한 법칙이며, 모든 창조물은 그 법칙에 종속된다. 그러나 사랑은 외부의 강제가 아닌 자기 법칙에 따라 존재한다. 사람들은 하나님을 사랑하지 않거나 세상의 것을 하나님보다 더 사랑함으로써 스스로의 법칙을 만들었지만, 의롭게 사는 사람들은 하나님의 자녀로서 오직 사랑의 법칙에 의해 산다고 그는 보았다.

그는 "가장 큰 행복은 하나님의 비전에 완전히 몰입해 자신을 잊는 것"이라 했으며, "모든 사랑은 그 하나의 사랑의 발현"이라고 강조했다. 그는 인간의 영혼이 하나님 안에 흡수되어 신격화되는 상태를 포도주 속에 완전히 녹아드는 물방울에 비유했다. 순교자들은 "영원한 빛의 바다에 잠겨 자신에 대한 모든 지식을 잃고 완전히 하나님께 흡수될 것"이라고도 말했다. 그의 글에는 아가서와 시편에서 가져온 관능적 은유들이 신성한 사상과 뒤섞여 있다.

그러나 그의 고양된 신비적 사상에도 불구하고, 베르나르는 황홀경에서 벗어날 때마다 교회 정통의 입장을 고수했다. 독립적인 사상의 가치를 충분히 이해하지 못했음은, 당대 최고의 사상가 아벨라르와 벌인 불명예스러운 논쟁에서 드러난다. 그는 교황 이노센트 2세에게 편지를 보내 아벨라르를 "교만하여 신앙의 교리를 공격하고, 지성을 넘어선 문제를 다루려는 이단 발명가"라 비난했고, 결국 아벨라르는 상스 공의회에서 철회를 강요당하며 교황으로부터 영원한 침묵을 선고받았다. 이에 푸아티에의 베렌가르는 풍자적 논문으로 베르나르를 비판하며, "베르나르가 우리가 하나님을 사랑해야 한다고 말한 것은 참되지만, 그 말은 누구나 아는 자명한 진리였다"고 꼬집었다. 이는 감정적 신비주의가 가진 한계를 지적한 것이었다.

이러한 전통은 후대에 이어졌다. 성 빅토르의 리샤르는 베르나르의 사상을 발전시켜 여섯 단계의 명상을 정립했고, 프란체스코회 수도사이자 『빈자의 성경(Biblia Pauperum)』의 저자인 보나벤투라는 일곱 번째 단계, 곧 "노동의 엿새 뒤 안식일처럼 하나님 안에서의 완전한 휴식"을 더했다. 그에게 세상은 하나님께로 오르는 사다리였으며, 이는 나중에 단테에게도 동일한 비전으로 이어졌다.

우리가 신라틴 민족의 사상가들—비록 신비주의적 요소가 있었지만 여전히 교회의 권위 아래 머물렀던—에서 시선을 돌려 독일 신비주의를 바라보면, 전혀 다른 원리를 발견한다. 여기서는 사랑이나 단순한 신비 체험을 넘어, 인간의 영혼이 종교 의식의 출발점이자 그 내용이 되는 원리가 등장한다. 그리스도의 탄생은 더 이상 단순한 역사적 사건이 아니라, 인간 영혼 안에서 신성한 원리가 태어나는 사건으로 이해되었다.

이 맥락에서 독일 수녀 마그데부르크의 메히틸트(1212-1277)가 언급될 만하다. 그녀는 에크하르트의 사상을 선취했으나, 그 체계를 온전히 연결하지는 못했다. "성 삼위일체와 하늘과 땅의 모든 것은 영혼에게 종속되어야 한다"는 그녀의 말은 진정한 에크하르트적 정신을 보여주며, 성 베르나르를 훨씬 넘어선다. 또 그녀는 영혼과 하나님이 하나 되는 결합을 표현하면서 시적인 은유를 사용했다. "심판의 날, 예수 그리스도는 불꽃으로 놀라운 아름다움의 잔을 빚으실 것이다. 그 안에서 아버지는 아들을 통해 인간 영혼에 부어진 거룩함을 마실 것이다."

당시 신비주의의 주류는 감정적 신비주의였다. 에크하르트의 제자인 수소조차 이 범주에 속했다. 이 감상적이고 막연한 신비주의는 교회의 경직된 교리에서 벗어나려는 이들을 구원했지만, 모호함 때문에 다양한 방식으로 해석될 수 있었고, 결국 진정한 신비주의와 혼동되어 후대에 경멸의 대상이 되기도 했다. 에크하르트는 이를 참된 신비주의로 인정하지 않았고, 여러 저작에서 강하게 비판했다.

그는 신비적 감상주의뿐 아니라 금욕주의와 종교 의식 자체도 거부했다. 프란체스코회 수도사들이 강조한 복음적 가난은 그에게 무의미한 집착처럼 보였다. 성 프란체스코(그리고 그보다 앞서 베드로 발데스)는 그리스도를 모방한다는 이유로 절대적 가난을 삶의 원리로 삼았으며, 세속적 부를 철저히 부정했다. 그는 돈을 만지지 않았고, 그것을 모든 악의 근원으로 보았다. 그의 초월적 보물은 '거룩한 가난'이었다. 야코포네는 이를 '가난의 여왕'이라 칭송했고, 도미니코회 학문 전통을 대표하는 토마스 아퀴나스조차 이론적으로는 이를 옹호했다.

그러나 실제로 가난은 대개 게으름과 구걸의 다른 이름이었으며, 사람들로부터 적대감을 샀다. 보나벤투라는 그의 저서 『그리스도의 가난에 관하여(De Paupertate Christi)』에서 예수조차 육체 노동을 하지 않았다고 주장하며 이러한 이상을 옹호했다. 중세 사회에서 노동은 흔히 벌로 여겨졌고, 수도사들에게도 규율 위반의 처벌로 부과되곤 했다. 극단적인 자선이 만연했던 사회 분위기도 관조적 삶과 가난의 이상을 뒷받침했다.

그러나 이에 반발하는 목소리도 있었다. 단테의 친구 귀도 카발칸티는 가난이 고통스러운 상태임을 지적하며, 프란체스코회가 '여왕'으로 높인 가난에 대하여 조롱과 비판을 담은 시를 남겼다.

그래, 너는 죽음보다 더

미움받는 것이 마땅하다,
왜냐하면 그는 마침내 가슴속에서
갈망되기 때문이다.
그러나 너와 함께, 야수여,
아름답거나 선한 것은 아무것도
발견된 적이 없다.
왜냐하면 삶은 인간이 죽음으로
잃을 수 있는 전부이기 때문이다,
명성과 박수의 아름다운 정상은 아니다.
그의 영광은 멈추지 않을 것이다
그러나 사람들의 영원한 감사 속에서
살 것이다.
그러나 너의 벌거벗은 문턱에 서 있었던 자는
낮게 여겨질 것이다, 등등.

D.G. 로세티.

  독일 신비주의자들의 가난 개념은 프란체스코회의 순전히 외적인 가난보다 훨씬 더 깊었다. 성 프란체스코와 야코포네에게 그것은 순수하고 내적인 덕목이었지만, 많은 경우 단순히 형식적인 고행으로 변질되기도 했다. 에크하르트는 이렇게 말한다.
  "인간은 노동 없이는 살 수 없다. 그러나 그는 세상 속에서 일하면서도 마음속에는 하나님을 모셔야 한다. 사업과 환경이 영혼과 하나님 사이의 장벽이 되어서는 안 된다."

『그리스도의 가난 모방』(한때 타울러의 저작으로 여겨졌던 무명 저자의 책)은 다음과 같이 정의한다.

"가난은 하나님과의 평등, 모든 피조물로부터 등을 돌린 마음이다. 가난한 자는 낮은 것에 집착하지 않고, 오직 가장 높은 것에만 마음을 둔다. 영혼이 덧없고 시간적인 것에 얽매여 있는 동안에는 자유롭지 못하다. 진정으로 자유롭고 고귀해지기 위해서는 세상의 모든 것을 버려야 한다. 그리고 하나님이 영혼의 가장 깊은 곳에 계시지 않는다면 누구도 참된 가난에 이를 수 없다. 하나님이 모든 것을 빼앗으실 때, 그만큼 영혼은 더 영적이고 더 가난하다. 영성과 가난은 본질적으로 하나다."

무명 저자는 심지어 "사람이 풍요를 누리면서도 영적으로 가난할 수 있다"고 말한다. 그 의미는 분명하다. 세상의 것들에 마음을 두지 않는 자는 하나님께로 가는 길을 찾을 수 있으며, 욕망 없는 영혼은 오히려 가장 부유하다는 것이다.

그러나 아시시의 성 프란체스코의 단순한 신앙과 에크하르트의 종교 사이에는 뚜렷한 차이가 있다. 전자는 눈앞의 피조물 속에서 하나님을 만났고, 모든 생명에 대한 사랑으로 삶을 채웠다. 반면 신비주의자의 사랑은 개별적인 존재를 넘어 근원적 원인 자체를 향한다. 에크하르트는 인도 사상과도 통하는 사유 속에서, 영혼이 절대적인 존재 안으로 흘러 들어가 개별성과 덧없음을 버려야 한다고 가르쳤다. "최고의 자유란 영혼이 자신을 초월하여 그 원형, 하나님 자신의 심연 속으로 들어가는 것이다."

성 베르나르조차도 이와 같은 사상에서 완전히 자유롭지 않았다. 그는 "완벽의 최고 단계에 이른 인간은 자신을 잊고 하나님과 하나가 되어 비신적인 모든 것으로부터 해방된다"고 했다. 이 단계에서는 심지어 연민조차도 멈춘다. 오직 정의와 완전만이 남기 때문이다.

이러한 태도는 위대한 인물들의 공통된 특징이기도 하다. 괴테, 바흐, 칸트처럼, 강렬한 개성과 철저한 객관성이 하나 되는 것이다. 위대한 인격은 결국 자기와 세계의 구분을 잃고, 사소한 주관성을 넘어선 순수한 객관성과 신성을 향한다. 성 프란체스토는 이를 알지 못했다. 그는 "하나님은 나를 택하셨다. 왜냐하면 나보다 더 보잘것없는 이를 찾을 수 없었기 때문이다"라고 고백하며, 가난하고 슬퍼하는 이들을 위로하는 지상의 예수의 제자로 살았다. 반면 에크하르트는 "형태 없는 하나님의 본성"을 갈망했다.

그는 역사적 예수에 대해 이렇게 말했다. "우리는 그를 따라야 한다. 그러나 모든 면에서 문자 그대로 따라야 하는 것은 아니다. 그는 우리가 영적으로 이해하길 바라며 많은 일을 하셨다. 우리는 항상 더 깊은 의미에서 그를 따라야 한다."

따라서 에크하르트의 종교와 비교하면 성 프란체스코의 종교는 신을 자비로운 아버지로 그리는 어린아이의 신앙이다. 두 신앙 모두 진실하지만, 인류의 영적 여정에서 서로 다른 단계에 속한다. 만약 기독교가 단순히 예수의 종교라면, 위대한 신비주의자들은 '기독교인'이라 불릴 수 없을지도 모른다. 그러나 성 아우구스티누스의 말처럼, "우리는 기독교인이 아니라, 그리스도들이다"라는 선언은 바로 그들 안에서 실현되었다.

에크하르트가 주창했고 고딕 예술이 형상화한 유럽 종교의 가장 깊은 심연은, 한참 후에야 음악 속에서 울려 퍼졌다. 바흐는 장엄 미사곡과 마니피캇에서 특히 그러했지만, 순수 기악곡에서도 신비주의적 보편 감정을 절대적 예술로 끌어올렸다. 장엄 미사곡을 관통하는 종교적 정서는 의례를 훨씬 넘어선다. 그것은 특정한 역사적 신앙과도 관련이 없는, 신성 자체에 대한 순수한 의식이다.

그러나 신비주의라는 영혼의 독특한 상태는 대중적이 될 수 없었고, 큰 사회적 영향을 미치지도 못했다. 타울러, 수소, 메르스빈, 그리고 『독일 신학』의 무명 저자 같은 이들이 에크하르트의 사상을 이어받아 전했지만, 이는 소수의 사상가들에게만 호소력을 가졌다. 실제 역사와 사회에 변화를 일으킨 것은 개혁가들이었다.

개혁가는 본성상 사람들과 맞닿아 있다. 그에게 의식과 제도는 신앙의 걸림돌이며, 그는 그것들을 허물려 한다. 그는 자유로운 정신을 지닌 듯 보이지만, 동시에 그가 싸우는 대상에 의존한다. 제도의 무력함에 분노하며 그것을 고치려는 데서 그의 행위가 비롯된다. 구원은 그에게 내적 평화가 아니라, 세상 조건의 개선에 달려 있다. 신비주의자는 환경에 무관심하게 영혼과 하나님만을 응시할 수 있지만, 개혁가는 특정한 역사적 상황에서만 가능하다. 그 역시 처음에는 내적 체험에서 출발하지만, 곧 그 문제를 해결하고 모든 열정을 세상의 개종과 개혁에 쏟는다.

신비주의자는 자신이 전통과 다른 길을 걷고 있음을 의식하지 못한다. 그는 여전히 정통 신자라는 인상을 준다. 왜냐하면 전통적 교리 중에서 다시 생기를 불어넣을 수 있는 부분을 받아들이고, 그렇지 않은 나머지는 죽은 것으로 여겼기 때문이다. 그를 이단으로 비난하는 것은, 그의 입장에서는 부당한 오해였다.

결국 신비주의자와 개혁가는 같은 샘, 곧 직접적인 종교 체험에서 출발한다. 그러나 신비주의자의 샘은 깊고 헤아릴 수 없는 반면, 개혁가의 샘은 얕고 곧 세상으로 흘러나간다. 개혁가는 사회적 조건을 파악하고, 연설과 행동으로 대중을 움직이며, 자신의 신념을 위해 목숨을 내놓을 준비가 되어 있다. 그는 선동가에 가깝다. 반대로 신비주의자는 고독 속에서 오해받은 채 남는다. 독일 신비주의에 영향을 받은 루터조차, 결국 역사적 구원의 교리를 거슬러 싸운 것에 머물렀다.

모든 종교가 하나의 체계로 굳어지는 것은 피할 수 없는 운명이다. 창시자의 열정은 제자들에게 희미하게 반영되지만, 두 번째 세대는 증거와 전통, 기적을 요구한다. 기록이 남고, 그것이 신성시되면서 종교는 과거를 바라보는 일이 된다. 대부분의 사람은 직접적인 종교 체험을 하지 못한다. 그들의 구원은 교리, 곧 보편적 신앙 고백 속에 있다.

그러나 새로운 종교의 창시자는 언제나 동시대인들에게 비정상적인 존재로 보였고, 그 때문에 박해받았다. 그것은 악의 때문이 아니라 시대의 필연이었다. 브레시아의 아르놀트는 화형에 처해졌고, 성 프란체스코는 교회가 간신히 허용한 '이단적 성자'에 불과했다. 에크하르트 또한 종교재판을 피하지 못했으나, 그의 죽음 덕분에 심판은 중단되었다.

나는 십자군 시대가 더 높은 정신적·심리적 삶의 여러 영역에서 어떤 의미를 지녔는지를 보여주려 했다. 이 시대에는 기독교의 핵심 원리, 곧 개인 영혼의 가치가 유럽 문명의 근본 토대로 강력히 드러났고, 모든 곳에서 새로운 사상의 씨앗이 되었다. 가장 깊은 사상가들은 인간의 신격화와 영혼의 불멸을 가르쳤다. 인간을 존재의 정점, 지상 삶의 궁극적 목적으로 삼는 이 입장은 유럽 문화의 이상을 형성했고, 인도의 가장 숭고한 철학을 포함한 동양 사상과 뚜렷하게 구분되는 지점이 되었다. 이 근본 개념을 다른 것으로 대체하려는 시도—범신론, 불교, 자연주의 등—는 언제나 실패로 돌아갈 수밖에 없다.

그러나 이 위대한 신비주의적 업적과 나란히, 튜턴족은 끝없는 내분과 분열을 통해 개인주의를 증명했다. 사실 개인 영혼의 원리는 이미 3세기 초부터 극단적으로 외면화되었다. 고대의 이상이 국가라는 공동체를 위해 몸과 영혼을 바치는 데 있었다면, 초기 기독교는 오직 개인 영혼의 구원에만 집중했다. 많은 이들이 부모와 배우자를 떠났고, 고위 관리조차 직책을 버리고 은둔에 들어갔다. 이렇게 금욕주의와 개인주의가 결합하면서 최초의 수도원들이 세워졌다. 그러나 그 반사회적 극단은 지나쳤고, 결국 365년 발렌스 황제는 수도 생활을 금지하는 법을 제정해야 했다.

이러한 세상 혐오는 당시의 기독교 정신과 조화를 이루었지만, 독일 신비주의의 더 깊은 사상에 의해서만 극복될 수 있었다. 첫 천년기의 단순한 이원론적 세계관에서는 세상을 포기하는 것만이 죄를 피하는 유일한 방법으로 여겨졌다. 유스티니아누스 황제가 수도 여성을 결혼시키려는 자에게 사형을 선포한 사실만 봐도 알 수 있다. 세상과 단절하는 것이 아니라, 그 안에서 살아가며 영적으로 극복해야 한다는 생각은 아직 나타나지 않았다.

고대가 인체의 아름다움을 기뻐했듯, 기독교의 첫 천년은 그것을 부정하며 영혼을 위해 육체를 억압했다. 그러나 바로 그 과정을 통해 영혼은 성숙해 갔다. 그 절정은 신라틴 민족의 가장 위대한 시인 단테와, 독일이 낳은 종교적 천재 에크하르트에게서 드러났다. 동시대인이었던 두 사람(단테는 1321년, 에크하르트는 1329년 사망)은 서로 다른 민족의 정신을 드러내며 유럽 문화의 두 축을 완성했다. 단테에게서 신라틴 민족의 예술적 힘은 기독교 신화를 새로운 아름다움으로 채우며 완전한 강도로 나타났고, 에크하르트는 영혼과 하나님이 합일하는 무형의 깊이를 재창조했다. 이 두 인물을 통해 유럽은 고대와 야만으로부터 확실히 분리되어, 독자적인 길을 걷게 되었다.

새로운 세계가 탄생했다. 르네상스는 그 행운의 상속자로, 십자군 시대에 자라난 예술의 나무에서 무르익은 열매를 거두었다. 그러나 르네상스에서 하나님은 영혼 속에서 찾기보다 감각의 세계에 투영되었다. 교회는 신앙의 산물이 아니라, 그림을 수용하기 위한 창고처럼 지어졌다. 기사도 시대에 보였던 허영심과 허풍은 르네상스에서 화려한 과시와 학식의 뽐냄으로 무성하게 자라났다. 개성의 본질은 영혼 속이 아니라 외적 화려함 속에서 찾았다. 사실 르네상스는 십자군 시대에 싹튼 예술과 문학을 완성했을 뿐이다. 후자가 뿌리와 줄기를 심었다면, 르네상스는 단지 가지와 열매였다.

다만 과학만은 르네상스에서 본격적으로 태동했으며, 이것이야말로 이 시대의 가장 위대한 공헌이었다. 역설적이게도 '비인격적' 과학은 유럽 개인주의 체계의 완성이었다. 과학은 세계와 만물 위에 인간의 가치 기준을 강요하지 않고, 그것들을 고유한 법칙에 따라 이해하려 했다. 예술이 인간의 이상을 세계에 부과한다면, 과학은 사물을 그것 자체의 본성에 따라 설명하려 한 것이다. 이는 모든 존재의 개성을 존중할 때만 가능한 작업이었다. 과학은 물질에 대한 정신의 궁극적 승리를 표현하며, 유럽이 세계 지배권을 획득하는 데 결정적 무기가 되었다.

2장. 여성의 신격화

형이상학적 에로티시즘의 첫 번째 형태

(a) 음유시인의 사랑

'유럽의 탄생'을 다룬 긴 장에서 나는 12세기와 13세기가 새로운 가치, 즉 유럽 시민으로 인격화된 개성의 가치가 태어나고 점진적으로 발전한 시기였음을 보여주고자 여러 증거를 제시했다. 이제 우리는 이 발전의 가장 위대한 결과 중 하나, 곧 남성이 여성에게 품은 정신적 사랑이 지닌 심리학적 의미와 인류 진보를 위한 가치를 논할 준비가 되었다. 이것은 내 책 전체를 관통하는 핵심 주제이며, 나는 이후로 이 주제에서 벗어나지 않을 것이다.

고대인들(그리고 오늘날의 동양 민족들)은 남녀 관계를 개인적이고 심리적인 동기가 개입되지 않는 단순한 성적 결합으로만 보았다. 그리스 사회에서 일부일처제는 경제적·정치적 필요 때문에 유지되었을 뿐이었다. 그러나 그 밖에 플라톤과 그의 동료들이 발전시킨, 남성이 동성의 젊은이에게 투영한 정신적 사랑이 존재했다. 헬레니즘적 맥락에서 이 사랑은 개인을 완벽의 이상으로 이끄는 것이 목표였으며, 친구의 아름다움과 지혜는 그 길을 오르는 디딤돌이었다.

기독교에서는 하나님에 대한 정신적 사랑이 최고의 가치가 되었고, 모든 감정의 중심축이 되었다. 원시 기독교인들은 자신의 몸뿐 아니라 타인의 몸까지도 멸시했으며, 형태의 아름다움을 부정했다. 오직 신성만이 사랑받을 가치가 있다고 여겨졌다. 여성은 경시되고 의심의 대상이었다. 토마스 아퀴나스에서 안셀무스에 이르는 사상가들 대부분은 여성을 단지 덫이나 함정으로 보았다.

그러나 앞 장에서 다룬 시대는 전혀 새로운 감정을 예고했다. 고대 그리스와 원시 기독교가 모두 배척했던 성(性)과의 극적인 대조 속에서, 남성의 여성에 대한 정신적 사랑이 싹트기 시작한 것이다. 이 새로운 사랑은 세 가지 요소로 이루어졌다. 첫째, 절대적 완벽을 향한 노력이라는 플라톤의 사상. 둘째, 그 자체로 충분하고 삶의 최종 목적을 지닌, 기독교가 발전시킨 신성에 대한 순수한 정신적 사랑. 셋째, 이제 막 태동한 개성의 가치에 대한 인식. 즉 고대의 가장 고귀한 유산, 기독교의 핵심 창조물, 그리고 새롭게 태어난 유럽 정신이라는 세 요소가 결합하여, 에로티시즘의 두 번째 단계이자 새로운 가치가 탄생한 것이다.

이에 따라 여성의 위치는 급격히 변했다. 그녀는 더 이상 고대처럼 남성 충동의 배출구나 자녀 양육의 도구가 아니었다. 첫 기독교 천년기의 조용한 노동자나 경건한 자매도 아니었고, 수도사적 상상에서 그려지던 악마도 아니었다. 인류를 넘어선 그녀는 하늘에 높여져 여신이 되었다. 그녀는 세속적 욕망이 아닌 헌신의 대상으로, 모든 숭고하고 선한 것들의 원천으로 숭배되었다. 그녀는 인류의 구원자이자 우주의 여왕이 되었다.

기독교에서 관능의 거부는 본질적 요소였다. 오직 죄 많은 욕망을 극복한 자만이 진정한 영웅이었다. 당시에는 정신적 사랑은 아직 알려지지 않았고, 오직 성적 충동만이 인식되었으며, 그것은 죄로 간주되었다. 탈출구는 오직 하나, 즉 금욕적 포기였다. 이 견해는 알렉시우스의 전설이나, 인도 기원을 가졌으나 독일적 해석을 통해 유럽 전역에 알려진 바를라암과 요사팟의 전설에서 분명히 드러난다. 후자의 전설에서 경건한 요사팟 왕자는 결혼 첫날밤, 신부 안에서 자신을 유혹하는 악마를 보았고, 그녀를 떠나 사막으로 달아났다. 이처럼 첫 번째 기독교 천년기의 수많은 전설은 성적 관계를 다른 의미로 이해하지 못했던 시대의 정신을 잘 보여준다. 여성은 악으로 여겨졌으며, 그녀와 싸우는 것이 칭찬받을 만한 덕목이었다.

천 년이라는 긴 기간 동안 에로티시즘 전체를 낙인찍는 것이 필요했음은 매우 가능성이 높다. 성(性)과 여성에 대한 혐오, 즉 테르툴리아누스와 오리게네스가 보여주었던 그 부자연스러운 증오만이 성적 충동의 반대 개념—순전히 정신적 사랑, 그리고 그 논리적 정점인 여성의 신격화와 숭배—를 낳을 수 있었다. 기독교의 순결 이념이 이러한 정신적 사랑의 진화에 크게 기여했다는 데에는 의심의 여지가 없다. 사랑과 순결이 동일시되면서, 성적 욕망과의 뚜렷한 대조가 강조되었고, 특히 몽타냐골과 소르델로 같은 후기 음유시인들, 그리고 이탈리아의 '달콤하고 새로운 양식' 시인들의 작품에서 그것은 종교적 황홀경에 대한 경향과 결합되어 나타났다.

여성 숭배에는 무한한 부드러움이 스며들었다. 그것은 마치 남성이 천 년 동안 그녀에게 쌓아온 모욕을 보상하려는 듯한 태도였다. 숭배하려는 본능적 충동은 남성에게 지상에서 자신을 엎드려 절할 수 있는 비할 데 없는 존재를 발견하게 했다. 여성은 지상적 완벽의 정점으로 여겨졌다. 어떤 말이나 은유도 그녀에 대한 숭배의 열정을 완전히 표현할 수 없었다. 새로운 종교가 창조되었고, 그녀는 그 종교의 신으로 군림했다. 독일 시인 요하네스 하들라우프는 노래했다. "아름다운 여인이 없다면 세상이 무엇이겠는가?"

이 지점에서 나는 다시 한 번 유럽인의 근본 가치, 즉 개성으로 돌아가야 한다. 고대, 심지어 그리스와 로마에서도, 더 높은 의미의 개성은 존재하지 않았다. 영웅은 민족의 에너지를 응축한 상징이었고, 공동체의 노력을 대표하는 존재였다. 정치가는 민중의 정치적 의지를 구현한 사람이었으며, 시인의 이상조차도 특정한 헬레니즘적 전형을 표현하는 데 불과했다. 아가멤논은 지적인 통치자였고, 아킬레스는 고집스러운 전사, 오디세우스는 교활한 모험가였다. 개인은 부족·도시·국가의 단순한 구성원이자 하인이었으며, 각자는 본질적으로 동료와 다르지 않았다. 헬라스가 정점에 달했을 때조차 개인의 분화는 오늘날과 비교하면 미약했다. 그러나 그리스인은 동양인이나 야만인과 달랐다. 그는 자신을 더 이상 단순히 자연의 일부로 느끼지 않았으며, 자기 개성을 자각했기 때문이다.

우리는 더 높은 정신적 사랑의 개념을 최초로 구상하고, 그것을 이데아에 대한 사랑과 결합시키며, 비천한 욕망과 날카롭게 구분한 소크라테스의 플라톤적 모습에서 새로운 창조적 원리인 개성의 첫 씨앗을 발견한다. 비록 그 개념이 아직 진정한 의미의 개인적 사랑은 아니었지만, 그것은 정신적이고 신적인 사랑이었다. 그러나 그리스 국가는 이를 받아들이지 않았고, 소크라테스를 사형에 처했다. 흥미롭게도 소크라테스는 동시에(『크리톤』에서) 인간이 자신의 존재를 국가에 빚지고 있음을 강조했다. "네 아버지가 법에 순종하여 네 어머니를 아내로 맞이하고 너를 낳지 않았는가?"라는 그의 말은 철저히 고대적인 사고였다. 플라톤이 전한 소크라테스의 죽음은, 개인이 설사 가장 현명한 자라 할지라도 공동체에 완전히 종속된다는 그리스 사상의 장엄한 확인이었다.

중국과 일본의 문명은 고대 그리스의 문명보다 훨씬 더 비인격적이다. 퍼시벌 로웰은 그 나라들의 정신적 발현은 절대적인 비인격성의 관점에서만 이해될 수 있다고 주장한다. 그는 "뚜렷한 비인격성에서 극동의 가장 두드러진 특징"을 보며, "동양적 성격이 구축된 기초"라 명명한다. 이러한 비인격성은 개인의 출생과 결혼, 생각과 행동, 삶과 죽음에 대한 개념을 결정한다. 일본어에는 '나', '너', '그'라는 직접적 표현조차 존재하지 않고, 반드시 객관적인 완곡어법으로 대체되어야 하는 점이 이를 잘 보여준다. 극동인은 단순히 비인격적으로 태어난 사실에 만족하지 않고, 살아가는 과정에서 점점 더 비인격적이 되는 것을 목표로 삼는다.

지난 전쟁 동안 일본 군인들의 영웅적인 행적을 보라. 개인 병사들은 종종 집단에 아주 작은 이익을 주기 위해 기꺼이 목숨을 내던졌다. 유럽인은 이를 영웅주의로 해석하지만, 일본인의 경우 그것은 본능적으로 공동체를 위한 더 큰 가치를 선택한 결과였다. 마찬가지로 그리스인과 로마인들도 삶을 절대적인 가치로 여기지 않았다. 자살은 흔한 일이었고, 특별한 이유 없이 행해지기도 했다. 진정한 사랑은 개성에 기반하기 때문에, 현대 동아시아인에게는 유럽인이 말하는 의미의 사랑이 존재하기 어렵다. 로웰 또한 "우리가 이해하는 사랑은 동양에서는 알려지지 않은 감정이다"라고 단언한다. 그는 또 일본 여성들이 낯선 이들 앞에서도 부끄러움 없이 완전히 벌거벗을 수 있다고 기록한다. 이는 고대 그리스 여성들과 마찬가지로, 개성의 또 다른 측면인 '수치심'에 대한 자각이 결여되어 있기 때문이다. 수치심은 개인적이고 친밀한 것을 숨기려는 의식에서 비롯된다. 따라서 그것이 결여된 곳에서는 수치심이 존재할 수 없다. 마지막으로, 중국과 일본에서 나타나는 성적 도착과 기묘한 세련됨은 성(性)이 본질적으로 한계를 넘어설 수 없다는 사실에 기인한다. 그 결과 성적 충동은 다양성에 대한 갈망을 충족하기 위해 악덕과 일탈로 기울어졌다.

압도적인 개성의 첫 번째 발현은 예수에게서 나타났다. 그는 사랑의 종교를 창조했다. 그에게서 개성과 사랑은 서로 교환 가능한 힘이었으며, 심지어 동일하다고도 할 수 있다. 그는 무엇보다 개성과 사랑이 지닌 신비로운 친밀한 관계를 드러냈고, 사랑이 단순한 본능이 아니라 영혼의 발현임을 보여주었다. 사랑은 오직 뚜렷한 개성을 통해서만 경험될 수 있는 것이다.

다시, 12세기에 이르러 신과 자연뿐 아니라 여성에게까지 투영된 새로운 힘, 즉 정신적 사랑을 낳은 것도 바로 개성이었다. 이때 비로소 개성은 그 진정한 의미를 획득했다. 그것은 더 이상―성숙한 그리스 세계에서처럼―단순히 환경으로부터 분리된 개인, 의식적인 시작과 끝을 지닌 자율적 존재를 뜻하지 않았다. 이제 개성은 종합의 원리, 즉 단순한 개인을 넘어선 더 높은 실체이자, 모든 가치와 덕의 원천을 의미하게 되었다.

개성은 자의식적인 개별 영혼으로서, 자신의 풍요로움에서 보편적이고 이상적인 가치를 창조하며, 다시 그것을 더 높은 형태로 흡수하고 동화한다. 이 과정에서 개성은 주관적인 것과 보편적·영원한 것, 곧 종교적·예술적·도덕적·과학적 문명 가치와의 융합을 가능케 한다. 키에르케고르는 "개성은 보편적인 것과 개별적인 것의 혼합이다"라고 했는데, 비록 내가 말하려는 바와 완전히 같지는 않더라도 매우 가까운 의미를 담고 있다.

　이제 나는 남성의 여성에 대한 정신적 사랑—그 위치는 결코 바뀌지 않는다—이 그 시작에서 절정에 이르기까지 어떻게 전개되었는지 묘사하려 한다. 감정의 위대하고도 끊임없는 흐름을 분명히 드러내고, 그 모든 지류를 살피기 위해 풍부한 증거를 제시할 것이다. 물론 내가 이 주제를 완전히 소진했다고 주장할 수는 없다. 다만 내가 참고한 작품들은 감정의 직접적인 발현으로, 신뢰할 만한 자료라 할 수 있다. 프로방스와 고대 이탈리아, 중세의 사랑 노래들에는 거의 언제나 '나'가 존재한다. 그 서정적 시인들은 전적으로 주관적이었고, 늘 자기 자신의 감정에 몰두했다.

　정신적 사랑은 처음에는 자신이 지닌 독특한 성격을 자각하지 못한 채, 순진한 감정으로 모습을 드러냈다. 이는 프로방스 초기 음유시인들의 노래에서 확인할 수 있다. 프로방스인들이 여성 숭배의 창시자라 주장하는 시가 있는데, 반대자들은 이를 부정하지 않으면서도 "그러나 그것은 누구의 배도 채울 수 없는 발명품이었다"라고 덧붙인다. 이 말은 순수한 정신적 사랑과 단순한 쾌락 사이에 놓인 크고도 넘을 수 없는 장벽을 드러낸다. 기독교적 이원론—영혼과 육체, 정신과 물질의 대립—이 사랑의 세계에도 깊이 스며 있었기 때문이다.

　사색이나 형이상학에 물들지 않은, 자발적이고 진실한 사랑은 초기 음유시인들의 노래에서 비로소 나타난다. 그들 중에서도 가장 위대한 인물인 베르나르

드 벤타두른은 순결한 사랑을 찬양한 최초의 시인으로 꼽힌다. 문명의 옹호자 가운데 기념비를 세울 만한 인물이 있다면, 바로 이 시인일 것이다.

> 사랑을 모르는 자는 죽은 자,
> 마음속 달콤한 떨림.
> 사랑의 황홀경이 내 마음을
> 웃음과 한숨으로 채운다.
> 슬픔이 나를 백 번 죽이고,
> 기쁨이 나를 일으킨다.
> 사랑의 행복은 달콤하고,
> 사랑의 고통은 더 달콤하다.
> 기쁨이 내게 슬픔을 되돌려주고,
> 슬픔이 다시 기쁨을.

기엠 오지에 노벨라는 "환희로 들뜨고, 죽을 만큼 슬픈" 감정을 이렇게 노래했다.

> 여인이여, 종종 내 눈물이 흐르고,
> 즐거운 노래가 내 기억 속에 울리네.
> 내 피를 춤추고 노래하게 하는
> 그 사랑 때문이라.
> 나는 마음과 영혼으로 당신의 것이니,
> 원하신다면, 여인이여,
> 나를 죽이소서.

에메릴 드 페길한은 사랑의 고통이 사랑의 기쁨 못지않게 달콤하다는 의견이다.

> 온 마음으로 사랑하는 자는
> 사랑으로 병들고 싶어 하리니,
> 그의 고통은 그런 황홀경이라.

베르나르는 역시 노래한다.

> 신이여, 내 여인을 슬픔과 재앙에서
> 지켜주소서,
> 내가 아무리 멀리 가도 나는
> 그녀 가까이에 있나니;
> 신이 그녀의 피난처와 방패가 되어주신다면,
> 내 마음의 모든 소원은 이루어지리라.

또 다른 구절에서는 이렇게 읊조린다.

> 내 마음은 미로 속에서 헤매고 있었네,
> 그 시간 나는 더 이상 내가 아니었네,
> 네 눈 속에서 내 시선을 마주했을 때
> 낯설고 수줍은 거울 속에서처럼.
> 오, 나를 비추는 달콤한 거울이여,
> 한숨 쉬며 나는 네 마법 아래 빠졌네;
> 나는 네 안에서 완전히 사라졌네
> 나르키소스가 우물에서 그랬던 것처럼.

그는 같은 시에서 보상을 바라지 않겠다고 하지만, 마침내 이렇게 고백한다.

> **내 열렬한 입맞춤이 그녀의**
> **달콤한 입술을 덮으리니,**
> **그 흔적이 여러 날 동안**
> **그녀의 얼굴에 남으리라.**

독일 민네징거 하인리히 폰 모룽겐은 여성을 "세상의 모든 기쁨의 거울"이라 부르며 노래한다.

> **축복받으라, 그 부드러운 시간이여,**
> **축복받으라, 그 소중한 날이여,**
> **내 넘치는 마음이 터져 나와**
> **비밀이 드러났던 그 순간이여.**
> **나는 큰 기쁨에 놀랐고,**
> **사랑에 너무 당황하여,**
> **그것을 노래조차 다 하지 못했네.**

관능적 요소는 여전히 베르나르와 그의 동시대인들을 어느 정도 지배했다. 그들의 시는 모두 진실하고 성실하며, 입맞춤이나 때로는 그 이상의 갈망이 솔직하게 표현되어 있다. 그러나 비관능적이고 초감각적인 경향 또한 이미 뚜렷하다. 연인은 오직 한 여인만을 사랑하며, 비너스처럼 아름다운 다른 이에게서 호의를 받는 것보다, 그녀가 일으키는 모든 고통을 인내하며 헛되이 사랑하는 것을 더 선호한다.

베르나르는 노래했다.

> **내 슬픔은 달콤한 고통이라**
> **어떤 낯선 행복과도 비교할 수 없네.**
> **내 고통이 이런 달콤함을 지녔다면,**
> **내 행복은 얼마나 더 달콤하겠는가!**

엘리아스 드 바르졸은 말했다.

> **그녀의 얼굴 앞에 서 있을 때**
> **나는 기쁨과 슬픔으로 가득 차네.**

보니파치오 칼보는 이렇게 노래했다.

> **지상에 어떤 보물도**
> **내 고통과 바꿀 수 없네.**
> **나는 내 슬픔을 사랑하지만,**
> **원한과 분노가 내 마음속에서 날뛰네.**
> **내 뇌는 어지럽고―나는 웃고 또 울며,**
> **환희에 차고 절망하고,**
> **환호하면서도 내 운명을 슬퍼하네.**
> **여인이여, 내가 죽기 전에 항복하라!**

초기 음유시인들은 아직 순결한 사랑을 덕의 유일한 원천이자 완전으로 가는 길로 보는 후대의 교리를 알지 못했다. 그러나 그들은 이미 사랑하는 여인이 숭배자를 성인으로도, 죄인으로도 만들 수 있다고 보았다.

기엠 드 푸아티에는 이렇게 말했다.

> **사랑은 병자를 고치고,**
> **강한 자에게 무덤을 파네.**
> **아름다움의 본질을 파괴하고,**
> **마법으로 현자를 바보로 만들며,**
> **예의 바른 기사를 광대로,**
> **가장 비천한 자를 왕으로 만드네.**

세르카몬은 노래했다.

> **그녀를 위해 나는 거짓될 수도,**
> **진실될 수도 있고,**
> **성실할 수도, 거짓으로 가득할 수도 있네.**
> **완벽한 기사일 수도,**
> **무가치한 개일 수도 있으며,**
> **평온할 수도, 진지할 수도,**
> **어리석을 수도, 현명할 수도 있네.**

툴루즈의 레몽은 이렇게 덧붙였다.

> **사랑의 왕국에서는**

이성이 아니라 어리석음이 지배한다.

 이 열정적인 사랑의 특징은 사랑받는 여인, 즉 '여주인'의 사회적 지위가 항상 연인보다 높았다는 점이다. 연인은 자신을 그녀의 봉신이자 농노라 불렀고, 그녀가 자신의 전 재산을 수여했다고 선포하기도 했다. 심지어 왕과 독일 황제들조차 사랑 노래를 지었지만, 실제 목적을 이루는 데는 다른 수단이 더 빨랐을 것이다. 그러나 모든 경우에서 우리는 여주인을 우러러보는 겸손한 연인의 태도를 본다.
 그 근본적인 생각은 명백하다. 사랑은 세상의 가장 숭고한 가치이며, 모든 사회적 차이를 평등하게 만드는 위대한 힘이라는 것이다. 부는 그 앞에서 먼지와 같았다. "나는 프랑스의 왕관보다 내 여인의 눈길 한 번을 더 소중히 여긴다"는 고백은 시인들의 즐겨 쓰던 주제였다. 예컨대 몽타냐골은 운문으로 된 명상에서, 귀부인이 낮은 신분의 연인을 선택하는 것이 오히려 현명하다고 했다. 그는 그 연인이 늘 감사와 헌신을 바칠 것이며, 따라서 귀부인이 더 큰 영향력을 가질 수 있기 때문이라고 보았다. 반대로 신분이 동등하거나 우월한 연인의 경우에는 그 사실이 늘 의심스러웠다.
 이처럼 사랑에 대한 최고의 존경은 곧 인정된 교리가 되었고, 순결한 사랑만이 사람을 고귀하고 선하며 현명하게 만들 수 있다는 생각을 우리는 거듭 마주하게 된다. 나는 풍부한 사례들 가운데 몇 가지를 선택해 제시하겠다.

미라발:
> 사랑을 뿌리로 하는 모든 행위는 고귀하다.

페이레 로지에:
> 내가 그녀를 사랑하여 하는 모든 일이
> 옳고 선하다는 것을 나는 잘 안다.

기로 리키에:
> 사랑하지 않는 자는 고귀한 마음을
> 갖지 못했으니,
> 사랑은 최고의 열매이자 꽃이기 때문이다.

그리고,
> 이리하여 사랑은 우리가 하는
> 모든 행위를 변모시키고,
> 사랑은 모든 것에 더 깊은 의미를 부여한다.
> 사랑은 모든 진정한 가치의 스승이다.
> 이 넓은 땅에 그 마음이 비천한 자가
> 어디 있으랴.
> 사랑이 그를 위대한 탁월함으로
> 이끌지 못할 리 없다.

지라우트 드 칼렌소는 사랑의 도시에 대해, 비천하거나 무지한 사람은 들어갈 수 없다고 말했다. 이탈리아 시인 라포 잔니는 이렇게 노래했다.

> **내게 나타난 젊은 처녀는
> 내 영혼을 순수하고 고상한 생각으로
> 가득 채웠으니,
> 이제부터 나는 모든 비천한 것들을
> 경멸하노라.**

단테는 『새로운 인생』에서 베아트리체를 "모든 악의 파괴자요 모든 덕의 여왕"이라 불렀다. 사랑하는 사람에 대한 생각만으로도 연인은 선한 사람이 된다. 기로 리키에는 이렇게 단언했다.

"그녀의 생각 속에 있을 때 나는 죄를 지을 수 없다."

그리고 그는 그리스도께 여성에 대한 참된 사랑을 가르쳐 달라고 기도했다.

사랑이 인간 완전성의 원천이라는 것은 일반적으로 받아들여진 이론이었다. 그러나 여성이 또한 사랑에 의해 완성된다고 말한 구절은 내가 아는 한 레몽드 미라발의 한 구절뿐이다. 다른 모든 경우에서 여성은 현실을 초월한, 헤아릴 수 없는, 신성한 존재라는 보편적이고 암묵적인 합의가 있었다. 새로운 교리, 곧 정신적 사랑이 모든 덕의 어머니이며, 순결의 근원이자 다른 어떤 것도 신성하지 않다는 가장 고전적인 공식은 다소 현학적인 몽타냐골의 시에서 발견된다.

> 최고의 사랑을 사랑하지 않는 연인은
> 귀한 포도주를 더럽히는 바보와 같다.
> 오직 가장 숭고한 사랑만이
> 네 안에서 움직이게 하라.
> 그러면 순수함과 덕이 네 것이 되리라.

기로 리키에도 같은 감정을 노래했다.

> 내 사랑은 언제나 순결하고 깨끗했으니,
> 내 '달콤한 행복'에게 나는 결코
> 은혜를 구하지 않았네.
> 밤낮으로 겸손히 그녀를 섬길 수만 있다면,
> 내 삶은 그녀의 양도할 수 없는 담보가 되리라.

발터 폰 데어 포겔바이데는 이렇게 말했다.
"사랑은 모든 덕이 쌓인 보물이다."

시간이 흐르면서 진정한 정신적 사랑과 교활한 관능주의 사이의 장벽은 점점 더 뚜렷하게 구분되었다. 전자는 그 시대 전체의 에로스적 감정 속에 스며들었고, 순결한 사랑과 병행하여 자리 잡았다. 반면 관능주의는 여전히 고귀한 마음에 어울리지 않는 경멸스러운 것으로 남았다. 또한 동시대의 『파블리오』, 후기 독일 희극, 이탈리아와 프랑스 소설들을 보면, 그 시대의 성적 표현은 믿기 어려울 만큼 조야했음을 인정하지 않을 수 없다. 이에 반해 정신적 사랑은 단순히 예술적이고 이론적인 개념이 아니라, 교양 있는 마음들의 깊은 감정이었으며 후대에도 강력하고 창조적인 힘으로 남았다. 정신적 사랑과 성(性)은 양립할 수 없는 모순으로 여겨졌고, 다르게 생각하는 자는 방탕한 사람으로 간주되었다. 음유시인들과 그 뒤를 이은 이탈리아의 '달콤한 새로운 양식(dolce stil nuovo)' 시인들의 작품에서 발췌한 다음 구절들은 이 관계의 역사적 실재, 즉 쇠퇴기에 접어든 중세의 이상을 잘 보여준다. 독일 민네징거들도 같은 이상을 공유했지만, 신라틴 시인들처럼 원칙 형성에 결정적인 영향을 미치지는 못했기에 여기서는 따로 고려하지 않아도 된다.

베르나르 드 벤타두른:
여인이여, 나는 다른 보상은 바라지 않으리.
다만 당신이 나로 하여금 당신을
섬기게 허락한다면,
내 신의와 사랑은 결코 흔들리지 않으리.
당신이 무엇을 명하든 나는 당신의 것이리라.

페이레 로지에:
그녀의 미소는 내 것이며,
그녀의 농담 또한 내 것이니,
더 많은 것을 구하며
온전히 축복받았다고 여기지 않는다면

나는 어리석으리라.
그것은 기만이 아니니,
그녀를 바라보는 것만으로도 충분하다.
그녀를 보는 것이 곧 나의 보상이리라.

고셀름 파이디트:
사랑의 모든 길 중에서 나는 최선을 택했으니,
나는 당신을 사랑하오, 사랑이여,
무한한 열정으로.
내 삶은 당신의 것이니, 당신 뜻대로 하소서.
입맞춤도 달콤한 포옹도 구하지 않으리.
내가 신성모독을 저지를까 두렵기 때문이오.

순수한 사랑의 가장 열렬한 옹호자들은 몽타냐골, 소르델로, 그리고 기로 리키에였다. 몽타냐골은 여인의 명예와 양립할 수 없는 호의를 요구하는 연인은 그녀를 진정으로 사랑하지도, 사랑받을 자격도 없다고 주장했다. 그는 단언했다.

"사랑은 순수함을 낳는다. 사랑의 의미를 아는 자는 결코 덕을 버릴 수 없다."

툴루즈의 페이레 기엠과 소르델로 사이의 논쟁에는 다음과 같은 구절이 전한다.

페이레 기엠:
소르델로여, 나는 이제껏 당신 같은
사람을 본 적이 없소.

여인을 숭배하는 자라면
그녀의 사랑과 입맞춤을
결코 무시하지 않을 것이기 때문이오.
다른 이들에게는 상이 되는 것을
당신은 설마 경멸하려는 것이오?
나는 그녀에게서 명예와 기쁨을 갈망하오.
만약 그녀가 화환에
작은 장미 한 송이를 묶어준다면,
기옘 페이레 경, 그것이 의무가 아니라
자비에서 비롯된 것이라면,
그것이야말로 진정한 행복일 것이오.
오, 그런 행복이 내게 주어진다면!
소르델로여, 진실로 당신처럼
겸손한 연인은 본 적이 없소.

소르델로:
페이레 경, 내 생각에 당신이 표현하는 것은
품위가 많이 부족하오.

또 다른 시에서 재능 있는 소르델로는 이렇게 노래했다.

그녀에 대한 내 사랑은 너무나 깊어
경멸과 멸시에도 불구하고 그녀를 섬기리라.
다른 이와 함께 있기보다는,
그러나 보상 없이는 섬기지 않으리라.

그리고 다른 시에서는, 자신의 여인을 너무나 사랑하여 그녀가 자신을 죽인다 해도 감사할 것이라고 말한 뒤 이렇게 덧붙인다.

> 이리하여, 여인이여, 나는 당신에게 맡기나니
> 내 운명과 삶을, 당신의 충실한 시종인 나를.
> 나는 차라리 비참하게 죽으리라,
> 당신이 내 욕망에 굴복하기보다는.
> 진정으로 자신의 여인을 사랑하는 기사는
> 그녀의 아름다운 얼굴만을
> 사랑하는 것이 아니니,
> 그에게는 그녀의 고귀한 명성이 더 소중하다.
> 흐려지지 않고 불명예로
> 더럽혀지지 않은 채로.
> 내가 열정에 대해 말한다면
> 얼마나 심하게 당신의 덕을 모독하겠는가.
> 그러나 만약 내가 그랬다면―
> 신이여, 금하소서!―
> 달콤한 여인이여, 동정심에 굴복하지 마소서.

이 정신적 사랑은 당시에도 지금처럼 평범한 사람들에게는 어리둥절하게 다가왔고, 오해받거나 회의적으로 여겨졌다. 베르트랑 달라마농은 소르델로의 "위선적인 행복"과 "그의 사랑의 모든 기만"을 조롱했고, 그라네는 풍자시에서 그의 진실성을 의심했다. 흥미로운 사실은, 순수한 사랑의 전형적인 옹호자였던 소르델로가 실제로는 온갖 여성들과 수많은 의심스러운 관계를 맺었다는 점이다. 베르트랑은 그가 "적어도 백 번은 여인을 바꿨다"고 비난했으며, 소르델로 자신도 뻔뻔하게 고백했다.

> **남편들의 질투는 결코 나를 놀라게 하지 않소.**
> **사랑의 기술에서 나는 누구보다**
> **뛰어나기 때문이오.**
> **아무리 정숙한 아내라도**
> **내가 잘 구애하면 나를 거부할 수 없소.**
> **그녀의 남편이 나를 미워해도**
> **나는 불평하지 않으리라.**
> **그의 아내가 밤에 나를 받아주기 때문이오.**
> **그녀의 입맞춤과 달콤한**
> **사랑의 기쁨이 내 것이라면,**
> **그의 고통과 분노는 내 마음을 꺾지 못하리라.**
> **어떤 남편도 내 즐거움을 빼앗지 못하리라.**
> **내가 원하는 것은 반드시 얻는다.**
> **나는 모두를 사랑하고, 주저하지 않으며,**
> **남편들의 분노에도 불구하고**
> **그들의 보물을 차지하리라.**

언뜻 보기에, 이렇게 열정적으로 순수 사랑을 옹호한 인물이 이중적인 삶을 살았다는 사실은 이상하게 보인다. 그러나 소르델로의 태도는 당시의 시대적 분위기 속에서는 전혀 모순이 아니었다. 그는 마음속에서 성(性)과 사랑을 철저히 구별했다. 여주인 앞에서는 자신을 낮추고 겸손한 숭배자로 남았지만, 다른 여성들에게는 단순한 관능주의자로 행동했다. 그는 "여성을 다루는 데 전문가"였지만, 정작 여주인 앞에서는 목소리조차 제대로 내지 못하고 모든 자제력을 잃었다고 전해진다.

매우 현실적인 여성과 동거하면서도 평생 동안 '로라'라는 이상적 존재를 찬미했던 페트라르카 역시—비록 덜 잔인한 성격이었지만—소르델로와 유사한 유형이었다. 후자는 사랑의 탐구자, 즉 돈 후안의 전형에 가까웠다.

페이롤과 오베르뉴의 도팽 사이의 논쟁(tenzone)에서는 사랑의 본질에 대한 흥미로운 주장이 제기되었다. 페이롤은 "진정한 연인은 마지막 호의를 받은 후에도 더 이상 사랑할 수 없다"고 말하며, 사랑은 완성의 순간 곧 죽는다고 주장했다(오토 바이닝거도 이 견해에 동의한다). 그러나 그는 한 걸음 더 나아가, 설령 사랑이 죽었다 해도 사람은 여전히 사랑에 빠져 있는 것처럼 행동해야 한다는 미묘한 제안을 덧붙였다.

음유시인들은 순수한 사랑과 비천한 욕망을 끊임없이 구분했다. 품위(Mezura)는 방종(dezmezura)과 대비되며, 순수한 사랑은 모든 높은 가치를 창조하는 원천으로, 사치는 그것을 파괴하는 힘으로 여겨졌다. 독일 민네징거들 또한 같은 구분을 했는데, 그들은 '낮은 사랑'과 '높은 사랑'을 뚜렷하게 구별했다.

교양 있는 마음과 상류층은 성(性)을 경멸하고 정신적 사랑만을 인정했기 때문에, 이러한 감정을 고백하는 것이 곧 세련된 형식으로 여겨졌다. 사랑하는 이의 명예는 철저히 보호되어야 했으며, 어떤 욕망도 그녀의 순수함을 더럽혀서는 안 된다는 모티프가 시 속에 거듭 등장한다. 그러나 시인은 때때로 감정 자체만을 사랑하며, 실제로는 아무런 영향을 받지 않을 수도 있었다. 많은 음유시인들은 모두가 최고의 가치라 칭송한 그 감정에서 영감을 얻었으며, 심지어 지상의 여인이 없더라도 숭고한 사랑 자체를 숭배했다.

  하지만 높은 사랑을 칭송하고 낮은 욕망을 비난하던 음유시인들이 돌연 태도를 바꾸는 경우도 드물지 않았다. 예컨대, 마르세유의 폴케는 10년 넘게 헛되이 탄식한 끝에 자신이 바보였다는 결론에 도달하며 이렇게 노래한다.

> **기만적인 사랑은 순진한 바보를 속이고**
> **불행한 자를 마법의 끈으로 묶네.**
> **촛불에 이끌린 나방처럼**
> **그는 무자비한 귀신 주위를 무력하게 맴도네.**
> **나는 너를 내쫓고 다른 별들을 따르리라.**
> **내 보상과 대가는 너무나 사악했으니.**
> **새로운 용기가 희미해진 내 마음을**
> **강하게 하리.**
> **이제 나는 열정이 결코 더럽히지 않는 성소에**
> **무릎을 꿇으리라.**

또 다른 흥미로운 시에서, 붉은 가린은 메주라(Mezura)에게 순수하고 고귀하게 사랑하는 법을 가르쳐 달라고 간청한다. 그러나 결국 그는 스승에게 전혀 만족하지 못하고, 그녀의 모든 지혜가 "단지 좋은 형식에 불과하다"는 결론에 도달한다.

> **그러나 내 즐거운 기분에 이끌려
> 나는 밤낮으로 입 맞추고 희롱하며
> 내가 해야만 한다고 느끼는 일들을 하네—
> 그렇지 않으면, 머리를 깎고,
> 나는 수도원을 찾으리라…**

엘리아스 드 바르졸은 자신의 사랑이 결코 보답받지 못하리라는 것을 깨닫고, 평생 헛되이 한숨 쉴 마음이 없었기에 사랑을 완전히 포기했다.

"내가 더 이상 사랑을 섬긴다면 나는 바보일 것이다!"

이에 다른 이는 외쳤다. "너희 모든 연인들은 바보다! 너희가 여자의 본성을 바꿀 수 있다고 생각하는가?" 이것은 여성에 대한 매우 드문 비판 중 하나였다. 일반적으로 시 속의 여성은 천사 같은 완벽함, 지혜, 아름다움, 그리고 초연함으로만 묘사되었다.

저명한 시인 마르카브뤼는 처음부터 여성을 혐오하며 사랑의 적이었다. 그는 스스로 말하길, 여인을 사랑한 적도 없고 어떤 여성도 그를 사랑한 적이 없다고 했다.

항상 거짓말이고
사람을 속이는 사랑을, 나는 비난하고
규탄한다. 나는 충분히 겪었다.
그것이 저지른 모든 악을 셀 수 있는가?
그것을 생각하면 정신이 혼미해진다.
믿고, 한숨 쉬고, 기뻐하고, 슬퍼했던 내가
얼마나 미친 자였는가.
그러나 더 이상 내 날들을 낭비하지 않으리라.
우리는 갈림길에 이르렀다. …

그는 여성의 부도덕을 거듭 비난하며 부드러운 열정을 조롱하는 데 지치지 않았다. 그러나 흥미로운 점은, 이 여성 혐오자—아마도 결국 깊이 실망한 사람일 뿐이었을지도 모른다—조차도 '높은 사랑'을 칭송했다는 사실이다.

이 주제는 또한 이론가들을 낳았다. 그중 두드러진 인물은 궁정 사제 안드레아스였다. 그는 라틴어로 사랑에 관한 학식 있는 책을 저술했는데, 동시대 시인들이 운문으로 표현한 내용을 명제와 결론으로 풀어내며, 정신적 사랑이 단순한 시적 허구가 아니라 철학적 무기에 의해 뒷받침된 시대의 가장 심오한 신념임을 증명했다.

"온 세상에 사랑의 샘 밖에는 선과 예의가 없다. 그러므로 사랑은 모든 선의 시작이자 기초이다."

또한 그는 고귀한 마음을 가진 사람은 반드시 연인이어야 한다고 주장했다. 그렇지 않다면 그는 덕을 얻을 수 없다는 것이다. "사랑은 모든 장벽을 무시하고, 낮은 출신의 사람을 귀족의 동등하거나 우월한 자로 만든다."

나중에 '고귀한 마음(cor gentil)' 이론으로 완성된 이 정신적 고귀함의 개념은 프로방스와 이탈리아에서만 발전했고, 프랑스와 독일에는 제대로 알려지지 않은 채로 남았다.

안드레아스는 비천한 사랑, 즉 혼합적이거나 보통의 사랑(amor mixtus sive communis)과 순수한 사랑, 즉 순결한 사랑(amor purus)을 구별했다. 그는 시인들과 완전히 동의하며 다음과 같이 주장했다. "사랑은 사람에게 순결의 힘을 준다. 왜냐하면 한 여인에 대한 사랑으로 마음이 가득 찬 자는, 아무리 아름답다 해도 다른 여인과 희롱할 수 없기 때문이다." 그는 실체와 형태의 원리에 따라, 한 남자가 동시에 두 여인을 사랑하는 것은 불가능하다고 논증했다.

14세기 프로방스의 방대한 논문 『사랑의 법(Leys d'Amors)』—주로 문법과 운율을 다룬 교과서—에서도 같은 견해가 보인다. "연인들은 사랑하는 법을 배워야 하며, 열정적인 연인들은 악하고 불명예스러운 욕망을 절제해야 한다. 정직한 연인, 즉 참된 음유시인은 결코 비천한 관능과 저속한 욕망에 자신을 내맡기지 않는다." 같은 저자는 여인에게 입맞춤을 요구하는 음유시인을 외설적인 행위자로 간주했다. 반면 안드레아스는 두 종류의 사랑을 구분하면서도 관대하여, 진정한 사랑의 경우라면 입맞춤—심지어 그 이상의 표현—도 허용했다. (그러나 최고의 음유시인들은 이 점에서 그와 의견을 달리했다.)

교회 스콜라 철학을 본떠 신 대신 여인을 숭배 대상으로 삼은 '사랑의 스콜라 철학'도 점차 발전했다. 사랑, 존경, 겸손, 희망 등이 그녀의 성소에 바쳐진 제물이었고, 여인은 은총과 연민으로 가득 차 신처럼 열렬히 믿어졌다. 후기 이탈리아 학파 시인들은 스콜라적 논리를 빌려 '사랑(amore)', '고귀한 마음(cor gentil)', '가치(valore)'를 실체·속성·내재적 특성으로 개념화하려 했는데, 이는 지나친 야심이었고 많은 작품을 망치기도 했다. 단테조차 이 유행에서 완전히 벗어나지는 못했지만, 독일 시인들은 비교적 이 어리석음을 피했다.

공주들이 주재하는 유명한 '사랑의 법정'에서는 기이한 문제들이 논의되었고, 소규모 법정 의식을 모방한 절차로 판결이 내려졌다. 안드레아스가 전한 판결들은 사랑과 결혼이 얼마나 다른가를 보여준다. 정신적 사랑이 최고의 가치로 여겨졌다면, 결혼은 단지 열등한 상태일 뿐이었다. 실제로 상류 사회에서 결혼은 정치적·경제적 계약에 불과했다. 남작은 영지를 넓히거나 지참금을 얻고, 유력 가문과 연결되기를 원했으며, 신부의 의사는 전혀 고려되지 않았다. 따라서 결혼은 그녀에게 남편이 아닌 남성에게 빛나고 숭배받을 수 있는 허락을 의미했다.

안드레아스는 '사랑의 규칙(regula amoris)'에서 단언했다. "남편과 아내 사이에는 진정한 사랑의 여지가 없다." 포리엘이 번역한 또 다른 구절도 같다. "남편이 아내에게 기사가 여인에게 하듯 행동하겠다고 제안하는 것은 명예의 규범에 어긋난다. 그러한 행위로는 그의 덕도, 그녀의 덕도 더 이상 높아질 수 없다." 또 다른 판결은 이렇게 선언했다. "귀부인은 남편이 되는 순간 숭배자를 잃는다. 따라서 그녀는 새로운 연인을 가질 권리가 있다." 나르본의 여 자작 에르멘가르드가 주재한 법정에서는 남편과 아내 사이의 사랑과 연인 사이의 사랑 중 어느 것이 더 큰가를 논의했는데, "이 둘은 본질적으로 다르며 비교 자체가 어리석다"는 결론에 이르렀다. 한 남편은 이렇게 말했다. "나는 아름다운 아내를 두었고 그녀를 부부간의 사랑으로 사랑한다. 그러나 남편과 아내 사이에 진정한 사랑은 불가능하다. 이 세상의 모든 좋은 것은 사랑에서 비롯되므로, 나는 결혼 밖에서 사랑의 동맹을 찾아야 한다."

이러한 결론은 경박함이 아니라, 관능과 정신적 사랑을 융합할 수 없다는 이원론적 에로티시즘의 논리적 귀결이었다. 따라서 이혼한 사람들 사이의 사랑은 비도덕적이지 않을 뿐 아니라 정당한 것으로 여겨졌고, "새로운 결혼은 옛사랑의 가치를 훼손하지 않는다"는 판결까지 내려졌다.

고대 소설 『루시용의 제라르』에서도 이러한 관념이 드러난다. 제라르가 사랑한 공주는 황제 샤를 마르텔과 결혼하게 되어 기사와 이별해야 했다. 마지막 만남에서 그녀는 증인들 앞에서 이렇게 말했다. "그리스도의 이름으로 증언하건대, 나는 이 반지와 화관의 꽃으로 제라르 경에게 내 사랑을 주었다. 나는 그를 아버지와 남편보다 더 사랑하며, 이제 쓰라린 눈물을 흘려야 한다." 두 사람은 헤어졌지만, 비록 그들의 사랑이 부드러운 소망과 비밀스러운 생각 외에는 아무것도 아니었음에도 결코 식지 않았다.

결혼은 사랑의 동맹보다 우월하지 않았으며, 교회의 인가조차 절대적인 것이 아니었다. 사랑의 동맹은 종종 사제가 주관하는 의식을 동반했다. 포리엘은 그 의식을 다음과 같이 묘사한다. "남자는 여인 앞에 무릎 꿇고, 그녀의 손 사이에 자신의 합장한 손을 두고 맹세했다. 죽을 때까지 그녀에게 충실하며, 힘 닿는 한 그녀를 모든 해와 모욕으로부터 지키겠다고. 여인은 그의 봉사를 받아들이며 가장 숭고한 감정을 바치겠다고 약속하고, 흔히 반지를 결합의 상징으로 주었다. 이어 그녀는 그를 일으켜 세워 입을 맞추었는데, 그것은 언제나 처음이자 대개 마지막이었다." 연인들의 이별도 엄숙히 행해졌으며, 여러 면에서 결혼 해소와 유사했다.

**우리의 엄숙한 약속이
사랑이 죽었을 때 깨어지지 않도록,
우리는 사제에게 나아가
"당신은 나를 자유롭게 하고,
나는 당신을 자유롭게 하리라.
그리하여 우리 둘은 새로운 사랑을 선택할**

완전한 권리를 갖게 되리라."

페이레 드 바르작의 시다.

진정한 사랑의 동맹은 결혼보다 훨씬 더 해소하기 어려웠다. 남편은 단지 아내가 먼 친척이라고 주장하기만 하면 교회가 기꺼이 결혼 계약을 무효화했기 때문이다. 그러나 사랑의 동맹은, 소르델로가 긴 시에서 주장했듯, 결혼보다 훨씬 더 강한 구속력을 지녀야 했다.

> **오직 한 사랑만을 여인은**
> **선택할 수 있다. 그러니 그녀가 남자를**
> **신중히 택하게 하라. 그에게 충실해야 한다.**
> **한 번 선택하면 결코 후회할 수 없기 때문이다.**
> **결혼의 끈보다 더**
> **구속력이 있는 것은 사랑이다.**
> **결혼은 여러 이유로 해소될 수 있으나,**
> **사랑은 오직 죽음으로만 풀릴 수 있다.**

결혼과 사랑이 결합될 수 없다는 생각은, 사랑과 욕망이 동일한 대상에게 동시에 투영될 수 없다는 당시의 근본적인 감정에서 비롯된 논리적 귀결이었다.

만약 부부간의 사랑이 의심받지 않았다면, 선택은 두 가지 대안 사이에 있었을 것이다. 즉, 교회가 취한 방편인 결혼의 성화, 혹은 오늘날 우리가 이해하는 사랑과 성(性)의 융합이다. 그러나 첫 번째는 인류가 이미 넘어선 단계였고, 두 번째는 아직 세상이 받아들일 준비가 되어 있지 않았다. 따라서 가장 예리한 영혼들은 사랑을 점점 더 이상화하며, 모든 지상의 속박으로부터 해방시키고 하늘에 가까운 것으로 고양시켰다.

이 이상을 실질적으로 구현한 예가 블라야의 왕자 조프레 뤼델이다. 그는 한 번도 본 적 없는 여인, 트리폴리 백작 부인을 사랑했다. 그의 영혼은 순례자들이 전해준 그녀의 선함에 대한 이야기로 가득 찼다. 그녀를 보기 위해 그는 십자가를 지고 바다를 건넜으나, 항해 중 병을 얻어 해안에 도착했을 때는 거의 죽음에 이른 상태였다. 백작 부인은 그의 위대한 사랑을 전해 듣고 서둘러 여관으로 달려갔다. 그녀가 방에 들어섰을 때 조프레는 잠시 의식을 회복했고, 즉시 그녀를 알아본 후 그녀의 품에서 행복하게 눈을 감았다. 백작 부인은 이 사랑에 크게 감동하여, 그 뒤로 세속을 떠났다. 이 이야기는 전설이 아니라, 확실히 입증된 사실로 오늘날까지 진실로 전해진다. 조프레의 사랑은 '머리의 사랑(amour de tête)'이 아니라, '마음의 사랑(amour de cœur)'—사랑하는 여인에게 단지 그녀를 사랑할 허락만을 구하는 순전히 정신적인 사랑이었다. 이와 같은 사례는 드물지 않으며, 후대에도 뷔르거와 클롭슈토크와 같은 시인들에게서 반복되었다.

현대의 눈으로 보면 이 기묘한 여성 숭배는 이해하기 어려울 수 있다. 그러나 우리가 궁정 풍습과 중세적 형식의 껍질을 벗겨내고, 미켈란젤로, 괴테, 베토벤 같은 위대한 인물들에게서 같은 충동을 발견할 때, 우리는 비로소 그것을 덜 낯설게 받아들일 수 있다.

교회는 처음부터 이원론적이고 금욕적이었으며, 관능을 악 중의 악으로 규정해 전쟁을 벌였다. 성 베르나르는 썼다. "불과 물이 섞이지 않듯, 정신적 쾌락과 육체적 쾌락은 함께 경험될 수 없다." 결혼의 용납은 결코 타협 이상의 것이 아니었다. 교회가 순결을 유일한 진정한 가치로 간주했다는 사실은 의심의 여지가 없다. 심지어 루터조차도 같은 입장을 취했고, 오늘날까지 기독교와 성(性)은 화해하지 못한 채로 남아 있다.

그럼에도 교회가 새롭게 나타난 여성 숭배에 대해 취한 태도는 흥미롭다. 그것은 기독교적 이원론에서 비롯되었지만, 그 대상은 신이 아니라 필멸의 여성이었다. 논리적으로 교회는 이를 환영해야 했다. 순결한 여성 숭배는 결혼을 열등한 상태로 여겼으므로 교회의 자연스러운 동맹자였기 때문이다. 그러나 현실에서 두 성직자―궁정 사제 안드레아스와 다작의 운문가 마트프레 에르멘가우―는 교회의 정신에 반하여 정신적 사랑의 이론을 체계화했으나, 결국 정통으로 돌아와 구원을 유일한 수단으로 추천하는 데 급급했다.

안드레아스는 사랑의 모든 세부 사항을 정리한 후, 신에게 바쳐지지 않은 사랑은 필연적으로 그를 불쾌하게 할 것이라며, 여성의 본성이 탐욕스럽고 질투 많으며 변덕스럽다는 오래된 비난을 다시 꺼냈다. 그는 선언했다. "사랑을 섬기는 자는 신을 섬길 수 없다. 결혼 외에 비너스를 섬기는 자는 신의 벌을 받을 것이다. 신의 뜻에 반하여 무엇이 좋은 결과를 낳을 수 있겠는가?"

여기서 우리는 기묘한 역설을 본다. 즉, 공식 교회는 더 높은 기준의 금욕적·정신적 사랑을 거부하고, 오히려 성(性), 즉 결혼을 선호했다. 이는 종교적 정신과 금욕의 원칙에는 반했지만, 정통 교리의 입장에서는 논리적이었다.

마트프레 역시 같은 길을 걸었다. 그는 『사랑의 기도서(Breviari d'Amor)』에서 여성 숭배에 뿌리 둔 모든 아름다운 업적을 요약한 뒤, 27,445번째 구절에서 방향을 바꿔 이렇게 노래했다.

> **그리고 사탄이 그들의 욕망에 불을 붙이니**
> **괴물 같은 불꽃이 타올라,**
> **광란의 악마에 미쳐**
> **신과 명예의 사랑에서 멀어지고,**
> **그들은 창조주의 성소에서 등을 돌린 채**
> **그들의 여인들을 신성하다 부른다.**
> **영혼과 육체, 마음과 감각으로**
> **그들은 여성의 탁월함을 숭배하며,**
> **그녀의 아름다움에 사로잡혀 환락에 빠져**
> **무심코 악마를 숭배한다.**

300년 후, 광신적인 사보나롤라는 폭풍처럼 외쳤다.

"너희는 신의 어머니를 너희 창녀들을 치장하듯 입히고 장식하며, 너희 여인들의 얼굴을 그녀에게 주었다!"

우리가 곧 보게 되겠지만, 이는 과장이 아니라 문자 그대로 사실이었다.

성직자들은 예의와 기사도의 조언에 거세게 저항했다. 그것은 더 높은 개념의 승리보다는 기존 조건의 지속을 바라는 본능 때문이었다. 일부 작가들은 바로 이 때문에 여성 숭배가 결국 마리아 숭배로 발전했다고 단언한다. 여기서 우리는 다시금 역사의 반복되는 과정을 목격한다. 기독교의 정신적·신비적 원리는 새로운 단계로 진입해 새로운 영역을 점유했지만, 경직된 교회는 어떤 변화도 받아들이기보다는 과거의 낮은 단계에 매달렸다. 만약 교회가 절대적으로 일관성을 유지했다면, 그녀의 가장 위대한 시인조차 오늘날 금서 목록에 올랐을 것이다. 그는 자신의 직관을 따르며 교회의 교리를 무시하고, 사랑하는 베아트리체를 가톨릭의 천국에 도입했기 때문이다.

새로운 정신적 사랑은 때로 희화화되기도 했다. 프로방스의 음유시인 중에서도 기이한 공적으로 유명했던 이는 페이레 비달이었다. 그는 한 번은 늑대 가죽을 뒤집어쓰고 들판을 뛰어다니다 개들에게 공격당해 거의 목숨을 잃었다. 그는 참을 수 없는 허풍쟁이였지만, 정작 사랑에서는 늘 실패했다. 그러나 희화화의 정점은 독일의 기사이자 민네징거였던 울리히 폰 리히텐슈타인이었다. 그는 괴테의 『베르테르』를 연상시키는 산문 소설 『여성의 봉사』를 남겼다. 시동 시절 그는 여인이 손을 씻은 물을 마심으로써 영광스러운 경력을 시작했다. 이후 여주의 마음에 들지 않는다는 이유로 윗입술을 절단했고, "그녀가 싫어하는 것은 나 또한 미워한다"고 말했다. 또 다른 경우에는 손가락 하나를 잘라 금으로 장식해, 그녀에게 보낸 시집의 잠금쇠로 사용하기도 했다. 그의 가장 유명한 기행은 비너스로 변장해 오스트리아 전역을 여행하며, 만나는 모든 기사와 여자 옷을 입고 마상창 시합을 벌인 사건이었다. 그러나 이런 기행에도 불구하고 그의 내면은 결코 형이상학적이지 않았다. 그는 노골적인 호의를 갈망했지만, 때로는 불친절한 말 한마디에도 만족했다. 더욱 흥미로운 점은, 그가 실제로 결혼한 사람이었다는 사실이다. 그럼에도 그는 평생을 여인을 기리는 "영웅적 행위"에 바쳤다. 흔히 세르반테스의 위대한 작품이 중세 궁정 생활을 조롱하고 그 이상을 파괴했다고 믿지만, 실상 그것을 무너뜨린 것은 바로 울리히 같은 인물들의 삶과 기행이었다. 같은 정신에서 기엠 드 발라운도 여인의 명령에 따라 손톱을 뽑아 그녀에게 바쳤고, 그 덕에 그녀의 호의를 되찾았다.

정신적 사랑은 프로방스에서 시작되었으나, 더 위대하고 심오한 이탈리아 시인들에 의해 발전하고 완성되었다. 음유시인들에게 단순한 감정에 불과했던 것이, 단테의 동료들에게는 우주 체계이자 종교가 되었다. 프로방스어로 글을 쓴 이탈리아 시인 소르델로는 그 연결 고리이자 이탈리아 시단의 선구자로 평가된다. 그는 1270년에 세상을 떠났고, 거의 동시대인이었던 단테는 『신곡』에서 그의 이름을 불멸화했다.

'달콤한 새로운 양식(dolce stil nuovo)'의 교리는 고귀한 마음의 사랑을 하늘과 땅의 모든 완벽의 원천으로 규정했다. 순전히 정신적인 여성 숭배는 절대적 덕으로 여겨졌다. 마지막 프로방스 음유시인 기로 리키에가 남긴 "사랑은 모든 숭고한 것들의 교리이다"라는 말은 철학으로까지 발전했다. 나는 단테를 제외하고 몇 가지 특징적인 구절을 인용하고자 한다. 그 가운데 귀도 귀니첼리가 쓴 시는 모든 언어와 시대를 통틀어 가장 훌륭한 서정시 중 하나로 꼽히며, 이렇게 시작한다.

> **온유한 마음속에 사랑은 깃드나니,**
> **새들이 숲의 푸른 그늘 속에 깃들 듯;**
> **자연의 섭리 속 온유한 마음 이전에**
> **사랑은 없었거나,**
> **사랑 이전의 온유한 마음이었으리.**
> (D.G. 로세티 번역)

치노 다 피스토이아는 간결한 경구로 말한다.

사랑의 가장 깊은 핵심을 알고 싶은가?

그것은 고귀한 마음의 예술이자 보상이다.

귀니첼리의 놀라운 칸초네에는 다음과 같은 구절이 있다.

> 그녀는 다른 이들 사이에서 노래처럼 빛나고,
> 그들은 모두 그녀의 광채 속에서
> 아름다움을 잃는다.
> 그녀 안에는 모든 은총이 머문다—
> 지혜의 단순함, 고귀한 말,
> 완성된 사랑스러움.
> 모든 지상의 아름다움은 그녀의 왕관이다.
> 이 진실을 내 노래는 전하리니—
> 내 여인은 여인들 중에서 선택된 보석이다.
> (D. G. 로세티 번역)

카발칸티는 이렇게 노래한다.

> 모든 이의 시선을 사로잡는 그녀는 누구인가?
> 공기를 기쁨으로 떨리게 하고,
> 모든 마음을 설레게 하여
> 아무도 말로 표현하지 못하고
> 한숨으로 영혼을 토해내게 하는 그녀는?
> (시어도어 마틴 경 번역)

이 구절들에 깃든 감정은 인간을 더 높은 영역으로

이끌었고, 이제 그것이 우리의 주요 주제가 된다. 사랑받는 이는 점점 더 칭송받으며, 연인은 그녀 앞에서 자신의 하찮음을 절실히 깨달았다. 그녀는 숭배받고 신격화되었다. 전 시대를 지배했던 압도적인 갈망, 즉 형이상학적 가치에 대한 추구는 그 정점에 도달해 완벽을 이루었다. 그것은 인간 감정의 영원한 특성을 증명했다. 곧 만족을 찾을 수 없는 열망, 무한을 향한 끊임없는 노력이다. 이 열망은 눈앞의 대상을 넘어 솟구쳐 형이상학적 차원에서 완성을 찾았다. 여성에 대한 사랑과 하나님에 대한 신비적 사랑은 더 깊은 헌신으로 하나가 되었고, 사랑은 필멸의 인간이 바라는 영원한 가치와 위안의 유일한 근원이 되었다. 기독교가 인간에게 위를 쳐다보라고 가르쳤다면, 이제 그 시선은 경직성을 벗고 살아있는 아름다움으로 향했다. 형이상학적 에로티시즘이 발전한 것이다. 그것은 여성의 시성과 신격화였다.

멀리서 경건히 숭배하며 인사 한마디를 받기를 기다리던 음유시인들의 이상은 더 이상 충분하지 않았다. 여인은 이제 신적인 존재가 되어야 했고, 인간의 기쁨과 슬픔 위에 군림하는 세계의 여왕으로 즉위해야 했다. 전통적인 종교는 여성을 위한 자리를 마련하기 위해 변형되었다.

정신적 사랑이 처음부터 초자연적이고 신성한 것으로 인식된 이유는 분명하다. 인간의 마음은 그때까지 알려지지 않았던 감정, 곧 하늘을 직접 가리키는 감정으로 가득 찼다. 기독교 의식의 중심인 영혼은 새로운 내용으로 채워졌고, 그것은 신비주의자의 황홀경에 견줄 만한 강렬한 감정을 불러일으켰다. 인간은 그것이 새롭고 위대한 것들의 어머니임을 예감했다. 그러므로 그것을 신성한 것으로 여기고 최고의 가치로 선포하는 것은 당연했다. 음유시인들은 이를 잘 알고 있었다.

베르나르 드 벤타두른은 노래했다.

> **나는 내 여인의 시야 앞에 서 있네,**
> **깊은 헌신 속에서.**
> **모은 손으로 그녀께 다가가며,**
> **달콤한 감정 속에서,**
> **말없이 그녀를 숭배하고,**
> **겸손히 그녀께 간구하네.**

툴루즈의 페이레 레몽은 노래했다.

> **나는 무릎을 꿇고 당신께 나아가리라,**
> **비천하고 온유하게.**
> **나는 멀리 육지와 바다를 건너**
> **당신의 연민을 구하리라.**
> **그리고 당신께 오리라―주인을 섬기는 노예처럼.**
> **나는 슬픈 눈으로 당신께 경의를 표하고,**
> **자비를 간청하리라,**

웃음도, 경멸도 아랑곳하지 않고.

레몽 드 미라발은 말했다. "나는 연인이 아니라 숭배자다."

카발칸티는 이렇게 덧붙였다.

> 내 여인의 덕이 내 눈을 열었으니,
> 비밀스러운 한숨이 내 겸손한 마음을
> 설레게 한다.
> 네가 그녀를 볼 은총을 입을 때,
> 네 영혼은 날개를 펴고 하늘로 솟아오르리라.

페이레 비달은 말했다.

> 신은 여인들을 가까이 부르셨네,
> 그들 안에서 모든 선을 보셨기 때문이네.

또한,

> 의의 신은 네 몸과 마음을
> 너무나 충만히 부여하셨으니,
> 그 자신의 광채조차 눈멀게 되었네.
> 수년 동안 죄에 얽매여
> 그에게 절하지 않았던 많은 영혼들이,
> 네 은총과 매력으로 새로워지네.

숭배받는 이의 아름다움은 곧 신성으로 여겨졌다. 베르나르 드 벤타두른은 썼다.

> **그녀의 영광스러운 아름다움은 빛을 발하여**
> **가장 어두운 밤을 밝히고,**
> **가장 밝은 날을 흐리게 하네.**

기옘 드 카베스탕:
> **신은 그녀를 흠 없이 창조하셨네,**
> **그 자신의 아름다움으로.**

고셀름 파이디트:
> **신 자신인 아름다움을**
> **그는 하나의 존재에 부어 넣으셨네.**

몽타냐골은 단테를 예견하며 노래했다.

> **그러므로 나는 말하노니, 내 말은 진실이라.**
> **하늘에서 그녀의 아름다움이 내려왔으니,**
> **희귀하고 부드럽도다.**
> **그녀의 사랑스러움은 낙원에서 만들어졌으니,**
> **사람들의 눈은 그녀의 광채를**
> **감당하지 못하네.**

로마의 폴케:

그녀의 희귀한 아름다움을 볼 때,
나는 너무나 혼란스럽고 놀라,
더 이상 이 땅에 있지 않은 듯하다.

카발칸티, 치노 다 피스토이아, 그리고 단테에게 귀속된 한 칸초네는 이렇게 전한다.

내 여인이 오니 모든 입술이 침묵하네.
그녀의 아름다움의 높은 지위는
너무나 완벽하여,
필멸의 정신은 그녀의 영광 앞에
기절하며 엎드린다.
그녀는 너무 고귀하여,
내가 그녀께 내 내면의 눈을 들면
내 영혼은 마치 죽음이 가까운 듯 놀란다.

카발칸티는 말한다.

네 주위에는 꽃들이 있고
부드러운 녹음이 있으나,
태양은 네 사랑스러운 얼굴만큼 밝지 않다.
영광스러운 여름 빛 속의 모든 자연에도
그렇게 아름답고 우아한 곳은 없다.
그것은 네 옆에서 창백해지나니,
땅은 결코 본 적이 없으리라,
그렇게 사랑스럽고 우아함에 가득 찬 것을.

사랑하는 이의 단순한 존재만으로도 연인에게 완벽함을 부여한다고 여겨졌던 그 완벽함은, 여기서 더 넓고 자유로운 개념으로 확장된다. 이제 그녀의 출현은 연인뿐 아니라 모든 이에게 감동을 주고 변화를 일으킨다. 연인의 감정은 개인적인 체험에 머물지 않고, 객관적인 진리로 자리 잡기를 열망했다. 이것은 정신적 사랑이 신격화된 사랑, 곧 내가 형이상학적 에로티시즘이라 부른 사랑으로 나아가는 길에서 중요한 단계였다. 진화의 사다리에서 또 한 단을 올라, 여인은 세계의 여왕이자 여신으로, 신 곁에 즉위한 존재가 되었다. 다시 귀니첼리의 시를 인용한다.

> **그녀가 걸을 때마다 차분한 우아함을 지니고,**
> **대담한 남자들을 부끄럽게 하고**
> **선한 자들을 기쁘게 하네.**
> **만약 그녀가 너를 기쁘게 하지 않는다면,**
> **네 마음은 잘못되었으리.**
> **비천한 생각을 품은 자라면**
> **감히 그녀를 바라보지 못하리라.**
> **아니, 내가 말한 것보다 더 말하자면,**
> **어떤 남자도 그녀를 보면서**
> **비천한 생각을 가질 수 없으리라.**
> (D. G. 로세티 번역)

같은 시인은 그의 칸초네 『고귀한 마음에(Al Cor Gentil)』에서 이렇게 노래한다.

> **"그녀는 하나님이 천사들을 비추듯 우리를 비춘다."**

성모가 죽으면 천사들이 그녀를 맞이하고, 그녀가 그들과 합류한 것을 기뻐한다. 프로방스의 퐁스 드 카프뒤엘은 단테를 예견하며 이렇게 말했다.

> 그리고 이제 나는 안다. 천상의 합창단이
> 이 지루한 땅에서 그녀가 해방될 때
> 환희의 노래를 부른다는 것을.
> 나는 들었고 평안을 얻었다.
> 그의 군대를 찬양하는 자는
> 곧 영원한 아버지를 찬양하는 것이다.
> 나는 그녀가 축복받은 자들과 함께
> 천국에 있음을 안다.
> 시간이 결코 흐리게 할 수 없는
> 영광의 꽃들 가운데서
> 하나님의 찬양을 노래하며,
> 세라핌에게 축복받고 있음을 안다.
> 내 기쁜 입술은 진실만을 말하리.
> 천국에서 그녀는 모든 것 위에 즉위해 있다.

로마의 폴케는 사랑하는 이에게 보내는 편지에서 이렇게 썼다.

교회에서 신의 얼굴 앞에 무릎 꿇고,
죄인이 은총을 구하듯,
내 죄를 속죄하기 위해 손을 들어 올렸소.
그 순간 내 앞에 있었던 것은
오직 당신뿐이었소.
내 영혼은 하나의 기도만을 알았으니,
나는 "주님의 기도"를 바친다고 생각했으나,
내 떨리는 입술은 환희 속에서 외쳤소.

"오, 여인이여! 내 모든 영혼은
당신의 것입니다!"
여인이여, 당신의 아름다움이 나를 매혹시켜,
나는 하나님도, 나 자신도 잊었소.

치노 다 피스토이아는 다음과 같은 기도를 남겼다.

내 영혼의 달콤한 여인이여, 당신의 손에
죽어가는 영혼을 맡기나이다.
그리고 그것은 너무나 슬프게 떠나가니, 사랑이
그것을 보내며 연민으로 바라보나이다.
당신에 의해 그의 지배에 묶여 있었으니,
그렇게 굳건히, 이제는 아무 힘도 없나이다.
그를 부르는 힘도, 오직 이렇게 말할 뿐:
오, 위대한 주여, 당신이 내게 원하시는 것,
그것이 곧 나의 뜻이니이다.

(C. 라이엘 번역)

중세의 위대한 연인 중 한 명인 란슬롯은 귀네비어의 머리카락 한 줌을 가지고 있었는데, 그는 그것을 모든 성인들의 유물보다 더 귀하게 여겼다. 그녀와 헤어질 때, 그는 방 문 앞에 무릎 꿇고 "마치 제단 앞에 무릎 꿇은 것처럼" 기도했다.

정신적 사랑은 분명 종교적 색채를 띠고 있었다. 여인은 신의 자리를 대신했고, 그녀의 은총은 모든 기쁨과 위안의 원천이 되었다. 그녀는 죽어가는 영혼들을 영원한 생명으로 이끌었다. 신은 자신의 자리를 그녀에게 내주었고, 그녀는 그의 옆, 아니, 그 위에 섰다. 교회의 저주가 여전히 따라붙었음에도 불구하고, 인간의 감정은 그녀를 완전하고 천상의 존재로 재창조했다. 기독교의 신은 위협받았다. 교양 있는 정신의 새로운 종교, 즉 여성의 종교가 대중의 종교를 대체할 것인가? 전통적인 종교가 형이상학적 에로티시즘으로 변모해 신을 폐위하고 여신을 즉위시킬 것인가? 만약 단테가 단순한 형이상학적 연인이 아니라 정통 신학자였고, 신비의 비전이 아니라 베아트리체의 얼굴 앞에서 기절했다면, 유럽 정신사는 전혀 다른 길을 걸었을지도 모른다.

그러나 여성의 종교와 기존 종교는 타협에 도달했다. 이는 기독교 판테온에 여성 신이 포함되어 있었기 때문에 가능했다. 그 신은 바로 구세주의 어머니 마리아였다. 서기 400년에서 1200년 사이, 그녀의 지위는 고대 여신들에 필적하는 것이었다. 새롭게 일어난 감정은 그녀를 되살렸고, 경직되고 영혼 없는 성상이던 그녀는 서서히 달콤한 여성성으로 빛나기 시작했다. 이탈리아에서 이 감정은 위대한 성모화의 탄생을 이끌었고, 일반적인 초상화 발전에도 큰 자극이 되었다. 역사적 마리아가 비잔틴적 성상과 닮았다는 믿음은 거부되었고, 예술가는 여성 숭배의 열정 속에서 삶의 충만함으로부터 영감을 얻었다. 토데가 말했듯, 우리가 현대적인 개성을 지닌 예술을 성 프란체스코의 전설에만 빚졌다고 보기는 어렵다. 그 원천은 교양 있는 마음들이 품은 가장 강력한 감정, 즉 정신적 사랑이었음이 분명하다.

예수회 신부 바이셀은 안타까움 속에 이렇게 기록했다. "거의 모든 거장들이 마리아에 대한 자신만의 개념을 형성했지만, 그로 인해 초기 시대의 성직적 엄격함은 점차 사라졌다." 그는 덧붙였다. "예술가들의 모델은 당대의 귀부인들이었다. 그들의 친절한 미소뿐 아니라, 망토를 가슴 위로 당기는 손의 매혹적인 우아함 때문이었다." 미술사학자 말은 "13세기에는 성모 마리아의 전설이나 이야기가 프랑스의 모든 대성당 문에 새겨졌다"고 지적한다.

이 문제에서 가톨릭과 개신교의 차이는 뚜렷하다. 절대적 통일성을 추구하는 가톨릭은 단 하나의 역사적 여인을 신성하게 선언하고, 그녀를 보편적 숭배의 대상으로 만들었다. 이는 경직되고 불변하는 교리로, 새로운 종교적 개념을 배제한 채 역사 속 특정 사건을 영원히 고정하려는 태도였다. 그러나 개신교는 모든 영혼이 신과 직접 관계를 맺어야 한다고 가르쳤고, 상상력이 풍부한 감정주의자들은 각자 자신만의 천국의 여왕을 만들어냈다. 그들이 여전히 교회의 성모를 숭배하는 듯 보였지만, 실제로는 이미 자신들의 형이상학적 이상에 기도하고 있었던 것이다.

14세기 이후의 이탈리아 예술과 신라틴 및 독일 지역의 성모 숭배 역시, 겉으로는 정통이었으나 실제로는 개인적 사랑의 욕망이 낳은 결과물이었다. 이 점에서 그것은 개신교적 성격을 지니고 있었다. 루터가 "교황주의는 마리아를 여신으로 만들어 우상 숭배의 죄를 지었다"고 비난한 사실도, 이러한 해석과 모순되지 않는다. 진정한 천국의 여왕은 교리적 인물이 아니라 예술가와 연인의 이상이었으며, 단지 사상가나 도덕가들에게는 도달할 수 없는 영역이었다.

이로써 여성 종교와 교회 종교 사이의 직접적인 충돌은 피할 수 있었다. 한 여인이 신과 인류 사이의 중재자, 전구자, 구원자의 자리에 섰기 때문이다. 형이상학적으로 사랑하는 영혼은 자유롭게 그녀를 상상하고 사랑하며 기도할 수 있었고, 이단이나 악마 숭배자로 몰리지 않았다. 마트프레가 "그들이 그녀의 아름다움에 빠져 무심코 악마를 숭배한다"고 불평했지만, 이제 신에게 충실하면서도 사랑하는 이를 숭배할 길이 열렸던 것이다.

때때로 사랑받는 여인이 성모와 동일시되기도 했지만, 그것은 드물었다. 오히려 많은 경우 사랑하는 여인은 신과 나란히, 혹은 그 옆에 즉위한 여신으로 이해되었다. 미켈란젤로나 귀니첼리의 경우처럼 여인은 유일한 신으로 숭배되기도 했고, 단테나 괴테의 경우에는 마리아 곁에 앉아 있는 여신으로 그려지기도 했다.

여기서 나는 논의를 잠시 멈추고, 기독교 초창기부터 서양 세계에서 마리아가 차지한 위치를 간략히 살펴보고자 한다.

(b) 천국의 여왕

처음 200년 동안 마리아는 기독교 공동체에서 두드러진 위치를 차지하지 않았다. 4세기에 이르러서도 여전히 인간 여성으로 간주되었으며, 성 크르소스토무스는 그녀의 허영심을 비난하며 신성을 부정했다. 그러나 그리스도가 인류를 초월하고 교회—특히 그리스 교회—에 의해 점점 더 교리적이고 형식적으로 해석되면서, 분노한 신과 죄 많은 인류 사이에서 중재자를 필요로 하는 욕구가 뚜렷해졌다. 인간이면서도 고대 반신들처럼 초인간적 덕을 지닌 존재, 곧 구세주의 어머니가 점차 이 위치를 차지하게 되었다. 그녀는 지상의 부모에게서 태어난 여성이었기에 인간의 필요와 소망을 이해할 수 있었고, 동시에 신의 어머니가 되었다. 그렇다면 그녀의 중재가 신의 아들에게 영향력을 가지지 않겠는가? 금욕주의가 확산됨에 따라 무염시태 교리도 힘을 얻었다. 시간이 흐르면서 이 관념은 점점 강조되었고, 처녀성이 하나의 이상으로 확립되었다.

성 아타나시우스(4세기)는 이렇게 썼다. "신이 마리아에게 하신 일은 모든 처녀들의 영광이다. 왜냐하면 그들은 뿌리인 그녀에게 처녀의 묘목처럼 붙어 있기 때문이다." 4세기 말에는 마리아가 예수 탄생 이후에도 처녀로 남았는지를 두고 길고 격렬한 논쟁이 벌어졌다. 성 암브로시우스, 성 예로니모, 성 아우구스티누스는 이 새로운 교리를 지지했다. 서양 음악의 창시자로 불리는 성 암브로시우스는 처음으로 라틴어로 그녀의 완전함을 찬미했으며, 성 아우구스티누스는 그의 저서 『자연과 은총에 관하여(De Natura et Gratia)』에서 그녀가 원죄 없이 태어난 유일한 인간이라고 주장했다. 이는 구세주의 어머니로부터 인간성을 벗겨내고, 그녀를 신적 존재로 확립하는 첫 번째 중요한 단계였다. 성 이레네우스는 죄를 가져온 이브와 구원을 가져온 '두 번째 이브' 마리아를 대조했고, 성 암브로시우스는 "이브로부터 우리는 나무의 열매를 통해 저주를 물려받았다. 그러나 마리아는 나무의 선물을 통해 구원을 가져왔다. 그리스도 역시 열매처럼 나무에 매달렸기 때문이다"라고 말했다.

이 시기까지 마리아는 숭배의 대상이 아니었다. 모든 기도는 신과 그리스도에게만 바쳐졌다. 그녀를 향한 기도의 흔적은 4세기 말경에 쓰인 「마리아의 죽음에 관하여」라는 소책자에서 처음 나타나며, 나지안주스의 그레고리우스는 천국에서 인류의 안녕을 돌보는 마리아를 그렸다. 4세기와 5세기에는 시리아어로 된 최초의 성모 찬가가 등장했으나, 정통 주교들은 그녀의 신격화에 반대했다. 성 에피파니우스(4세기 말)는 "우리는 모든 수단을 다해 마리아를 존경하자. 그러나 숭배는 오직 성부, 성자, 성령께만 드리자"라고 말했다. 이것이 유명하고 결정적인 에페소 공의회 이전, 복음적이고 역사적인 마리아의 위치였다.

간과해서는 안 될 중요한 사실이 있다. 지중해 연안의 모든 민족, 즉 셈족과 이집트인, 그리스인과 로마인은 여성 신 숭배에 익숙했다. 고대 사회에서 여성은 성(性)의 상징이자 마법과 신비의 특성을 지닌 존재로 여겨졌다. 인류를 낳는 그녀의 능력에는 초자연적 힘이 깃들어 있다고 믿었고, 모든 제의에서 모성적 여성은 중요한 위치를 차지했다. 기독교가 이러한 고대적이고 자연스러운 필요를 곧바로 파괴했을까? 사실 교회는 수많은 고대 미신을 흡수했고, 여성 신도 예외는 아니었다. 위대한 아시아의 어머니들은 잊히지 않았다. 오래된 바빌로니아의 이슈타르(아스타르테), 소아시아의 레아 키벨레, 그리고 무엇보다 이집트의 이시스는 여전히 숭고하고 신성한 기억으로 남아 무의식 속에서 인간 삶에 영향을 미쳤다. 무릎에 호루스를 안은 이시스의 모습은 아기 예수를 안은 성모의 직접적인 원형이었다. 그녀는 수정 없이 열매 맺는 대지를 상징했다.

플린더스 페트리는 이렇게 말했다. "이 종교적 관습(이시스 숭배)은 초기 기독교에 강력한 영향을 미쳤다. 이집트인이 없었다면 우리 신조에 성모는 존재하지 않았을지도 모른다. 이시스 숭배는 초대 황제들의 시대에 이미 로마 제국 전역에서 유행했다. 나중에 그것이 다른 위대한 종교 운동과 결합되었을 때, 그 승리는 보장되었다."

진보하는 기독교는 국가 판테온을 축소시켰다. 특히 하층 계급은 큰 상실감을 느꼈을 것이며, 여성 신의 부재가 불안과 고통을 불러일으켰다는 사실을 이해하는 데 많은 심리학적 통찰력이 필요하지 않다. 대중은 여신을 갈망했고, 에페소에서 다산의 여신 다이아나가 차지했던 자리는 마리아에게 돌아갔.

신학자들은 세 진영으로 나뉘었다. 일부는 마리아를 단순히 "인간의 어머니"로 보았고, 다른 이들은 그녀를 "신의 어머니"로 인정했다. 네스토리우스는 타협안으로 "그리스도의 어머니"라는 칭호를 제안했다. 그러나 430년 알렉산드리아 시노드와 431년 에페소 공의회에서 그는 신성모독죄로 유죄 판결을 받고 주교직에서 파면되었다. 이로써 마리아는 Θεοτόκος, 즉 "신의 어머니"로 선언되었고, 그녀에 대한 숭배는 교회로부터 공식적으로 인가되었다.

키릴루스는 기쁨에 차 이렇게 외쳤다.

"당신을 통해 성 삼위일체가 영광을 받으셨습니다. 당신을 통해 구세주의 십자가가 세워졌습니다. 당신을 통해 천사들은 승리했고, 악마들은 물러갔습니다. 유혹자는 패배했고, 인간의 본성은 하늘로 들어 올려졌습니다. 당신을 통해 우상을 섬기던 모든 피조물들이 진리를 깨달았습니다."

에페소의 거리에는 환호가 가득했다. 네스토리우스에 대한 판결이 발표되자 사람들은 "성모의 적이 패배했다. 위대하고 신성한 신의 어머니께 영광 있으라!"라고 외쳤다. 이로써 수세기 동안 은밀히 이어져 온 여신 숭배는 교회의 권위를 통해 공개적으로 재확립되었다. 고대 이교는 더 숭고한 영적 직관에 대한 승리를 거둔 셈이었다. 고대 관습에 따라 마리아의 성소에는 희생 제물이 바쳐졌고, 그녀의 역사는 제2기를 맞이했다.

동방에서는 여성 신 숭배가 서방보다 더 오래되고 더 자발적으로 이어졌기 때문에, 마리아 숭배는 이탈리아와 새로 기독교화된 지역으로 전파되기 훨씬 이전부터 존재했다. 복음서 속에서 분명한 위치를 차지했던 성모는 독립적인 숭배의 대상이 되었고, 그녀를 기리는 축제가 열렸으며, 교회들이 그녀에게 봉헌되었다. 민중의 열망은 연도(litany)에서 확인되었고, 예술 역시 이 새로운 주제를 받아들였다.

마리아를 그리스도와 동등하게 바라보려는 경향은 점차 강화되었다. 본래 그리스도를 위해 사용되던 은유들이 마리아에게도 적용되었고, 그녀는 "원형, 세상의 빛, 포도나무, 중재자, 영원한 생명의 근원"으로 불렸다. 마침내 그녀는 단순히 구세주의 어머니로서 수동적인 역할에 머물지 않고, 독립적인 구원의 능력을 지닌 존재로 여겨졌다.

다마스쿠스의 요한(8세기)은 처음으로 마리아를

'세상의 구원자(σωτείρα τοῦ κόσμου)'라 불렸고, 곧 서방에서도 그녀는 같은 칭호를 얻었다. 이렇게 마리아 숭배는 세 번째 단계, 즉 형이상학적 사랑의 대상으로 발전하는 단계에 이르렀다.

그러나 이 단계로 나아가기 전에, 우리는 잠시 고대 튜턴족을 살펴야 한다. 그들 역시 여신과 신성한 여성들을 숭배했으며, 동방에서 크게 인정받지 못했던 '처녀성'이라는 덕목은 이들 사이에서 특별히 높이 평가되었다. 타키투스에 따르면, 튜턴족은 처녀를 신비로운 존재로 여겨 다른 이들보다 신성에 더 가까운 존재로 보았다. 이러한 배경은 오히려 지중해 연안보다 더 마리아 숭배에 적합한 토양이 되었다.

홀다와 프레이야의 성격뿐 아니라 그들의 완벽한 아름다움도 마리아에게 전이되었고, 옛 여신들의 이름 대신 마리아의 이름이 불리게 되었다. 가장 오래된 독일 복음서 시에서 마리아는 신으로까지는 여겨지지 않았으나, 지상에서 태어난 모든 여성 중 가장 완벽한 여인으로 찬미되었다.『헬리안트』(830년경)에서 그녀는 "모든 여성 중 가장 아름다운 여성, 모든 처녀 중 가장 사랑스러운 처녀"로 불렸고, 바이센부르크의 수도사 오트프리트(860년)는 그녀를 "모든 여성 가운데 신께 가장 기쁨을 드리는 자, 흰 보석, 빛나는 처녀"라 불렀다.

마리아는 이제 하나님 옆에 자리를 잡았으며, 일반적으로 신성한 존재로 불렸다. 캔터베리의 안셀무스는 이렇게 설명한다. "하나님은 모든 창조물의 아버지이시며, 마리아는 모든 재창조된 것들의 어머니이시다. 하나님은 세상의 창조주를 낳으셨고, 마리아는 그 구원자를 낳으셨다." 블루아의 피터는 성모가 그리스도와 인류 사이의 유일한 중재자라고 선언했다. "우리는 죄인이었고 아버지의 진노를 두려워했다. 왜냐하면 그는 무서우시기 때문이다. 그러나 우리에게는 성모가 계시니, 그 안에는 두려운 것이 전혀 없다. 그 안에는 자비와 순결이 충만하기 때문이다."

12세기에는 아베 마리아, 즉 천사의 인사가 탄생했으며, 이는 마리아에게 바치는 주요 기도로서 모든 교회에 도입되었다. 이탈리아의 프란체스코회 수도사 보나벤투라와 베드로 다미아니는 성모 숭배를 전파하는 데 중요한 역할을 했다. 다미아니는 마리아에 대해 "너에게 하늘과 땅의 모든 권세가 주어졌다"라고 말했다. 피사의 캄포산토에 있는 오르카냐의 작품으로 추정되는 프레스코화는 성모가 그리스도 아래가 아니라 그의 옆에 앉아 있는 모습을 보여준다. 또한 같은 시기에 기록된 수많은 전설은 마리아가 정의나 질서를 넘어 충실한 숭배자들을 위험에서 구출하는 이야기를 담고 있다. 그중 가장 유명한 예는 파우스트 이야기의 선구격인 테오필루스의 전설이다. 13세기 독일어판(브룬 폰 쇠네베크 작)에서 테오필루스는 마리아를 제외한 신과 모든 신적 존재를 부인하지만, 결국 그녀의 도움으로 영원한 저주에서 구원받는다. 이 전설은 마리아를 신과 대립되는 또 다른 절대적 존재로 그린다.

이로써 마리아 숭배는 세 번째 단계에 이르렀다. 형이상학으로 승화된 새로운 정신적 사랑이 그녀에게 투영된 것이다. 숭배자들은 이제 지상의 여성에게 바쳤던 열렬한 사랑을 마리아에게 바쳤다. 교회의 전통과 형이상학적 연인의 내면에서 솟아난 흐름이 서로 합류했다. 진정한 의미의 마리아 숭배는 위대한 형이상학적 연인들의 창조물이었다. 그것은 12세기와 13세기에만 국한되지 않고 후대에도 반복적으로 나타났다. 남성이 여성을 자신보다 높이 세우고 숭배하려는 저항할 수 없는 필요가 진정한 성모상을 빚어냈으며, 그녀를 통해 시대를 초월한 낭만적 영혼들이 교회의 품으로 '귀환'했다. 진정한 성모는 교회의 원칙과는 이질적이었지만, 형이상학적 연인의 영혼 속에서 날마다 새롭게 태어났다. 교회는 이 숭배적 사랑을 흡수하고 통제하는 법을 잘 알고 있었다. 형이상학적 연인은 여주인을 인류 위에 세우고 그녀의 성소 앞에서 기도했으며, 종교는 이렇게 응답했다. "네가 사랑스럽게 숭배할 수 있는 천상의 여인은 여기, 내 곁에 있다. 네가 해야 할 일은 내가 그녀에게 부여한 이름으로 부르는 것뿐이며, 그러면 천국의 문이 열릴 것이다."

그러나 다른 한편에서 마리아는 오늘날까지, 그리고 앞으로도 개신교 전통 속에서는 이교적 잔재로 여겨지며 정당하게 거부되는 교리적 신으로 남아 있다. 이탈리아와 스페인의 민중은 지금도 그녀의 상 앞에 기도하는데, 이는 옛날 사람들이 그리스와 로마의 신전에서 신상에 기도하던 모습과 크게 다르지 않다. 이 여신은 변하지 않았고, 심리학적 관점에서 보면 특별한 흥미를 주지 않는다.

특히 수도사들의 영혼 속에서는 마리아에 대한 두 가지 상반된 개념이 자주 불가분하게 뒤섞였다. 상황 자체가 종종 완전한 융합을 요구했기 때문이다. 19세기에도 낭만주의 시인 자카리아스 베르너는 이렇게 노래했다.

> **오, 주권자 여인이여, 내 운명의 여주인이여,**
> **그리고 너, 하늘의 여왕이자 통치자여,**
> **나는 너희를 분리할 수 없네.**

마리아 숭배와 관련된 신학적 논쟁은 차치하고, 나는 가능한 한 그것과 거리를 두려 한다. 내가 관심을 두는 것은 오직 남성의 형이상학적 사랑의 감정과 그 창조물인 신격화된 여성성이지, 가톨릭 교리가 아니다. 이 목적을 염두에 두고, 나는 앞서 인용했던 시인들로 다시 돌아가 신격화의 과정을 이어 보여주려 한다. 일반적으로 형이상학적 연인들은 그들의 감정을 훌륭한 시로 불멸화하는 데 만족했고, 사랑하는 여주인을 땅 위에서 들어 올려 아름다움과 완전함의 정점으로 숭배했다. 그녀를 우주의 영원한 구조 속에 자리매김하려는 열망은 극히 드물었으며, 문학에서 독보적인 걸작을 창조한 단테 한 사람에게서만 확인된다. 그는 가톨릭의 통일성 추구와 자발적이면서도 장엄한 여성 숭배를 결합했다.

후기 프로방스 시인들 가운데 전형적인 인물은 기로 리키에였다. 오늘날까지 전해지는 그의 시 몇 편은 그것들이 지상의 여성에게 바쳐진 것인지, 아니면 천국의 여왕에게 바쳐진 것인지 구분하기 어려울 정도로 모호하다. 이러한 시들은 일종의 과도기를 보여준다. 번역하기에는 애매하지만, 연대가 밝혀져 있어 시인의 사랑이 점점 더 정신적·종교적으로 변해가는 과정을 확인할 수 있다. 그는 차츰 지상의 사랑을 버리고 천상의 여인을 향해 나아갔다. 한 시에서 그는 "모든 진정한 연인들이 숭배하는" 여인에게 올바른 사랑의 길을 가르쳐 달라고 기도한다. 그리고 다음 시에서는 지나치게 지상적이었던 자신의 열정을 회개한다.

> 나는 종종 진정한 사랑을
> 노래한다고 믿었으나,
> 내 마음이 사랑에 눈멀어
> 어리석음이 사랑인 양
> 숭배되고 있었음을 몰랐다.
> 그러나 이제 내 온 영혼에
> 참된 사랑이 울려 퍼지니,
> 내가 그녀를 사랑하고 찬양하기를 열망하지만,
> 그녀의 보상은 헛되다.
> 이제부터 그녀의 사랑만이
> 나의 길잡이가 될 것이며,

내 새로운 희망은
그 위대한 사랑 안에 머물리라.
그녀의 위대한 사랑은 명예와 부,
지상의 기쁨과 행복을 바칠 것이며,
그녀와 함께 사랑한다면
내 마음은 다른 선물을 바치지 않는 자들을
결코 그리워하지 않으리라.
그녀는 내 욕망의 성취이니,
나는 그녀의 진정한 시종이 되기를
맹세하노라.
그녀는 내 사랑에 보답하리라—
내게 주어질 훌륭한 보상—
내가 말과 행동으로 올바르게
사랑하기만 한다면.

 그의 다소 종교적인 또 다른 노래는 이렇게 끝난다.

진정한 사랑 없이는 지상에 평화가 없다.
사랑은 우리에게 지혜와
흔들리지 않는 신앙을 주며,
고귀한 마음과 봉사의 의지를 준다.
완전한 평안 속에 살아가는 것은
지상에서 얼마나 드문 일인가!
오 동정녀여, 모든 사랑의 어머니여,
이 노래를 당신께 바치오니

**나를 거부하지 마소서.
당신은 나의 '달콤한 행복'이 되리라.
그리스도와 함께
나는 당신이 위에서 나를 위해
중재해 주기를 기도하나이다.**

여기서 그는 마리아를 '그의 달콤한 행복(bel deport)'이라 부르는데, 이는 과거에 사랑했던 한 백작 부인에게 주었던 이름이기도 하다. 다음 시에서는 지상의 사랑과 성모에 대한 사랑이 다시 병치되며, 그는 자신을 "사랑의 숭고한 어머니, 동정녀, 나의 모든 행복이 달려 있는 분"께 맡긴다. 그의 시 중 하나는 지상적인 정서로 시작하지만 이렇게 마무리된다.

**나는 질투하지 않으니,
영혼이 천상의 사랑에 대한 갈망으로
가득 찬 자는
가장 순수한 행복을 가졌기 때문이다.
그는 그녀의 농노이며,
마음이 갈망하는 모든 것을 소유했노라.**

그러나 이보다 훨씬 앞서, 그의 매우 세속적인 시 중 하나에는 성모를 향한 갑작스러운 외침이 등장한다. "하나님의 어머니를 섬기지 않는 자는 사랑의 의미를 알지 못한다." 지상의 사랑과 성모에 대한 사랑 사이의 긴밀한 관계를 보여주는 또 하나의 훌륭한 증거는 음유시인 뤼트뵈프의 시에서 찾아볼 수 있다. 그는 마리아를 "매우 달콤한 여인"이라고 불렀다.

란프랑크 치갈라는 성모를 향한 진정한 사랑 노래를 남겼다. 다음은 그의 시 가운데 두 연이다.

> 나는 천상의 처녀를 숭배하나니,
> 평온하고 놀랍게 장식되었도다.
> 그녀의 행위는 모두 선하고 고귀하여
> 사랑과 온유함으로 치장되었네.
> 그녀의 미소는 슬퍼하는 이들에게
> 기쁨이 되고,
> 그녀의 부드러운 사랑은 행복이 되네.
> 나는 그녀의 입맞춤을 위해
> 세상을 경멸하리라.
> 천국의 여인이여, 당신의 마음을
> 내게 기울이소서,
> 그러면 헤아릴 수 없는 행복이
> 내 것이 되리이다.
>
> 낮과 밤, 내 유일한 생각은
> 마리아, 당신뿐이오.
> 내 영혼을 불태우는 열정이
> 얼마나 큰지 헤아리지 못하므로
> 사람들은 내가 제정신이 아니라고 말하네.
> 그러나 나는 개의치 않으리라.
> 나는 이미 세상을 떠났으니,

**사랑의 샘이자 목적이신
당신을 숭배하기 위함이오.**

그러나 치갈라가 남긴 또 다른 시들은 명백히 천상의 성모에게 바쳐진 것이다. 일부는 참회의 정조가 깃들어 있어, 마치 그가 이전의 열정적인 숭배를 회개하는 듯하다. 같은 시인은 사랑 노래에서 마리아(또는 그리스도)에게 흔히 사용되던 모든 은유―"모든 선의 뿌리와 정점, 꽃과 열매, 씨앗"―를 적용하기도 했다.

조금 더 오래된 작품 가운데 루세르나의 페이레 기엠이 쓴 마리아 찬가가 있는데, 이는 에로스적 색채를 띠고 있다. 그 가운데 몇 연을 인용한다.

**당신을 찬양함은 흠 없는 행복이니,
당신을 찬양하는 자는
진리를 선포하기 때문이오.
당신은 아름다움, 사랑, 연민의 꽃이며,
연민으로 가득 차
모든 은총으로 치장되었나이다.
당신의 흰 손에서 우리는
모든 기쁨을 거두나이다.**

마리아에 대한 사랑은 여성 일반에 대한 사랑의 독특한 성격을 대신하게 되었다. 그것은 시적·예술적 영감의 원천이 되었던 것이다.

에메릭 드 페길한의 노래는 치갈라의 노래와 유사하다. 그는 여성 봉사의 쇠퇴를 애도하면서 "모든 고귀한 것들의 뿌리이자 왕관"을 노래한다. 그러나 그가 지상의 여인을 향해 말하는 것인지, 천상의 여인을 향해 말하는 것인지는 분명하지 않다. 그는 외친다. "보상을 요구하지 않는 내 사랑을 받아주오!" 이 시기 시인들에게 성모의 "친구들"과 "연인들(amans)"이라는 표현은 서로 바꿔 쓸 수 있는 용어였으며, 성모는 곧 "진정한 친구"(즉, 사랑하는 이)로 불렸다.

기옘 드 오트폴은 천국의 여왕을 향해 다음과 같은 아름다운 시를 남겼다.

**사랑을 갈망하는 모든 슬픈 마음의 희망이여,
사랑스러움의 흐름이여, 은총의 샘이여,
불안과 두려움 속의 평화의 비둘기여,
빛 없이 헤매는 자들에게 비추는 광명이여.
신의 집이여, 달콤한 그늘의 정원이여,
쉼 없는 휴식이여, 고통받는 자의 피난처여,
슬픔 없는 행복이여, 시들지 않는 꽃이여,
죽음을 넘어, 혼란한 삶의 소용돌이 속에서
당신의 항구를 찾는 모든 이들의 안식처여.
천국의 여인이여, 모든 마음의 기쁨이여,
장밋빛 새벽이여, 낙원의 빛이여!**

또한 페르디공은 많은 세속적 노래들 가운데서도 '고귀함과 주권의 여왕(regina d'auteza e de senhoria)'에게 바친 시를 남겼는데, 다음과 같이 번역된다.

> **세상의 지고한 통치자여,**
> **당신의 은총이 세상을 붙들고**
> **굳건히 지탱하네.**
> **향기로운 장미여, 풍성한 포도나무여,**
> **당신은 신성한 자비의**
> **선택된 그릇이었네.**

지상의 여인과 천상의 여인을 완전히 융합해 노래한 데 있어서는 폴케 드 뤼넬이 단연 독보적이었다. 그의 시 가운데 일부는 명확히 분류하기조차 어렵다.

툴루즈의 마이스터징어 아카데미에서 상을 받은 그의 첫 번째 작품 역시 성모에 바치는 찬가였다.

이처럼 지나치게 진지하고도 감상적인 태도는 오늘날 우리에게 다소 낯설게 느껴진다. 우리는 그 시대의 정서를 온전히 이해하기 어렵다. 현대 문헌학자 카를 아펠은 조프레 뤼델이 트리폴리 백작 부인에게 바친 비탄 어린 노래를 사실상 성모에 대한 찬가로 해석한다.

> **오, 멀리 떨어진 땅의 사랑이여,**
> **내 마음은 갈망하고, 끝없이 갈망하네…**

그러나 그의 마음의 충동이 형이상학으로 번역되어, 미지의 트리폴리 백작 부인에게 투영되든, 혹은 훨씬 더 미지의 천상의 여인에게 투영되든, 그것은 연인에게 본질적으로 중요하지 않았다. 중요한 것은 '사랑받는 여인이 누구인가'가 아니었다.

우리는 중세의 절묘한 시편들에 영감을 준 실제 여인들이 누구였는지 거의 알지 못한다. 그들은 오래전에 먼지가 되었고, 그들의 완벽함이 오늘날 그들의 후손보다 더 뛰어났다고 단언할 수도 없다. 그러나 시인들의 사랑은 지금도 살아 있으며, 인간 마음의 영원한 기록으로 남아 있다. 그것은 남성과 여성의 관계가 지나온 위대한 발전 단계 가운데 하나를 증명한다.

다음은 독일 민네징거 슈타인마르의 몇 연으로, 나중에는 성모에게 적용되었다.

> **여름철에 나는 얼마나 기쁜가,**
> **초원이나 언덕 위에서**
> **시골 처녀를 내 눈이 볼 때,**
> **모든 처녀들의 왕관을.**
>
> **오! 낙원이여! 나는 얼마나 기쁜가,**
> **천상의 언덕 위에서**
> **하나님과 하나님의 어머니를 내 눈이 볼 때,**
> **모든 여성들의 왕관을.**

이탈리아 시인들은 프로방스인들보다 훨씬 더 심오하게, 사랑하는 이를 곧바로 여신으로 보았다. 그들은 그녀 앞에서 자신을 낮추었으며, 이들에게 사랑하는 이는 언제나 성모였다. 북쪽에서처럼 사회적 차이가 두드러진 위치를 차지하지 않았다. 이제 가난한 시인은 더 이상 제후나 지배자의 아내인 공주를 칭송하지 않는다. 그런 관계는 더 이상 문제가 되지 않았다.

시인은 도시의 자유 시민이었으며, 오직 마음의 감정에만 종속되었다. 그의 노래는 그 자체로 보상이 되었다. 칭송의 대상은 더 이상 결혼한 여성의 특권이 아니었다. 시인들에게 순수함과 완벽함의 이상을 더 강하게 상징하는 이는 귀족이 아닌 처녀였다. 라포 잔니, 디노 프레스코발디, 귀니첼리, 단테는 모두 관능적인 생각으로 더럽혀지지 않은 처녀를 숭배했다. 특히 프레스코발디는 결혼한 여성과 처녀 중 누구를 사랑하는 것이 더 나은가 하는 문제에서, 주저 없이 처녀의 편을 들었다. 그들의 사랑은 순수하고 숭고했으며, 이를 완벽히 표현할 언어적 힘도 지니고 있었다.

카발칸티와 치노 다 피스토이아 모두에게 귀속된 한 칸초네에서는 죽은 연인에 대해 이렇게 노래한다. 신은 천국을 완성하기 위해 그녀의 존재가 필요했고, 이제 모든 성인들이 그녀를 숭배한다는 것이다. 그녀는 지상에 있을 때에도 이미 완벽의 기적이었지만, 이제는 다음과 같이 노래된다.

네 사랑스러운 여인이 거하는 기쁨 속을 보라,

**천국에서 왕관을 쓴 그녀,
그녀 자신이 천국에서 너의 희망이니,
그 동안 네 기억을 거룩하게 하도록
그녀가 힘쓰리라.**

**너에 대해 그녀는 축복받은 무리들을
즐겁게 하고,
말하노니, 내 몸이 아직 지상에서 번성할 때,
나는 그가 준 많은 명예를 얻었으니,
그의 칭송받는 노래로 나를 칭찬하며.
(D.G. 로세티 번역)**

중세의 가장 위대한 시인인 단테에 이어, 귀니첼리는 그의 가장 뛰어난 시 「고귀한 마음에(Al Cor Gertil)」의 결론에서 이렇게 노래한다.

"하나님은 내 죽음 후에 나에게 물으실 것이다. '어떻게 나 외에 다른 것을 사랑할 수 있었는가?' 그러면 나는 대답할 것이다. '그녀는 당신의 왕국에서 왔고 천사의 모습을 하고 있었습니다. 그러므로 그녀를 사랑하면서도, 나는 당신께 불충실하지 않았습니다!'"

여기서 우리는 형이상학적 에로티시즘의 완벽한 모습, 즉 사랑하는 여인은 곧 하나님이며, 그녀를 사랑하는 자는 그녀 안에서 하나님을 사랑하는 것임을 본다.

카발칸티는 한 시에서 성모상이 실제로 자신의 여인의 얼굴을 하고 있다고 주장했다.

귀도여, 내 여인의 상이
오르토의 산 미켈레에 있나니, 봉헌되어
매일 숭배받네. 아름답고 거룩한 모습으로,
그녀는 모든 죄인이 하는 이야기를 듣네.

그리고 그녀에게 오는 자들 중에서, 가장
아픈 자에게 가장 큰 축복이 내리네.
그녀는 악마에게
사람들의 몸을 버리라 명하고,
눈먼 자의 저주를 이기며,
광장에서 병든 나른함을 고치네….
(D.G. 로세티 번역)

이에 대해 귀도 오를란디는 교회의 입장에서 잃어버린 사람을 꾸짖듯 대답한다. "네가 마리아에 대해 말하고 있었다면, 너는 진실을 말했을 것이다. 그러나 이제 나는 네 오류를 슬퍼해야 한다."

관능과 마리아 숭배의 완전한 융합은 15세기 이탈리아 시에서 이루어졌다. 어느 시의 저자는 마리아를 "내 마음의 여왕", "사랑스러움의 꽃"이라 부르며 이렇게 노래한다.

"나는 당신의 몸짓과 얼굴에서 당신이 내 사랑에 응답한다는 것을 알 수 있습니다. 당신이 나를 볼 때 미소 짓고, 한숨 쉴 때 당신의 눈은 부드러움으로 가득 차 있습니다…. 때로는 저녁 무렵, 나는 당신의 발코니 아래 서 있습니다. 당신은 내 한숨을 듣지만, 아무 대답도 하지 않습니다…. 내가 당신의 아름다움을 바라볼 때, 나는 사랑으로 불타오르지만, 당신의 잔인함을 떠올리면 죽음에게 나를 해방시켜 달라고 부릅니다."

이 시에서 우리는 형이상학적 에로티시즘의 희화화를 보게 된다.

페트라르카의 소네트에서 형이상학적 사랑은 정형화되었다. 숭배는 초기 시인들에게 큐피드가 그러했듯 상투적인 표현이 되었다. 그가 로라를 사랑한 이유가 '로라(Laura)'와 '월계수(lauro)'라는 단어의 유희 때문이라는 사실은 분명하다. 『칸초니에레』에서 나는 자발적인 감정을 찾을 수 없다. 보이는 것은 학식과 형식미의 완벽함뿐이다. 그러나 몇 안 되는 진실한 작품 가운데에는 마리아에게 바친 아름다운 시가 있다. "아름다운 동정녀여, 태양으로 옷 입은 이여!"라는 이 시에는 에로스적 온기가 배어 있다. 그러나 시인이자 인문주의자였던 그는 신중하게 자신을 표현한다.

오, 너, 천국의 여왕이자 우리의 여신이여
(만약 그러한 표현을 사용하는 것이 합당하다면).

지금까지 우리는 사랑하는 여인으로부터 발산된 감정이 그녀를 초월적 영역으로 끌어올리고 완벽함을 부여하는 과정을 살펴보았다. 여주인은 모든 지상적인 것을 벗어던지고, 결코 지상에서 충족될 수 없는 갈망은 하늘로 향했다. 이제는 그 반대의 흐름을 살펴볼 차례다. 즉, 교리 속 성모, 모든 이에게 동일하게 주어진 천국의 여인으로부터 발산되는 흐름이다. 그것은 그녀가 마침내 하나님 곁에 즉위하면서 완성되었다.

많은 수도사들에게 지상의 사랑은 허락되지 않았다. 그러나 천국의 여인을 사랑하는 것은 허용되었고, 주저나 후회도 없었다. 그녀는 가장 아름다운 여인이었고, 수도사는 "가장 아름다움"을 자신이 원하는 어떤 의미로든 해석할 자유가 있었다.

교회적 성모 숭배의 정점은 앞서 언급한 '마리아 박사(Doctor Marianus)' 성 베르나르에게서 나타났다. 그는 마리아를 기리는 설교와 강론을 남겼으며, 그녀를 구세주와 나란히 두어 숭배를 교리화하는 데 결정적 역할을 했다.

그는 이렇게 말했다.

"인류의 갱신에 남성과 여성이 모두 참여하는 것이 더 적절했다. 왜냐하면 둘 다 타락을 일으킨 데 중요한 역할을 했기 때문이다…. 여성을 통해 타락한 인류는 오직 그녀에 의해서만 다시 일어설 수 있다."

또 그는 설교에서 이렇게 외쳤다.

"인류는 당신의 발 앞에 무릎 꿇는다. 왜냐하면 비참한 자들의 위로, 죄수들의 석방, 정죄받은 자들의 구원, 아담의 수많은 자손의 구원이 당신 입술에서 나오는 한마디에 달려 있기 때문이다. 오! 동정녀여, 서둘러 대답하라! 땅도, 지옥도, 하늘마저도 기다리고 있다. 그렇다, 우주의 왕이신 그분께서도 당신의 동의를 기다리고 계시니, 그 안에 세상의 구원을 두셨다."

요한계시록에 기초한 그의 묘사에서, 마리아는 이렇게 그려진다.

"동정녀의 옷은 찬란히 빛나며 눈부시다. 그녀는 광휘로 가득 차 있어, 주위에 조금의 어둠도 없다. 그녀의 모든 부분은 강렬한 빛으로 빛난다."

그는 점점 더 노골적인 에로스적 강조로 나아가, 교회의 구원 교리에서 열정적인 사랑으로 넘어갔다.

"오, 마리아여! 너는 신성한 기쁨의 정원이다! 너를 통해 세상에 부어진 감미로움의 충만함을 생각할 때마다, 우리는 다양한 기쁨의 꽃을 모은다…. 오, 얼마나 사랑스러운가, 완벽한 이여! 너는 하늘의 향신료와 덕의 꽃들로 이루어진 침상이요, 주님의 집을 향기로 채우는 존재다! 오, 마리아여! 너는 겸손의 제비꽃이요, 순결의 백합이요, 사랑의 장미다!"

성 베르나르는 수 세기 동안 이어질 기이하고 환상적인 우화, 환상, 에로티시즘의 혼합을 시작했다. 여기서 우리는 형이상학적 에로티시즘의 이상을 다시 확인한다. 교회의 충실한 신자에게 그것은 오직 공식적인 천국의 여왕에게만 해당될 수 있었고, 부분적으로는 진정한 사랑의 감정으로, 부분적으로는 교리와의 우화적 연결로 형성되었다.

그의 감정적 폭발은 이해와 찬탄을 불러일으켰다. 그의 권위는 성모의 매력에 대한 노골적 묘사를 가로막을 수도 있었던 양심의 가책조차 무시하게 만들었다. 성 베르나르는 후대 모든 숭배자들의 본보기가 되었다. 예컨대 수소는 종종 그를 인용했으며, 한스 형제는 그를 "성모를 찬양하는 하프 연주자이자 바이올린 연주자"라 불렀다.

위대한 황홀경의 시인 야코포네 다 토디는 성모를 다음과 같이 노래했다.

> 찬미하세, 가장 순결한 동정녀여,
> 어머니이자 처녀여,
> 달빛처럼 온유한,
> 도움의 여인이여!
>
> 나는 당신을 맞이하노니, 생명의 샘이여,
> 열매 가득한 포도나무여!
> 무한한 자비,
> 당신은 당신의 것들에게 베푸시네!
>
> 희망의 가장 아름다운 햇살이여,
> 고요한 향유의 샘이여!
> 나는 당신과 춤을 추기를 청하노니,
> 온 세상의 여왕이여!
>
> 지복의 문이여,

우리 죄를 용서하시고
우리를 낙원으로 인도하소서!
하늘의 달콤한 바람이여,
당신은 우리를 위로하시며
천사들이 숭배하는 곳을 가리키시네.

온유의 흰 백합이여,
당신의 은총을 구하나이다.
케루빔의 거울이여,
세라핌이 당신을 찬양하네.

하늘과 땅의 모든 것이
당신의 찬양으로 울려 퍼지네!

마리아에 대한 정신적 사랑은 특히 독일인의 기질에 강하게 호소했다. 숭배하는 수도사들 가운데 수소는 특별히 주목할 만하다. 그는 높은 사랑과 낮은 사랑의 차이를 강조했다.

"낮은 사랑은 황홀경으로 시작해 고통으로 끝나지만, 높은 사랑은 슬픔으로 시작해 황홀경으로 변한다. 그리고 마침내 연인들은 영원 속에서 결합한다."

그는 또한 인간과 접근할 수 없는 하나님 사이에서 온화한 중재자가 필요하다는 사실을 날카롭게 의식했다.

"오, 하나님의 선택된 기쁨이여! 영원한 지혜의 감미롭고 황금빛 노래여! 가련한 죄인인 내가 내 고통의 일부를 너에게 고백하게 하소서. 내 영혼은 두려움과 부끄러움으로 너 앞에 엎드린다. 오, 자비의 어머니여! 나는 내 영혼이나 다른 죄인의 영혼도 중재자나 허락 없이 네 보좌에 나아갈 수 없다고 생각하지 않는다. 왜냐하면 너, 바로 네가 모든 죄인을 위한 전구자이기 때문이다."

성 베르나르와 비교할 때, 수소는 성모와의 관계에서 더 친밀한 어조를 보인다. 그는 천국을 꽃피는 초원으로 묘사하며, 마리아는 그곳에서 궁정을 지키는 공주처럼 묘사된다.

"이제 가서 네가 그토록 사랑하는 천국의 달콤한 여왕을 보라. 그녀는 천상의 무리를 기쁨과 위엄으로 이끌며, 장미와 백합으로 연인에게 몸을 기울인다. 그녀의 놀라운 아름다움이 천상의 군대에 빛과 기쁨을 준다. 오! 마음과 정신에 기쁨을 주는 그녀를 우러러보라. 자비의 어머니가 부드럽고 가련한 눈길을 너와 모든 죄인에게 주시며, 그녀의 사랑하는 자녀를 굳건히 보호하시는 것을 보라."

『영원한 지혜의 소책자』 제16장은 성모에 대한 열렬한 찬가로, 단테의 『신곡』 마지막 부분에 나오는 성 베르나르의 마리아 기도와 거의 견줄 만하다. 그것은 단테가 세상을 떠나기 직전, 『낙원』의 마지막 장들이 완성된 지 오래지 않아 쓰였다.

『수소의 생애』(최초의 독일 전기)는 천국의 여인에 대한 그의 숭배를 잘 보여준다. "그의 고향 슈바벤에서는 새해 전날 밤 젊은이들이 연인의 집에 가 노래를 부르고, 처녀들에게서 화관을 받을 때까지 멈추지 않는 관습이 있었다. 이 풍습은 젊고 열렬한 그의 마음을 크게 기쁘게 했다. 그는 새해 전날 밤마다 자신의 영원한 사랑에게 가서 선물을 구걸했다. 날이 밝기 전, 그는 동정녀 어머니의 상 앞에 무릎 꿇고 기도했다. 그녀는 부드러운 아기, 아름다운 영원한 지혜를 가슴에 안고 있었다. 그는 영혼의 달콤하고 낮은 노래로 그녀에게 간청하며, 아기에게서 화관을 얻게 해 달라는 시퀀스를 불렀다….”

이어 그는 영원한 지혜에게 이렇게 말했다(그가 어머니에게 말하는지, 아기에게 말하는지는 불확실하다).

"너는 내 사랑, 내 부활절의 기쁨, 내 마음의 여름 기쁨, 내 달콤한 시간이다. 너는 내 젊은 마음이 홀로 숭배하는 사랑이다. 나는 너 때문에 지상의 사랑을 경멸했다. 그러니 내게 보상을 주어라, 내 마음의 기쁨이여. 나를 빈손으로 떠나게 하지 말라.”

그의 영혼의 낮은 노래로 이 숭배자는 천국의 여왕의 상 앞에 다가갔다. 이는 변장을 거치지 않은 여성에 대한 사랑이었으나, 다만 종교적 색채를 띠고 있었다. 그는 세속적인 즐거움까지도 천상의 여인에게 연결했다. 예컨대 오월나무를 심는 풍습이 그러했다. 또한 기사적 여성 봉사에서 빌려온 비유와 은유를 반복적으로 사용했다.

수소는 자신을 자주 "영원한 지혜의 종"이라 불렀다. 이 표현은 의도적으로 모호했지만, 분명히 여성적 뉘앙스를 풍겼다. 그는 연인들처럼 장미 화관을 이마에 쓴 자신을 그리기도 했다.『수소의 생애』에는 최고의 민네징거조차 능가하지 못하는 아름다운 구절이 실려 있다.

"황금빛 여름철, 작은 꽃들이 봉오리를 열 때, 그는 첫 꽃을 꺾어 영적인 사랑에게 바쳤다. 그녀는 온유하고 꽃 같은, 장밋빛 처녀이자 신의 어머니였다. 그는 때가 되었다고 생각하면 꽃을 꺾어 방으로 가져가 화환을 엮었다. 그리고 성가대나 성모 예배당으로 가서 사랑하는 여인 앞에 엎드렸다. 그는 그녀의 머리에 화환을 얹어주며, 그녀가 제물을 경멸하지 않기를 기도했다. 왜냐하면 그녀 자신이야말로 가장 놀라운 꽃, 그의 마음의 여름 기쁨이었기 때문이다."

이 대목은 신비주의자들의 종교적 감정과도 닮아 있다. 형이상학적 연인은 여전히 자신이 가톨릭 교회의 마리아를 숭배한다고 느꼈다. 그러나 신비주의자에게서 그리스도가 영혼의 신성한 불꽃으로 변모하듯, 마리아에 대한 사랑은 교리를 넘어선 순수한 여성 숭배, 곧 그 시대 위대한 연인들의 이상으로 승화되었다.

또 다른 중요한 성모 숭배자는 콘라트 폰 뷔르츠부르크(1278년 사망)였다. 그는 민네징거로 경력을 시작했으나 후에 수도원에 들어갔다. 그는 천국의 여왕을 찬양하는 방대한 시 모음집을 남겼다.『황금 대장간』은 형이상학적 에로티시즘과 전통 교회 교리가 혼합된 흥미로운 사례다.

콘라트는 마리아에게 적용 가능한 모든 성경적 우화, 복음서 이야기, 무염시태 교리를 자신의 감정과 결합했다. 그 결과 다소 과장된 면도 있으나, 기이한 통일성 속에서 완전히 새롭고 독창적인 감정의 세계를 창조해냈다.

> **당신의 영광스러운 모습은,**
> **비록 아름다움으로 가득 둘러싸여 있으나,**
> **결코 열정을 불러일으키지 않았고,**
> **불경한 불을 지피지도 않았네.**
> **인간의 마음속에, 조야한 욕망이**
> **당신의 순수함에서 비롯될까 하여.**

그 역시 천상의 낙원을 사랑스러운 정원으로 묘사한다. 그곳에서 마리아는 여왕으로 걷고 있으며, 그녀와 함께하는 천상의 처녀들은 아마도 신화 속 독일 백조 처녀들을 떠올리게 한다.

> **당신의 흰 손이 꽃으로**
> **그들의 화관을 장식하네.**
> **당신은 그들에게 신의 낙원의**
> **춤을 보여주네.**
> **빛나는 하늘 가운데서**
> **당신은 천상의 장미를 모으네.**

이탈리아 프란체스코회 수도사 자코모 디 베로나

역시 "천상의 초원의 여왕"을 찬미했다. 그는 "그리스도의 오른편에 마리아가 앉아 있다. 그녀는 초원의 꽃들과 반쯤 핀 장미 봉오리보다 더 사랑스럽다. 그녀의 얼굴 앞에서는 천상의 군대가 서서 환희의 노래를 부른다. 그러나 그녀는 기사들에게 화관을 씌워주고 장미를 건넨다"고 노래한다. 퐁스 드 카프뒤엘이 지상의 여주인의 변모를 묘사했듯, 야코포네는 마리아의 승천을 노래했다. 그녀는 천사들의 환영을 받으며, 그들의 "상투스, 상투스, 상투스"는 즐거운 "상타, 상타, 상타"로 바뀐다. 신이 아닌 여신이 맞이받은 것이다.

관능적이고 열정적인 서사시 『트리스탄과 이졸데』의 저자인 스트라스부르의 고트프리트는 사랑의 언어로 마리아를 기리는 긴 시를 썼다.

> **너 장미 골짜기여, 제비꽃 골짜기여,**
> **너 마음을 부풀게 하는 기쁨이여,**
> **영원한 샘이여,**
> **용맹의 원천이여, 천국의 여왕이여!**
>
> **너 장밋빛 새벽이여, 아침 붉음이여,**
> **희망이 사라졌을 때의 굳건한 친구여,**
> **살아 있는 빵이여,**
> **오, 여인이여, 당신이 주셨나이다.**
>
> **너 사랑으로 빛나는 꽃들의 광채여,**

신부의 왕관이여, 모든 처녀들의 기쁨이여,
너는 치장되었네,
하늘의 황금빛 광채로!

너 모든 감미로움 중 가장 감미로운 빛이여,
가장 감미로운 포도주보다 더 감미로운,
너의 감미로움이여,
영원히 나의 구원이네.

너는 사랑의 달콤한 묘약이여,
위 하늘에 달콤히 퍼져 나가네.
거친 선원들에게조차
사이렌이 이보다 달콤히 노래한 적 없네.

너는 눈과 귀로 들어와,
감각과 영혼에 퍼져 나가네.
너는 마음에 큰 기쁨을 주네,
소중한 보상이여,
결코 시들지 않는 영광이여.

이졸데의 사랑의 묘약을 노래했던 시인이 여기서는 마리아를 "사랑의 달콤한 묘약"이라 부른다. 이는 교리상의 마리아와 연결하기에는 다소 이질적인 은유다. 또 자주 등장하는 그녀의 "달콤한 향기" 역시 오늘날 우리가 순전히 천상의 속성으로 보지 않는 표현이다.

14세기의 한 수도사, 이름 외에는 알려지지 않은 한스 형제의 사랑 노래는 기이할 만큼 섬세하고 부드럽다. 그는 지상의 여인을 버리고 천국의 여왕을 따랐다고 고백한다. 지상의 사랑과 초월적 사랑의 대립이 이보다 더 뚜렷하게 표현된 적은 드물다. 그의 경우 숭배의 사랑은 점차 여성성의 본질인 마리아에게 도달한 것이 아니라, 지상의 사랑이 죽어야만 천상의 사랑이 살아날 수 있었다.

> **마리아! 온유한 내 여인이여!**
> **나는 당신 앞에 겸손히 무릎 꿇나이다.**
> **내 모든 마음과 영혼은 당신의 것이오.**

그리고,

> **오, 마리아! 비밀의 샘이여,**
> **닫힌 기쁨의 정원이여.**
> **천국의 왕자가 거울로 삼네,**
> **당신의 밝은 아름다움을.**

그러나 천국의 모든 기쁨을 묘사한 후, 한스 형제는 이렇게 결론짓는다. "사람이 천상의 문제에 대해 아는 것은, 소가 디스칸트 노래에 대해 아는 것과 같다."

그의 마리아와의 관계는 부드럽고 친밀하며, 친숙하다.

**내 마음속에 숨겨진
비밀의 방이 있네.
해질녘과 새벽에
내 여인이 거기에 머무네.
그녀는 집의 여주인이니,
나는 그녀의 사랑과 보살핌을 느끼네.
만약 그녀가 나에게 자신을 거부한다면,
여주인이 외출한 것 같네.**

다른 시에서 그는 마리아에게 기도하며, 겨울에 몸을 덮기 위해 그녀의 옷자락을 조금 찢어 달라고 청한다. 치노 다 피스토이아가 죽어가는 영혼을 신이 아니라 사랑하는 이에게 맡겼던 것처럼, 한스 형제 또한 자신을 마리아에게 맡긴다.

**이리하여 나는 내 영혼을
당신의 손에 맡기나이다.
그것이 저 미지의 땅으로 여행해야 할 때,
그곳의 길과 길은 새롭고 낯설 때.**

그리고,

**오, 신의 신부여, 내게 오소서.
내 희미한 영혼이 나를 떠날 때!**

마지막으로 고려해야 할 모티프가 하나 더 있다.

이는 천상의 여인의 이미지를 완성하는 요소로, 남자가 지상의 여인을 사랑하듯 신 또한 천상의 여인을 사랑한다는 것이다. 성 베르나르는 처음으로 이 순진한 생각을 표현했다. 그는 신 아버지를 고대 주피터와 유사하게 묘사하며, 이렇게 말했다.

"그녀는 천상의 군대들의 눈길을 끌었고, 심지어 왕의 마음도 그녀에게 향했다. 그 자신, 최고의 왕이자 통치자이신 분께서도 당신의 아름다움을 너무나 바라시어 당신의 동의를 기다리고 계시니, 그 위에 세상의 구원을 두셨다. 그리고 당신이 침묵으로 그분을 기쁘게 하신다면, 당신의 말로는 그분을 더욱 기쁘게 할 것이다. 왜냐하면 그는 하늘에서 당신을 부르셨기 때문이다. '오, 여인들 중 가장 아름다운 자여! 네 목소리를 들려다오!'"

여기서 우리는 정통의 상징인 성 베르나르가 신을 마리아의 애타는 숭배자로 묘사하는 모습을 본다. 수소는 이 점에서 절제했으나, 콘라트는 마리아의 얼굴빛을 너무나 찬란하고 아름답게 그렸다.

**영원한 아버지조차도
신성한 불로 가득 찼고,
모든 천상의 왕자들도….**

이리하여 14세기로 접어들면서 위대한 천상의 변화는 완성되었다. 신 옆에, 아니, 심지어 신의 자리에 한 여인이 즉위한 것이다. 중세에 대한 철저하면서도 다소 상상력이 풍부한 해석을 남긴 미슐레는 이렇게 말했다. "성모는 우주의 신이 되었다."

사람들은 원시적으로 우상을 숭배했다. 도미니코회와 프란체스코회 수도사들은 성모 축일을 달력에 도입하고, 묵주를 고안하여 아베 마리아 기도의 암송을 대중화했다. 세속 기사단 또한 자신들을 성모의 보호 아래 두었다(La Chevalerie de Sainte Marie). 그러나 가장 희귀한 영혼들은 사랑하는 이를 승화시켜 하늘로 올려, 그녀를 신성한 존재로 숭배했다. 확립된 종교는 인류에 대한 지배력을 잃지 않기 위해, 그 시대의 위대한 감정인 형이상학적 사랑과 타협할 수밖에 없었다.

이때 태어난 감정은 오늘날까지도 동양과 서양의 두드러진 차이점 중 하나를 이룬다. 바로 여성성에 대한 존중이다. 그것은 세속적인 여성 숭배와 교회적인 성모 숭배에 기반을 두고 있다. 예수가 인간 영혼의 신성을 가르치며 여성을 남성과 동등하게 인정했던 것은 사실이다. 그러나 실제로는 그리스와 동양 민족들의 본능이 그의 가르침보다 더 강력하게 작용했다.

무려 1200년 동안 여성은 멸시받았다. 그녀가 영혼을 가졌는지—즉, 진정으로 인간인지—에 대한 논의가 여러 차례 반복되었다. 당시의 조야하고 원시적인 이원론적 사고는 여성의 성(性)을 그들 자신의 관능의 화신, 곧 싸워야 하고 동시에 굴복할 수밖에 없는 적으로만 보았다.

첫 번째 천년기가 여성의 가치를 옹호하며 내세울 수 있었던 가장 강력한 주장은, 세상의 구원자가 여성에게서 태어났다는 사실이었다. 이를 통해 그녀의 성(性)이 구원의 역사에 일정 부분 참여했다는 해석이 가능했으며, 곧 '두 번째 이브'를 통해 첫 번째 이브의 죄가 속죄된다는 생각으로 이어졌다.

그러나 진정한 존중은 비천한 관능이 정신적 사랑과 대조된 뒤에야 가능했다. 그 매개체 또한 여성이었다. 이제 '영원한 여성'은 '지상의 여성'과 구별되며, 연인들을 더 높은 곳으로 이끌었다. 이 새로운 감정은 성(性) 전체에 너무나 깊은 매력을 던져 결코 사라지지 않았다.

오늘날 여성들이 존중받고 그들의 해방 노력이 지지를 얻고 있다면, 그것은 기독교 윤리에 빚진 것이 아니다. 오히려 프로방스 영주들의 궁정에서 비롯된 세속적 문화에 빚진 것이다. 그들의 이상은 유럽의 지배적인 이상으로 자리 잡았고, 그 본질은 지금도 여전히 세계에 영향을 미치고 있다.

사랑의 진화는 분명히 여성에게 존중이 마땅하다고 여겨지는 단계에 도달했다. 물론 모든 여성에게 해당하는 것은 아니었다. 이를 증명하기 위해 위대한 궁정의 사례를 들 필요는 없다. 대신 도미니코회 수사 수소의 삶에서 나온 한 에피소드를 소개하고자 한다.

"들판을 지나던 수소는 좁은 길에서 가난하지만 존경할 만한 여인을 만났다. 그는 그녀가 다가오자 마른 길을 비켜나 진흙 속에 서서, 그녀가 지나가기를 기다렸다. 수소를 아는 여인은 놀라서 말했다. '어떻게 신부님께서, 존경받는 사제이신 당신이, 저 같은 가난한 여인을 위해 겸손히 길을 비켜 서 계십니까? 오히려 제가 당신을 위해 길을 비켜드려야 합당하지 않겠습니까?' 수소는 이렇게 대답했다. '왜요, 선량한 부인. 저는 하늘에 계신 온유한 하나님의 어머니를 위해 모든 여성을 존경하고 싶습니다.'"

이 이야기는 다소 비범하게 보일 수 있다. 그러나 이 철저히 비철학적이고 역설적인 감정은 뜻밖에도 기독교의 비판자, 독일 철학자 루트비히 포이어바흐에게 깊은 공감을 불러일으켰다. 그는 저서 『기독교의 본질』과 논문 「마리아 숭배에 관하여」에서 이를 여러 차례 언급한다.

그는 이렇게 말한다. "거룩한 동정녀, 하나님의 어머니는 기독교 신화 속에서 유일하게 신성하고 긍정적인 존재이며, 숭배받을 가치가 있는 유일하게 사랑스럽고 시적인 인물이다. 왜냐하면 마리아는 아름다움의 여신, 사랑의 여신, 인류의 여신, 자연의 여신, 교리로부터의 자유를 상징하는 여신이기 때문이다."

포이어바흐의 해석은 옳다. 천국의 여인은 교리로부터의 해방을 상징한다. 그녀는 자발적인 감정에서 태어났고, 단지 일부 교리적 요소로 장식되었을 뿐이기 때문이다. 그는 저서에서 이렇게 덧붙인다.

"수도사들은 순결의 서약을 했다. 그들은 성적 충동을 억압했지만, 그 대가로 여성성, 즉 사랑의 인격화인 천국의 동정녀를 얻었다. 그 이상적이고 허구적인 성적 상징이 자발적인 사랑의 대상으로 자리 잡을수록, 그들은 육체와 피를 가진 여성들을 더 쉽게 포기할 수 있었다. 삶 속에서 성(性)의 억압이 강조될수록 동정녀가 그들의 감정 속에서 차지하는 위치는 더욱 커졌다. 그녀는 종종 그리스도의 자리, 심지어 하나님의 자리마저 대신했다."

이어 그는, 인간이 자기 내면의 가장 고귀한 감정을 하늘에 투영할 필요성을 강조하며, 특히 '하나님의 어머니'를 믿는 일의 중요성을 역설한다. 왜냐하면 어머니에 대한 자녀의 사랑은 인간이 경험하는 최초의 강렬한 감정이기 때문이다. 그는 이렇게 결론짓는다. "하나님의 어머니에 대한 신앙이 쇠퇴하는 곳에서는, 하나님의 아들과 하나님의 아버지에 대한 신앙 또한 쇠퇴한다."

나는 이제 역사적 논의를 떠나, 앞에서 실재성과 영향력을 입증한 이 감정을 시대를 초월한 관점에서 살펴보고자 한다. 왜냐하면 나의 주요 논점은 정신적이며, 더 구체적으로는 사랑의 감정이 형이상학적 차원에서 어떻게 완성되는가에 있기 때문이다.

내가 방대한 증거를 제시한 목적은 단 하나다. 영혼을 움직이는 모든 감정이 존재하며 중요한 의미를 지니고 있다는 것을 입증하기 위함이다. 특히 후기 중세에 이 감정들은 강렬하게 자신을 표현하려 애썼다.

"성(性)과 사랑은 본질적으로 서로 다른 원리다."라

는 나의 주장은 틀림없이 반박될 것이다. 오늘날 진화론의 강한 영향 아래, 세상은 대체로 사랑을 성적 충동의 세련된 형태로만 이해하기 때문이다. 그러나 나는 남성의 경우에 한해, 두 감정이 근본적으로 다르다고 주장한다. 그리고 이를 입증하기 위해 역사적 사실을 제시해왔다.

물론 이 두 원리는 궁극적으로 융합될 수 있으며, 언젠가는 융합될 것이다. 또한 남녀 간의 개인적 사랑처럼 근본적인 무엇이 처음부터 존재한 것이 아니라, 역사 과정 속에서―그리 오래지 않은 시기에―비로소 나타났다는 나의 주장은 더 낯설게 들릴 수 있다. 그러나 내 대답은 단순하다. 나는 의견을 제시하는 대신 사실을 보여주었고, 그것들이 스스로 말하게 했다.

게다가 사랑과 진화하는 개성의 친밀한 관계를 깨닫는 것이야말로, 모든 것이 이미 자연의 손에서 완성된 형태로 주어졌다고 생각하는 것보다 진화론의 타당성을 훨씬 더 웅장하게 증명한다. 인간 영혼의 신성에 대한 종교적 자각 또한 역사 속에서 진화했으며, 결코 사라지지 않았다는 사실이 이미 증명되지 않았는가?

응답을 찾지 못하는 강렬한 사랑은 무한히 전개될 가능성을 내포한다. 그것은 온 영혼을 압도하며 삶을 비극으로 만들 수 있다. 그러나 이 비극은 단순한 장애 앞에서 좌절하는 것이지, 본질적인 불협화음은 아니다. 왜냐하면 여기서 우리는 단지 넘을 수 없는 벽과 마주하고, 그것을 압도하려는 사랑만을 보기 때문이다.

보답받지 못하는 사랑으로 고통받는 연인들은 흔히 불행에 끌리는 성향, 곧 고통과 우울에 은밀히 매혹되는 기질을 지니고 태어난다. 이들은 자신의 불행을 즐기며, 때로는 그 불행 속에서 창조적인 힘을 발견한다. 이러한 의도적인 불행의 사랑은 진정한 형이상학적 에로티시즘의 한 유사체로 이해될 수 있다. 왜냐하면 여성 숭배는 본질적으로 무한을 향한 끝없는 추구이기 때문이다. 그 대상은 언제나 도달할 수 없는 환상이다.

모든 지상의 사랑은 이론적으로 충족될 수 있으며, 단지 외부 환경 때문에 좌절될 뿐이다. 그러나 성모에 대한 사랑은 태생적으로 보답이 불가능한 비극을 품고 있다. 그 기초에는 "필멸의 여성은 무한을 갈망하는 열정을 감당하기엔 너무나 미약하다"라는 인식이 있다. 여인을 신격화하려는 연인은 언제나 실망을 경험한다. 사랑하는 여인이 단테의 베아트리체처럼 젊은 나이에 세상을 떠났을 수도 있다. 이 경우 상상력은 죽음을 초월해 그녀를 변모시키고 신비의 베일로 감싼다. 혹은 현실 속 그녀가 너무나 인간적인 존재임을 발견하고, 그 실망으로부터 도피하여 이상화된 초월적 이미지를 창조하기도 한다.

순수한 정신적 사랑은 감정의 압력이 강렬하다. 그러나 인간은 육체와 피를 가진 존재이기에 언제나 그 압력을 견디지는 못한다. 필연적으로 낙담과 좌절의 순간이 찾아온다. 이때 영혼은 점점 환상 속으로 피난처를 찾고, 연인은 접근할 수 없는 숭고한 여인을 창조한다. 순수한 정신적 사랑은 절대적 초월을 지향하기 때문이다. 그것은 일상의 접촉 속에서는 지속될 수 없다. 오늘날의 심리학자들이 "감정은 정신화될수록 약화된다"고 말하지만, 역사는 위대한 영혼들에게 있어 오히려 그 반대가 진실임을 보여준다.

이러한 설명은 황홀한 사랑의 기원을 밝히려는 것이다. 그러나 진정한 형이상학적 에로티시스트는 타고난다. 그의 마음은 처음부터 접근할 수 없는 것을 갈망한다. 그의 영혼에는 세 가지 요소가 동시에 존재해야 한다. 첫째, 형이상학을 향하는 종교적 감정. 둘째, 어린 시절의 상처로부터 비롯된, 순수하고 정신적인 사랑에 대한 갈망. 셋째, 상상력을 통해 형상을 만들어내는 예술적 힘이다.

신비주의자 역시 위대한 사랑의 능력을 지니지만, 그것은 특정 여성에 대한 사랑이 아니라 우주와 신 전체를 향한다. 그는 이해할 수 없는 신을 영혼 안에 구현하려 한다. 반면 성모 숭배자는 예술가처럼, 가능한 한 멀리 떨어진 곳에서 관조할 수 있는 존재를 상상적으로 창조한다. 신비주의자는 눈이 멀어 신을 강제로 끌어들이려 하지만, 형이상학적 연인은 형상을 필요로 한다. 그것은 종종 여성의 모습으로 나타나며, 전통 속의 성모와 결합하는 경우가 많다. 이는 단순히 역사적 우연이자, 때로는 상상력의 부족에서 비롯된 현상이다.

가장 위대한 형이상학적 연인들—단테, 괴테, 미켈란젤로—는 자유롭게 사랑의 대상을 창조했다. 흥미롭게도 개신교도 괴테는 파우스트의 마지막 장면에서 보듯, 누구보다 가톨릭적 성모의 이미지에 매달렸다. 결국 성모 숭배는 위대한 고독한 영혼들의 사랑이었다. 그것은 그들의 삶의 마지막 순간을 지탱하는 고독한 사랑이었다.

초기에는 성적 본능이 개별화되지 않았기에, 여성의 순결은 가치가 없었다. 동양과 그리스 사회에서 여성은 어머니로서의 역할을 통해서만 존중받았다. 불임은 이혼 사유였다. 스스로의 가치로 존중받은 여성은 오직 그리스의 헤타이라뿐이었다. 그러나 금욕주의가 도덕적 가치가 되면서 순결은 덕으로 인정받았고, 두 개인의 사랑은 새로운 의미를 획득했다. 이제 여성은 단순히 남성의 욕망을 충족하는 매개체가 아니라, 남성을 정신적 완성으로 이끄는 존재가 되었다.

구세주의 어머니라는 오래된 여성상의 이상과, 동정녀라는 새로운 이상은 중세에 융합되었다. 그 결과 아기를 안은 성모상이 탄생했다. 이 이미지는 여성의 자연스러운 소명과 남성의 이상화된 환상이 역설적으로 결합한 산물이었다. 르네상스 이후 지금까지, 인류는 이 이상을 끊임없이 재해석하고 숭배해왔다.

여기에는 또 다른 요소가 결합된다. 남성이 여성과 관계할 때 깊이 의식하는 '신비의 요소'다. 관능에 물들지 않은 젊은 소녀는 낯설고 신비한 존재로 여겨진다. 또한 어머니가 된 여성은 언제나 일종의 경외심을 불러왔다. 동정녀 어머니는 이 두 막연한 감정을 결합한 존재다. 그녀 앞에서 남성은 경건히 머리를 숙이고, 신비를 예감한다.

오토 바이닝거는 성모 숭배의 심리학을 최초로 제시했다. 그는 이 독특한 감정적 성향을 완전히 이해하고 있음을 보여주는 방식으로 설명했다. 그는 성(性)과 에로티시즘(그가 성적 충동과 사랑을 지칭하기 위해 사용한 용어) 사이의 대조를 인식했으나, 극단적인 정신적 성향 때문에 두 원리를 화해할 수 없는 갈등 상태로 남겨두었다. 그러나 나는 이를 단지 화해를 향해 나아가는 일시적 단계로 본다.

바이닝거는 윤리적 고려에 따라 남성이 원하는 모든 숭고한 가치를 사랑하는 여성에게 부여한다고 주장했다. 그는 "사랑은 절대적으로 완벽한 존재에 대한 자신의 이상을 다른 인간에게 투영하는 것"이라고 보았다. 즉, "사람은 자신이 소유하고 싶지만 결코 완전히 소유할 수 없는 모든 특성을 타인에게 부여하고, 그것을 모든 가치의 대표자로 만든다"는 것이다. 그러나 진정한 사랑이 영혼에 새로운 초월적 감정을 불러일으킨다는 사실은 평범한 경험을 통해서도 알 수 있다. 사랑은 이전의 모든 체험을 사소하게 만들며, 연인을 무한으로 이끌기도 한다. 그는 그 과정에서 자신의 가장 깊은 영혼을 마주하고, 우주와 자신을 가로막던 장벽이 무너졌음을 경험한다. 이기적인 자는 덜 이기적으로, 잔혹한 자는 온유하게, 둔감한 자는 예지력을 지닌다. 사랑은 인간을 더 위대하고 더 인간적으로 만든다. 이는 환상이나 투영이 아니라 실재다. 바이닝거가 이를 부정한 것은 금욕적 유아론의 결과일 뿐이다. 그는 완벽을 향한 노력에서 타인의 도움을 거부하며, 세상과 동료들에게 빚지기를 거부하는 고집스러운 자부심 속에 머물렀다.

바이닝거는 개인이 목적이 아니라 수단이 될 수 있다는 생각에 거부감을 보였다. 그는 칸트의 윤리학을 경험 심리학으로 옮기려 했으나, 이는 정당성을 갖기 어렵다. 모든 사회생활은 수단과 목적의 상호 관계에 기반하기 때문이다. 교사는 학생들에게 수단이 되며, 시인은 독자들에게 수단이 된다. 이러한 사실들을 부정한다면 부모와 교사로부터 배우는 것도 비도덕적이 되고, 결국 모든 외부 영향 자체를 거부해야 한다. 그러나 위대한 인물이 타인에게 고귀한 영향을 미치는 것은 언제나 긍지로 여겨져 왔다. 그렇다면 왜 사랑하는 여인이 연인에게 미치는 영향은 부정되어야 하는가?

바이닝거의 가장 큰 오류는 사랑을 틀에 가두려 한 데 있다. 사랑에는 수단과 목적의 관계가 존재하지 않는다. 연인은 사랑하는 이가 언제나 그 자체로 목적임을 안다. 그는 자신의 안녕과 생명조차도 그녀를 위해 기꺼이 바칠 수 있다. 따라서 "모든 여인은 결국 남자의 열정을 만족시키는 수단에 불과하다"는 그의 주장은 사실이 아니다. 오히려 진정한 사랑에서는 육체적 결합이 큰 의미를 가지지 않는다. 사랑의 본질은 사랑하는 이의 개성에 있고, 육체적 감각은 부차적이다.

바이닝거는 사랑을 열정과 동일시했으나, 많은 사람들의 경험은 그가 틀렸음을 보여준다. 사랑에는 수단도 목적도 없다. 만약 공식이 필요하다면, 그것은 상호 작용이다. 예술가가 여인을 영적으로, 곧 그녀를 신격화하는 의미에서 사랑할 때, 그는 그녀를 단순히 영감의 원천으로 삼지 않는다. 만약 사랑이 그에게 걸작을 창조하게 한다면, 그 영향은 위대하고 선한 것이다.

극단적인 개인주의는 비생산적인 삶으로 이어진다. 금욕주의가 정죄받는 이유도 그것이 비생산적이기 때문이다. 인도의 고행자가 최소한의 음식과 호흡으로 생존한다고 해도, 그에게서 긍정적이거나 창조적인 것을 발견하기 어렵다. 인간이 보편으로 나아가는 길은 세상을 거부하는 것이 아니라, 정신·영혼·행위의 생산성에 있다. 생산을 거부하는 자는 결국 스스로 소멸을 택하는 것이다.

진정한 창조적 행위는 언제나 개인을 넘어 보편으로 나아간다. 가장 강렬한 감정, 즉 신비주의자의 깨달음과 위대한 에로티시스트의 사랑도 영혼 깊은 곳에서 잉태되었으나, 결국 인류 전체에 영향을 미쳤다. 창조적 충동이 강할수록, 그 효과는 더딜 수 있으나 풍부하다. 그러나 위대한 영혼과 인류를 잇는 연결은 끊어질 수 없다. 창조적 개성만이 문명의 객관적 가치를 낳는다.

단테, 괴테, 바그너를 정상으로 이끈 위대한 사랑은 긍정적이고 창조적이었다. 사랑을 단순히 성적 충동으로 환원하지 않고, 그것을 초월적 가치로 인식한 자는 사랑이야말로 가장 높은 가치임을 인정해야 한다. 그와 반대되는 윤리는 불임적이고 비생산적이며, 비유럽적이다. 바이닝거는 이러한 결론에 도달하지 못했다. 그는 정신적 사랑이 연인에게 새로운 성장과 완성을 가져다준다는 이유로 이를 거부했고, 결국 철학적 허무주의로 기울었다.

(c) 단테와 괴테

여성 숭배는 단테에게서 절정을 맞았다. 그의 젊은 시절 작품인 『새로운 인생』과 걸작 『신곡』을 통해 우리는 한 젊은 소녀를 멀리서 바라보는 순간에서 출발해, 한 여인을 세계 체계 속에 편입시키는 데 이르는 과정을 단계별로 추적할 수 있다. 이는 비범한 진화의 여정이었다. 몇 번 스쳐 보았을 뿐이고 젊은 나이에 세상을 떠난 그 소녀는 단테의 영혼 안에서 끊임없이 성장하고 발전했다. 마침내 그는 여성을 시간을 넘어 영원으로 들어 올리고, 신성한 질서의 일부로 만드는 데 도달했다.

음유시인들이 시작하고 '달콤한 새로운 양식'의 시인들이 발전시킨 이 전통은 단테에게서 완성되었다. 이제 그것은 모든 인류를 위한 영원한 가치로 자리 잡았다. 후기 음유시인들이 사랑하는 여인을 보편적인 천국의 여인과 혼합하려 한 경향은 잘 알려져 있다. 여인을 신격화하려는 충동은 여러 의심스러운 산물의 근원이기도 했는데, 당시 종교재판소의 위압 또한 그들의 태도에 일정 부분 작용했을 것이다. 그러나 새로운 시인들은 외적인 장식을 벗겨내고, 사랑받는 여인 앞에 단순히 연인으로 섰다. 그들은 교리적 지지를 필요로 하지 않았고, 자기 감정이 충분한 근거였다.

단테는 절대적으로 완전하고 일관된 세계 체계를 갈망했다. 그는 그것을 건설할 힘을 지녔고, 숭고한 지성들로 그 체계를 채워 넣었다. 중세 가톨릭 우주 개념의 왕관이자 완성인 그 체계 속에서, 단테는 젊은 날의 사랑을 신들과 나란히 서게 했다. 그는 개인적 감정을 보편적 교리로 승화시켰고, 자신의 사랑으로 가톨릭 천국을 풍요롭게 했다. 200여 년 동안 꿈과 욕망에 불과했던 것이 신앙과 진리의 문제가 되었다. 이제 사랑과 종교가 하나가 되었고, 한 여성에 대한 사랑은 불멸의 진리 체계 속에 편입되었다. "태양과 모든 별을 움직이는 사랑"은 근본 감정으로 인정되었다. 주관적인 감정을 영원한 것에 고정시킨 위업, 곧 사랑하는 이의 신격화는 인류가 받은 가장 위대한 선물이었다. 이전의 모든 시도는 단지 이 행위를 위한 토대를 닦았을 뿐이다.

『새로운 인생』은 역사적 기록을 미화하는 동시에, 형이상학적 사랑의 가장 위대한 증거이다. 이 작품은 처음부터 사랑하는 이에게서 발산되는 영감을 주는 정화의 힘을 강조한다. 베아트리체는 "모든 악의 파괴자이자 모든 덕의 여왕"이었다. 단테는 "그녀가 나를 향해 다가와 인사를 건넬 수 있었을 때, 세상에 내 적은 없었고, 나는 형제애의 불로 가득 차서 나를 모욕했던 이를 기꺼이 용서할 준비가 되어 있었다"고 고백한다. 또한 "누군가 내게 선물을 구했다면 '사랑!'이라 답했을 것이며, 내 얼굴은 겸손으로 빛났을 것이다"라고 쓴다.

이처럼 그의 사랑은 내세로 옮겨지기 전에도 다른 어떤 시인보다 독특하게 정신적인 성격을 띠었다. 피렌체의 여인들이 "그녀의 존재조차 견디지 못하는데, 왜 그 여인을 사랑하는가? 그런 사랑의 끝은 인간에게 이해할 수 없을 것이다"라고 묻자, 단테는 이렇게 대답한다. "내 사랑의 목표는 단지 그 여인의 인사일 뿐이다. 그 안에서 나는 내 욕망의 목표, 곧 지복을 찾는다. 이제 그녀가 내게 인사를 거부했으니, 내 행복은 결코 사라지지 않는 것에 달려 있다." 그리고 여인들이 "그 행복이 어디에 있느냐?"고 묻자, 그는 "내 여인을 찬양하는 말 속에 있다"고 답한다.

연인은 그녀와 대화를 나눈 적이 없었다. 만약 그가 상호 관계를 시도했다면, 베아트리체는 이상화된 모습에서 내려와 평범한 소녀로 드러났을 것이다. 그녀가 신격화된 존재로 확립된 뒤에야, 『신곡』의 서두에서 베아트리체는 연인을 기억하고 그를 구하러 온다. 단테는 그의 시에서 "모든 여인이 아니라 특별히 고귀한 성격을 지닌 여인만이 이러한 사랑에 영감을 줄 수 있다"고 말한다. 처음에는 확신하지 못했지만, 그는 점차 영혼을 움직이는 새로운 의식을 발견했다. 작품이 진행될수록 사랑하는 이는 점점 멀리 물러나면서 더욱 신성해졌다.

우리가 아는 이 18세 소녀에 대한 사실은 극히 모호하고 불확실하다. 일부 학자들은 그녀가 실제 인물이 아니라 지혜, 덕, 교회, 신학을 상징하는 허구라고 주장한다. 그러나 그녀의 아버지가 세상을 떠났을 때, 베아트리체가 다른 여인들처럼 행동했다는 기록도 있다. 이 모든 이론은 일정 부분 진실을 담고 있다. 단테는 위대한 시인이자 동시에 스콜라 철학자였기에, 나이가 들면서 자신의 젊은 날의 사랑을 교회의 체계와 연결할 필요성을 느꼈던 것이다. 이는 내적으로 거짓되지 않으면서도 우화적 방식으로 가능했다.

『새로운 인생』과 여러 시편에는 연인이 스스로 신비롭다고 느낀 모호한 힘들이 드러난다. 그는 꿈과 병 속에서 환각을 보았다. 세 번째 칸초네에서 단테는 자신의 여주인의 본성을 엿보게 된 것을 이해하지 못했다고 말한다. 그것은 새롭고 위대한 것에 대한 예감이었고, 천천히 형태를 갖추려 애쓰는 과정이었다. 개인적 사랑을 지탱축으로 삼아 세계 체계를 창조한다는 것은 전례 없는 업적이었기 때문이다. "그녀가 말할 때 하늘에서 영이 내려왔다." 천사들은 신에게 이 "기적"을 그들 가운데로 불러 달라 간청했지만, 신은 "축복받은 자들의 희망"이 나타날 때까지

기다리라고 했다.

> 사랑은 그녀에 대하여 말한다.
> 필멸의 존재가 과연 그렇게 풍부하고
> 순수하게 장식될 수 있을까? 그리고
> 그녀를 바라본 뒤 조용히 단언한다.
> 하늘은 그녀 안에서
> 새로운 피조물을 설계했다고.
> (C. 라이엘 번역)

그녀의 아름다움에 대한 모티프는 거듭 반복되며, 세상은 그 앞에 엎드려 절해야 한다. 『새로운 인생』에 포함되지 않은 한 소네트에서 그는 이렇게 말한다.

> 천국 자체에서 그 여인은 태어났으리라.
> 나는 그렇게 생각하노니, 그리고
> 우리의 유익을 위해 지금 우리 곁에 있나니,
> 지상에서 그녀를 만나는 자들은 복되도다.
> (D.G. 로세티 번역)

연인은 자신을 기다리는 운명을 예감한다. "나는 돌아올 수 없는 삶의 단계에 발을 들여놓았다." 그는 사랑이 예정한 슬픔을 예감했다. 그러나 다른 이들도 또한 알아차린다. 이 남자가 아마도 누구보다 사랑에서 더 많은 것을 기대한다는 사실을. 그래서 그에게 사랑의 본질을 설명해 달라고 요청했고, 그는 유명한 소네트로 대답한다.

사랑과 온유한 마음은 하나이니
(Amor e cor gentil sono una cosa)

베아트리체의 죽음은 그리스도의 죽음을 연상시키는 현상들을 동반했다. 태양은 빛을 잃고, 하늘에는 별이 나타났으며, 새들은 땅에 떨어져 죽었다. 땅은 흔들렸고, 신은 자연의 질서 속에 눈에 띄게 개입했다.

> **그녀의 온유한 겸손의 등불에서
> 넘치는 영광이 솟아올라,
> 영원한 아버지의 마음에
> 경이로움을 일깨웠으니,
> 그 사랑스러운 탁월함에 대한 달콤한 욕망이
> 그에게 들어와,
> 그가 그녀에게 자신에게 오라 명할 때까지.
> 이 지치고 가장 사악한 곳은
> 그토록 은총으로 가득한 그녀에
> 합당치 않다고 여기며.**
> (D.G. 로세티 번역)

오늘날 우리가 쉽게 이해하기 어려운 『새로운 인생』 29장에서 단테는 상징적인 수 체계를 통해 베아트리체와 삼위일체 사이의 연결을 확립한다. 사랑하는 이의 신격화는 사상과 감정에서 실현되었고, 종교는 새로운 신성으로 풍요로워졌다. 그는 젊은 시절 작품의 결론에서 이렇게 말한다. "사랑이, 울면서, 내 마음을 새로운 지식으로 채웠다."

나는 이미 다른 곳에서 말했고 『신곡』의 구절로 뒷받침했듯, 단테는 결코 오늘날 의미의 허구적 시를 쓰려 한 적이 없었다. 그의 삶의 모든 순간에 그는 자신이 순수한 진리를 선포한다고 확신했다. 그는 자신이 세계의 영원한 체계를 해석하도록 선택된 매개체임을 알고 있었다.

『새로운 인생』의 결론에서 베아트리체는 감정이 제거된 신적인 존재, 곧 천국에 즉위한 모습으로 나타난다. 그러나 『신곡』에서 그녀는 연인의 구원자이자 구속자가 되고, 나아가 전 인류의 조력자가 된다. 젊은 시절 사랑은 피렌체의 처녀에게서 응답을 얻지 못했지만, 영화롭게 된 여인의 영혼은 그 사랑으로 영감을 받았다.

그녀는 그를 위해 떨었고, 마리아의 사절이 "네가 그토록 사랑했던 그를 왜 돕지 않는가?"라고 꾸짖자, 베르길리우스를 그의 안내자로 보내고 마침내 직접 나서서 그를 신께로 이끈다. 이제 그녀는 그의 사랑에 응답하며, 심지어 그를 위해 눈물도 흘린다. 이 궁극적으로 성취되었으나 언제나 순결하게 감춰진 보답에 대한 갈망이 단테의 여성 숭배에 특별한 고귀함을 부여한다.

삶의 여정 끝에서 그는 다시금 시야에서 사라진 그녀에게 기도하며 마지막 고백을 남긴다.

"너는 노예를 자유인으로 변화시킨다."

사랑의 가장 위대한 기적이 그 안에서 드러났다. 그것은 그를 변모시키고 정화했으며, 세상과 욕망의 노예를 독립된 개성으로 바꾸었다. 이것이 바로 사랑의 근본적인 모티프였다.

단테의 형이상학적 사랑과 『파우스트』 마지막 장면에서 괴테가 고백한 사랑 사이에는 깊은 연관성이 있다. 이는 두 시인의 가장 내밀한 신념, 곧 삶에 대한 최종적 판단을 드러낸다. 더욱 놀라운 점은, 두 고백이 세부에 이르기까지 거의 동일하다는 사실이다.

『신곡』은 가톨릭 중세의 의미에서, 모든 인류에게 동일하게 적용되는 독창적이고 대표적인 형식으로 세상의 왕국들을 거쳐 가는 인간의 여정을 묘사한다. 반면 『파우스트』의 중심 사상은 인간이 세상을 다시 탐색하며 올바른 길을 찾으려는 욕망이다. 여기서도 삶을 통한 여정은 전형성을 띠며, 단지 500년 후에 다시 착수된 것일 뿐이다.

무대는 주로 지상에 설정되었으나, 여행자의 궁극적 목표는 천국이다. 지옥은 지하의 세계가 아니라, 인간을 따라다니며 유혹하는 존재로 구체화된다. 중세인에게는 성경이 분명히 길을 제시했지만, 현대인은 충실한 안내자 없이 스스로 길을 찾아야 한다.

단테의 젊은 시절의 사랑은 한 권의 책 전체를 이룰 만큼 비중이 크지만, 파우스트의 경우 그것은 비극의 서두에서 단지 하나의 에피소드일 뿐이다. 그러나 결국 연인은 세계의 모든 왕국을 방황한 끝에, 다시 사랑하는 이에게로 돌아온다.

『파우스트』의 마지막 장면은 형이상학적 사랑이 그 고유한 다양성을 드러내는 절정이다. 그 핵심은 여성을 향한 형이상학적 사랑이다. 인간의 모든 노력은 사랑의 구원적 은총에 의해 마무리되고 완성된다. 이때 파우스트는 더 이상 특정 이름을 지닌 인물이 아니다. 그는 모든 주관적 속성을 버리고, 단순히 "연인"으로 불린다. 단테와 마찬가지로 그는 인류 전체를 대표하는 인물이 된다.

죽음의 순간, 그는 젊은 시절의 사랑의 기억을 되살린다. 삶의 폭풍과 소란 속에서 잊힌 듯 보였지만, 그의 내면 깊숙이 그 불씨는 결코 꺼진 적이 없었다. 마가렛은 존재하며, 단테에게 베아트리체가 그랬듯, 파우스트를 위로 이끌고 영원한 여성성, 곧 모든 남성적 사랑의 갈망이 완성되는 형이상학적 지점으로 인도한다.

"위로부터의 사랑"은 단테를 구원했듯이, 파우스트 역시 구원한다. 축복받은 소년들—단테와 괴테 양쪽 작품 모두에 등장하는 이 존재들—은 그 순간 노래한다.

> **너희가 숭배하는 자를 너희는
> 얼굴을 마주하고 보리라.**[6]

---

6 파우스트의 인용문은 안나 스완윅의 번역에서 가져왔다.

다시 초월적 사랑의 연인이 언급된다. 베아트리체처럼, 마가렛도 천국의 여왕에게 그를 위해 중재한다. 여성의 가장 심오한 기도는 언제나 연인을 위한 중재였다.

> 기울이소서, 오 기울이소서,
> 다른 모든 이를 능가하는,
> 영광 속에 영원히 거하는,
> 내 행복에 당신의 자비로운 시선을.
>
> 사랑하는 이가 올라오니,
> 그의 오랜 고통이 끝나니,
> 돌아오네, 그는 내 것이네!

이 말들은 베아트리체의 표현보다 더 친밀하고 인간적이지만, 근본적으로 같은 의미를 담고 있다. 단테는 베아트리체를 다시 만나며 고백한다.

> 그리고 내 영혼 위로, 그토록 오랜 시간
> 그녀의 존재로부터 떨리는 두려움을
> 느끼지 못했던,
> 비록 내 눈이 그녀를 발견하지 못했지만,
> 거기에는 그녀로부터 숨겨진 덕이 움직였으니,
> 그 접촉에 옛사랑의 힘이
> 내 안에 강하게 있었다.[7]

---

[7] 『신곡』의 인용문은 헨리 프랜시스 캐리의 번역에서 가져왔다.

그러나 그렇게 많은 말을 했던 그는 그녀와 얼굴을 마주하는 순간, 말문이 막힌다. 베아트리체는 단테를 그의 안내자로부터 인계받아, 직접 삶의 신비를 드러낸다. 마찬가지로 마가렛도 성모에게 간청한다.

그를 인도하는 것이 내게 주어지기를,
새로 태어난 날이 여전히 그를 눈부시게 하네!

그리고 위로부터 명령을 받는다. 상징적으로 짐을 지고 있던 베아트리체는 직관적으로 깨닫는다.

올라가라, 네 영향력을 그가 느끼니,
그는 네 위로 향하는 길을 따르리라.

베아트리체가 다가오자, 천사들은 노래한다.

오! 돌리소서
당신의 거룩한 눈을 이 충실한 자에게,
당신을 보기 위해 많은 힘든 걸음을
걸었나이다.

그리고 단테의 『신곡』의 근본적 감정과 함께, 파우스트는 결론짓는다.

영원한 여성성이
우리를 위로 이끄네.

그의 젊은 시절의 지상 사랑은 형이상학적 사랑의 꿈, 즉 신성한 여성의 꿈 속에서 성취된다. 천재는 삶의 마지막에서 모든 갈망의 성취를 창조한다. 역설적이게도, 파우스트는—단테와 페르귄트처럼—세상의 혼란 속에서 무의식적으로 마가렛을 찾았다. 그녀는 유혹당하고 버려진 소녀가 아니라, 영원한 여성성 그 자체였다. 젊은 시절 예감했지만 욕망의 족쇄 속에서 파괴됐던, 순전히 정신적인 사랑이었다.

삶과 시가 하나였던 단테와 괴테-파우스트에게, 첫사랑의 기억은 모든 진정하고 심오한 감정의 전형으로 남아 있었다. 단테에게 사랑과 베아트리체는 동일했다. 이 두 사람의 영혼 속에서 형이상학적 사랑, 곧 지상에서 결코 찾지 못했던 여성 안의 영원한 것에 대한 갈망은 다시 생명을 얻었다. 두 시인은 영화롭게 된 여주인을 가톨릭 천국의 여왕 옆에 두었다. 단테의 낙원과 괴테의 낙원 모두에서 두 여인, 즉 개인적인 여성과 보편적인 여성이 함께 숭배된다. 두 번째 여인 역시 그녀만의 배타적이고 황홀한 숭배자를 가진다.

단테의 마리아 박사 성 베르나르는 그녀 앞에 엎드려 숭고한 기도를 올린다.

오, 동정녀여! 어머니여! 당신 아들의 딸이여!

파우스트에서도 마리아 박사가 등장한다. 그는 모든 숭배자들을 대표하여 "사랑의 신성한 기쁨"으로 불타오르며, 단테처럼 기도한다.

> **내 영혼이 사랑의 황홀경으로**
> **불타오르는 천국의 여왕이여**

그리고 세상에서 가장 아름다운 성모의 기도를 낭송한다. 단테의 기도와 거의 동일한 것이다.

> **동정녀여, 지상의 오염에서 순결한,**
> **어머니여, 우리는 당신을 숭배하노니.**
> **신성과 함께 태어난,**
> **여왕이여, 우리는 당신 앞에 절하나이다!**
> **그리고, 그녀 앞에 엎드려,**

> **참회자들이여, 그녀의 구원하는 시선을**
> **감사하며 바라보며,**
> **지복으로 나아가네,**
> **여전히 새로운 힘을 펼치며!**
> **당신의 모든 더 나은 생각이 되리니,**
> **당신의 봉사에 바쳐지리라!**
> **거룩한 동정녀여, 자비로우소서,**
> **어머니여, 천국의 여왕이여!**

『신곡』에서 성 베르나르는 기도한다.

> **그렇게 강력하시니, 여인이여,**

> 그렇게 위대하시니,
> 은총을 바라면서도 오지 않는 자는
> 너에게 도움을 청하러, 날개 없이 날기를
> 바라는 것과 같으리라.

신비로운 합창은 『신곡』의 결론을 완벽하게 장식할 수 있었다. 결국 충만하게 자라나는 불완전함은 프로방스인들이 이미 자신들의 시대에 인식했던 역설, 곧 여성에 대한 형이상학적 사랑이었다. 그것은 영원히 꿈과 갈망으로만 남는, 항상 미완성의 영원한 여성성이다.

마테르 글로리오사가 나타나자, 단테는 외친다.

> 그 후 내가 본 것은
> 말로 할 수 있는 것이 아니었고, 기억 자체도
> 그녀의 기술에 대한 그런 모욕에
> 맞설 수 없었다.

그리고 괴테는 노래한다.

> 별빛 화환 속에 보이네,
> 숭고하고 부드러운,
> 천상의 여왕 가운데,
> 그녀의 광채로 알려진.

기서 "사랑의 신성한 불꽃", 즉 형이상학적 에로티

시즘은 절대적인 정점에 도달했다. 우주는 신성한 여성에 의해 대표되었고, 남성은 그녀에게 자신을 바치며 숭배했다. 괴테의 『파우스트』는 이 지점에서 결론을 맺지만, 단테는 더 나아가 신성의 영원한 영광의 중심부로 들어가 그 안에서 자신을 잃는다.

나는 앞서 『파우스트』의 마지막 장면이 형이상학적 에로티시즘의 다양한 꽃이 최종적으로 펼쳐진 것이라고 말했다. 그리고 이제 그 요점을 확고히 하기 위해 계속 논의를 이어가고자 한다. 지금까지 나는 형이상학적 에로티시즘이라는 용어를 주로 여성에 대한 사랑이라는 좁은 의미에서 사용했다. 그러나 이제부터는 그 의미를 더 넓혀, 초월적이고 신성한 것에 투영되는 모든 사랑, 즉 신비적 사랑 일반을 가리키는 데 사용할 것이다.

사랑은 인간의 고유한 영역이며, 동시에 인간 정신의 힘이자 본질이다. 가장 심오한 감정인 사랑 속에서 시간적인 것과 영원한 것의 연결이 예감된다. 따라서 기독교 신비 중의 신비―신이 인류에 대한 사랑 때문에 아들을 세상에 보내시고, 연인으로서만 세상에 다가가시며, 사랑을 위해 자신을 희생하시는 것―은 오직 사랑으로만 이해될 수 있다. 우리는 숭고한 것을 사랑 외의 다른 기능으로는 설명할 수 없다. 왜냐하면 사랑은 인간 마음의 가장 깊고 심오한 감정이며, 따라서 우주의 영혼이어야 하기 때문이다.

이 점에서 모든 신비주의자들과 모든 형이상학적 황홀경의 체험자들은 일치한다. "신은 사랑이시다"

는 성 요한의 말씀과 "태양과 모든 별들을 움직이는 사랑"이 단테의 걸작의 끝에 자리하는 것은 같은 맥락이다. 『파우스트』에서 파테르 프로푼두스는 고백한다.

> **그리하여 사랑, 전능하고
> 모든 것을 퍼져나가는,
> 모든 것을 만들고, 모든 것을 지탱하네.**
>
> **그러나 그는 여전히 신성한 사랑을 향해
> 씨름하며, 의심과 사상의 유혹과 싸운다.**
>
> **오, 신이여! 내 혼란스러운 생각들을
> 진정시키고,
> 내 궁핍한 마음을 밝히소서!**

 하지만 신의 진정한 열정적 연인, 곧 신 안에 흡수되기 위해 자신을 소멸시키고 더 이상 고통과 기쁨의 차이를 알지 못하는 연인은 파테르 엑스타티쿠스로 형상화된다. 그에게 휴식은 낯설다. 그는 끊임없이 위와 아래로 흔들리며 노래한다.

> **기쁨의 영원한 불이여,
> 순수한 욕망의 사랑의 빛이여,
> 끓어오르는 가슴의 고통이여,
> 신성한 손님의 황홀경이여!**

> 화살이 나를 꿰뚫고,
> 창이 내 살을 굴복시키고,
> 몽둥이가 나를 산산조각 내고,
> 번개가 나를 가로질러 번쩍이니,
> 모든 가치 없는 것은
> 구름처럼 사라지고,
> 멀리서 빛나는 동안,
> 사랑의 보석, 불멸의 별이여!

 이 외침들은 자멸적인 형이상학적 에로티시스트의 감정 세계를 완전히 소진시킨다. 그는 다른 어떤 것도 의식하지 못한 채, 오직 사랑의 열정만을 남긴다. 그와 함께 형이상학적 사랑의 두 번째 형태, 곧 '사랑-죽음'에 도달한다. 괴테가 이 인물을 창조할 때, 독특한 야코포네 다 토디를 염두에 두었음이 분명하다. 왜냐하면 이 황홀한 사랑은 야코포네의 삶 전체를 지배했던 기조였고, 그의 생애는 하나의 위대한 황홀경 그 자체였기 때문이다.

> 내 마음은 온통 부서졌네.
> 내가 엎드려 누워 있을 때,
> 사랑하는 이의 불타는 표식이
> 궁수의 화살처럼 빠르게 날아와
> 상처 입고, 달콤한 고통에 젖어,
> 평화는 전쟁이 되고, 죽어가며
> 내 영혼은 고통에 잠기네.

사랑의 고통으로 정신이 혼미해지고,
황홀경 속에서 나는 죽어가네.
오, 사랑의 놀라운 기적이여!
사랑이 무서운 창을 휘두르며
내 마음을 산산조각 내었네.
칼날 주위엔 생명을 끊으려는
날카로운 이빨이 서려 있네.
황홀경 속에서 나는 죽어가며,
사랑의 고통 속에서 정신이 흐려지네.
…
오, 사랑이여! 오, 사랑이여!
오, 예수여, 내 갈망이여!
나는 너를 달콤한 포옹 속에 꽉 껴안았네.
오, 사랑이여! 네 품에서 죽을 수 있다면!
오, 사랑이여! 너를 얼굴 마주해 보기 위해 나는 죽으리라.
오, 사랑이여! 황홀경의 불 속에서 타오르며,
영혼의 포옹 속에서 나는 황홀해져 죽어가네.

　전설에 따르면 야코포네의 심장은 사랑의 강렬함으로 터졌다고 한다. 그것은 우주적 웅장함을 지닌 '사랑-죽음'이었을 것이다.
　야코포네 이전에도, 형이상학적 에로티시즘의 모든 발산의 근원은 성 베르나르에게서 찾아볼 수 있다. 그는 비슷한 열정에 사로잡혀 소모되었고, 그의 라틴어 시 가운데 일부는 후대 시인들의 작품과도 놀라우리만큼 닮아 있다.

> 오, 가장 달콤한 예수여, 축복의 구세주여,
> 내 갈망하는 영혼의 희망과 안식이여!
> 눈물과 한숨으로 나는 네 얼굴을 찾나니,
> 너는 내 마음의 기쁨, 사랑의 완성이로다.
> 너는 내 자랑, 모든 찬양이 네 것이라,
> 예수여, 세상의 구원이여, 내 사랑이여!
> 그의 포옹, 그 거룩한 입맞춤은
> 벌집의 달콤함조차 빛을 잃게 하리라.
> 그리스도께 묶인 자는 복되도다.
> 그러나 이 기쁨은 오래 머무르지 못하나니,
> 사랑은 끊임없는 열정으로 불타오른다.
> 낯선 이는 알지 못할 그 놀랍도록 달콤한 것,
> 한 번 맛본 자는 황홀경 속에 영원히 새로운 기쁨으로 가득하리라.
> 이제 나는 내가 가장 찾던 것을 보았도다.
> 내 갈망이 마침내 이루어졌다.
> 사랑에 병든 내 영혼은 예수께로 향하고,
> 내 모든 마음은 불길처럼 타오른다.
> (T.G. 크리펜 번역)

그의 저작에는 이렇게 쓰여 있다.

"이것을 지상에서 경험하는 자는 복되고 신성하다. 비록 단 한 번, 순간적인 찰나일지라도. 마치 존재 자체가 녹아내리고 자신을 비워 거룩한 감정 속에 흡수되는 것은 필멸의 삶이 아니라 축복받은 자들의 상태이기 때문이다."

나는 앞으로 두 사람을 다시 언급하게 될 것이다. 그때는 형이상학적 에로티시즘의 퇴화된 형태들을 검토할 텐데, 그들의 영혼의 열정은 종종 성적 상상에 의해 불붙기도 했다. 감정적인 신비주의자들의 경우 관능적 이미지와 순수한 신의 사랑을 구분하기 어려울 때가 많았다. 그러나 이것이 곧 모든 신비주의가 단순히 전환된 성(性)이라는 피상적인 주장으로 이어질 수는 없다.

신의 사랑은 연인의 창조물이 아니라, 신격화된 여성에 대한 사랑처럼 '신비적 사랑'이다. 그 자명한 대상은 신, 혹은 영원이다. 야코포네(그리고 뒤이은 진젠도르프)의 예수 사랑은 역사적 인격에 투영되었을 뿐, 본질적으로는 동일하다. 신의 사랑 역시 형이상학적 에로티시즘이다. 야코프 뵈메, 알폰소 다 리구오리, 노발리스의 경우도 모두 마찬가지다. 그러나 여기서 나는 논의를 여성에 대한 형이상학적 사랑으로 한정하겠다. 다만 『파우스트』의 마지막 장면을 좀 더 명확히 드러내는 것으로 충분하다.

파테르 세라피쿠스—성 프란체스코와 보나벤투라에게 주어진 칭호—역시 형이상학적 사랑, 곧 가장 고귀한 영혼들의 본질을 찬미했다.

**이리하여 영혼의 본성이
에테르의 깊이를 가로질러 솟아오르며,**

**영원한 사랑은 스스로 드러나
지복을 흩뿌리네.**

그러나 더 완전한 천사들조차도 인간적인 것, 곧 육체와 영혼의 이원성을 벗어날 수 없었다. 이는 곧 형이상학적 이원론의 명백한 고백이었다.

**그들을 나누는 것은 오직 신의 사랑뿐,
그 사랑이 마침내 그들을 결합하리라.**

괴테의 『파우스트』 마지막 장면과 단테 『신곡』의 결론은 너무도 닮아 있어 부정할 수 없다. 나는 이미 두 작품의 근본 사상을 지적했으며, 더 많은 유사성을 제시할 수도 있지만, 여기서는 형이상학적 사랑의 총체가 담긴 마지막 장면 안에서만 머물겠다.

주목할 점은, 마가렛이 창작된 지 한 세대가 지난 후의 파우스트―곧 괴테 자신―의 모습이다. 그는 늙고 현명해졌으며, 반신들과의 연애를 거쳐 마침내 여성에 대한 사랑을 포기하고 끊임없는 창조적 활동 속에서 그의 사명과 행복을 찾았다. 그는 일 속에서 최종적인 가치를 발견했다. 그러나 오래 잊혔던 천국이 열리고, 그의 젊은 시절의 사랑이 신적 존재로 나타나 그를 맞는다. 그녀는 여전히 그를 사랑하고, 그를 구원의 길로 인도한다. 그것은 곧 영원한 여성성의 관점에서 제시된 길이었다. 이는 『신곡』과 정확히 같은 맥락이다.

유럽의 두 위대한 주관적 시인—단테와 괴테—에게 있어 공통점은 형이상학적 사랑에 대한 갈망이었다. 첫사랑의 경험과 함께 그들의 마음은 우주로 열렸고, 영원에 대한 첫 체험을 했다. 이때 그들은 시인이 되었다. 첫사랑과 천재의 우주적 의식은 동시에 깨어났고, 영혼 깊숙이 하나가 되었다. (철학자에게 여성에 대한 사랑이 같은 의미를 갖지 않는 것은 당연하다.)

영원을 깨우는 첫사랑의 경험은 종교와 형이상학, 모든 초월적 갈망과 불가분하게 얽혀 있었다. 늙은 파우스트가 그것이 어둠 속에 묻혀 사라졌다고 믿었을지라도, 그것은 여전히 그의 가장 깊은 내면에서 살아 있었고, 죽음 직전의 비전은 바로 그 사랑으로부터 색과 형상을 얻었다.

두 위대한 시의 원천은 시인이 세상을 동화시켜 자신의 영혼으로 재창조하려는 의지였다. 그 비밀스러운 동력은 영원에 대한 신비로운 사랑, 그리고 이 세상을 넘어 다음 세상을 열망하는 여성에 대한 사랑이었다. 괴테는 자신의 갈망에 구체적인 형태를 부여하고자 했으나, 신과 영원은 그에게 너무 멀고, 만질 수 없으며, 이해할 수 없는 것이었다. 그러나 종교적 에로스의 강렬함으로 사랑한 여성은 그에게 친숙했다. 따라서 '영원한 여성성'은 이해할 수 없는 추상적 관념이 아니라 필연적으로 도달해야 할 결론이 된다. 이는 곧 형이상학적 에로티시즘의 고백, 즉 덧없는 여성성과 대비되는 영원한 여성성의 확립이었다.

중세의 경건한 아들인 단테와 근대 문화를 옹호한

괴테는, 각자의 천재성에 힘입어 다른 삶에서 신비로운 사랑의 갈망을 완성하려 했고, 신성한 여성의 창조를 성취했다. 특히 괴테가 마가렛이라는 시골 처녀를 선택한 이유는, 현실과 영혼의 비전 사이의 긴장이 클수록 창조적 과제가 더욱 커지고, 그 속에서 발전하는 힘도 더욱 커지기 때문이다. 이 장면에서 괴테가 가톨릭적 경향을 드러냈다고 말하는 이들이 있으나, 그것은 그가 자신의 영적 삶을 구체화하는 과정에서 전통적 상징을 차용했기 때문이다. 그는 본성에 맞는 것만을 취해 새롭게 해석했으며, 성모는 그의 가장 심오한 감정의 표상이 되었다. 단테처럼 괴테 또한 첫사랑의 형태로 새로운 신을 창조하여, 그것을 보편적 천국의 여왕—사랑에 의해 변모된 가톨릭 교회의 성모—옆에 두었다.

두 시인의 감정 생활은 근본적으로 일치했으나, 사상과 신앙에서는 달랐다. 단테는 자신의 비전에 대한 절대적인 신앙을 가졌다. 베아트리체라는 형태로 구현된 영원한 사랑이 그를 기다리고 있었으며, 그의 비전은 순수하고 변치 않는 진리였다. 반면 괴테의 비전은 시적 갈망이자 비극적이었다. 초월적 비전은 현대 시인에게 드물게만 다가왔고, 단테가 '소유'했던 것을 괴테는 찾아 헤매며, 실수하고, 노력해야만 했다.

여성에 대한 신격화된 사랑은 두 번째 단계의 극단적 발전이었다. 이 단계에서 성적 충동과 정신적 사랑은 엄격히 분리된다. 남성은 본능을 경멸하거나 싸우며, 혹은 거기에 자신을 내맡기되—양자는 결국 동일한 결과를 낳는다—영혼은 사랑을 숭배하며 하늘로 솟구친다. 이 감정의 이원론은 기독교와 중세 전반을 지배한 이원론에 해당한다. 그러나 흔히 일원론자로 평가받는 괴테가 사실상 에로스에서는 이원론자였다는 나의 주장은 논쟁적일 수 있다.

괴테의 첫 주요 작품인 『젊은 베르테르의 슬픔』은 감상적 사랑의 가장 중요한 기념물 중 하나다. 여기에는 성(性)과 영혼을 대립하는 원리로 보지 않고, 사랑하는 이의 인격 안에서 그것들을 융합하려는 갈망이 담겨 있다. 이 세 번째 단계, 즉 현대적 의미의 사랑은 『친화력』에서 프로그램적으로 정립되었으나, 괴테의 감정 세계의 다른 부분들은 전형적인 이원론적 양상을 드러낸다. 그의 초기 시편 중 다수는 단순한 성(性)을 노래하며, 『베네치아 경구』와 『로마 비가』에서는 그것이 긍정적인 가치로 제시된다. 특히 세 번째 비가에서 시인의 관능은 고대의 연인들과 직접 연결되며, 이를 넘어서는 모든 것은 거부된다. 『서동시집』 역시 쾌활한 관능으로 가득하며, 때로는 동성애적 뉘앙스를 띠기도 한다.

괴테의 관능적 에로티시즘은 부분적으로 크리스티아네 불피우스와의 관계에서 충족되었다. 그는 그녀에게 보낸 편지에서 이렇게 썼다.

"모든 곳의 침대는 매우 넓습니다. 이제 당신은 집에서처럼 불평할 이유가 없을 것입니다. 오, 내 사랑스러운 마음이여! 함께 있는 것만큼 지상에 큰 행복은 없습니다."

만약 크리스티아네가 순수한 관능을 대표했다면, 샤를로테 폰 슈타인 부인은 괴테의 정신적 사랑의 갈망을 충족시킨 대상이었다. 이 두 관계는 어느 정도 동시에 진행되었다. 『로마 비가』와 샤를로테에게 보낸 편지들은 같은 시기에 쓰였으며, 그녀가 크리스티아네와의 관계를 비난했을 때, 괴테는 이원론적 태도로 응수했다.

"그것이 무슨 문제입니까? 누구의 이익이 손상되었습니까?"

샤를로테는 괴테보다 일곱 살 많았고, 일곱 아이의 어머니였다. 실러는 그녀가 "결코 아름답지 않았다"고 했고, 쾨르너는 "그들의 관계는 순수하고 흠잡을 데 없었다"고 평했다. 괴테는 그녀를 "누이" 혹은 "영혼의 안내자"라 불렀고, 남편에게 질투심을 보인 적도 없었다. 그는 오히려 연애담을 그녀에게 털어놓았다. 그의 편지에는 다음과 같은 구절들이 남아 있다.

"고통 없이 사랑할 수 있는 나의 유일한 사랑!"

"수천 명이 믿는 행복의 원천인 당신의 영혼."

"내 누이를 제외하고, 어떤 여성과도 경험하지 못한 가장 순수하고 진실하며 아름다운 관계."

"우리 사이의 관계는 너무 신성하여 말로 표현할 수 없고, 사람들이 깨닫기 어려운 것이다."

그가 서른 살 무렵에는 다음과 같이 썼다.

"당신은 내게 성모처럼 하늘로 승천하는 모습으로 보인다. 버려진 자가 헛되이 팔을 뻗고 눈물로 귀환을 간청했으나, 당신은 광채 속에 흡수되어 머리 위의 왕관만을 갈망한다."

"나는 당신에게 합당해지기 위해 삼중의 불 속에서 정화되기를 갈망한다."

그는 그녀에게 기도를 바쳤다.

"나는 무릎을 꿇고, 당신이 나를 선한 사람으로 만들어 달라 간청한다."

"『타소』를 집필하는 동안, 나는 당신을 숭배했다."

샤를로테는 그가 무엇을 원하는지 직관적으로 알았고, 성모처럼 침묵하며 수동적으로 남아 있었다. 그녀는 그 어떤 관능적·열정적 발언에도 응답하지 않았다.

시간이 흐르면서 연인의 관계는 점차 평등해졌다. 숭배의 어조는 사라지고, 괴테의 편지는 우정과 친밀함을 기조로 삼았다. "안녕, 달콤한 친구이자 사랑하는 이여, 당신의 사랑만이 나를 행복하게 하네." 그는 또 다른 편지에서 "그녀 안에서 모든 것을 찾았기에, 세상이 더는 내게 줄 상이 없다"고 고백했다. 정신적 사랑이 점차 친숙한 우정으로 기울어가듯. 그의 성(性)은 한 여성, 즉 크리스티아네에게 집중되었고, 이 또한 평균적 형태를 띠었다. 그러나 그의 삶을 지배한 이원론적 감정은 변하지 않았다. 괴테에게는 두 감정을 더 높은 차원으로 융합하거나, 그런 여인을 열망하는 순간조차 존재하지 않았다.

폰 슈타인 부인과의 우정 이전에도, 릴리 쇠네만과 약혼하던 시절 괴테는 한 번도 본 적 없는 여인을 향한 정신적 사랑을 경험했다. 그는 아우구스테 슈톨베르크 백작 부인을 "나의 천사", "유일한 처녀", "황금 아이"라 부르며, "나는 당신이 나를 큰 고난에서 구원해 줄 것이라는 직관을 가지고 있다. 지상에서 다른 어떤 존재도 그렇게 할 수 없다"고 썼다. 또한 그는 "나에게 행복한 평균을 거부한 비참한 운명"이라 토로했다. 젊은 시절 사랑했던 로테에 대해, 그는 케스트너에게 이렇게 말했다. "나는 그녀 안에 모든 것이 있음을 몰랐다. 나는 그녀를 너무나 사랑한 나머지, 관찰조차 할 수 없었기 때문이다."

『타소』의 공주와 오레스테스를 불안과 광기에서 구원하는 『이피게니아』는 샤를로테를 모델로 삼았다. 타소는 명백히 환상적인 여성 숭배자로 묘사되며, 레오노레는 이를 잘 알고 있다.

> 이제 그는 그녀를 별이 빛나는 하늘로
> 높이 세우고,
> 찬란한 영광 앞에서 천사들처럼 절하네.
> 그 후 조용한 들판에서 그녀를 몰래 따라가며,
> 화환에 모든 꽃을 엮어 바치네.
> 그는 우리를 사랑하지 않네—
> 내 말 용서하소서—
> 그의 사랑은 천구에서 온 이상이네.
> 그는 더 이상 외형과 아름다움에
> 집착하지 않고,
> 변덕스러운 열정을 혐오와 증오로 갚지 않네.

타소는 또 이렇게 말한다.

> 내 무릎은 떨리고 정신의 힘은 다 소진되어,
> 그녀 앞에 몸을 던지고 싶은 강렬한 욕망을
> 간신히 억눌렀네.
> 나는 어지러운 황홀경을
> 거의 가라앉히지 못했네.

단테가 베아트리체에게 고백한 "너는 노예를 자유인으로 변화시킨다"는 위대한 정신적 사랑의 인장은, 괴테가 샤를로테에게 보낸 편지와 『타소』 속에서 반복된다.

> 내 정신의 깊이가 변하네.
> 어두운 혼란에서 해방되어,
> 나는 신처럼 자유로움을 느끼며
> 모든 것을 당신에게 빚졌음을 알네.

괴테가 에커만에게 남긴 말도 주목할 만하다. "여성은 우리가 황금 사과를 올려놓는 은그릇이다. 나는 여성에 대한 생각을 현실에서 추론하지 않았다. 나는 그것을 타고났거나 구상했다—신만이 아시리라." 이 발언은 그의 감정을 명확히 드러낸다. 그는 여성에 대한 태도가 약간의 자기기만임을 알면서도, 의식적이고 사랑스럽게 그것을 붙든다. 이는 모순이 아니라, 성숙한 문명인의 영혼에서 모든 인간적 감정이 되살아나는 자연스러운 현상이다. 한 요소가 다른 요소를 불러내며 생산적으로 살아나는 것이다. 후에 살펴볼 리하르트 바그너의 감정 생활에서도, 개인의 감정과 인류 진화 과정의 밀접한 연관성이 드러난다.

단테 역시 사랑하는 여인이 실제로 그 특성을 소유한 것이 아니라, 연인의 상상력이 부여한 것임을 분명히 표현한 바 있다.

나는 이제 단 한 명의 시인의 감정 생활을 집중적으로 다룰 것이다. 그 인물은 미켈란젤로이다. 대체로 단테와 괴테처럼 현실에 만족하지 못한 시인들은 이상적인 여인을 창조했다. 그들의 사랑은 현실의 여인이 아니라 상상의 산물이었다. 이와 관련해 잠시 베토벤과 그의 "불멸의 사랑"을 언급할 필요가 있다. 그는 "내 천사, 내 모든 것, 내 나!"라며 감동적인 편지를 남겼지만, 그 수신자는 오늘날까지 확실히 밝혀지지 않았다. 언젠가 밝혀진다 해도, 베토벤의 "불멸의 사랑"은 결국 실제 여인보다는 그의 상상 속에서 창조된 존재로 남을 것이다.

베토벤과 함께, 우리는 또 다른 위대한 '늙은 총각' 그릴파르처와 그의 영원한 약혼녀 카티 프륄리히, 그리고 『게노베파』를 작곡할 당시 일기에 "모든 지상의 사랑은 단지 천상의 사랑으로 가는 길이다"라고 기록했던 헤벨을 주목할 수 있다.

이 장을 마치기 전에, 나는 인종 심리학과 관련된 흥미로운 사실에 주의를 끌고자 한다. 공정한 정신적 재능과 자연에 대한 깊은 공감을 지닌 모든 민족들은, 젊음의 시기와 물활론적 사고 속에서 태양을 최고의 신으로 숭배했다. 태양은 빛과 기쁨, 풍요의 근원으로 여겨졌으며, 아리아인들의 자비로운 신들은 모두 천상에, 악의적인 신들은 어둠과 지하 세계에 속했다. 인도-게르만 민족들에게 태양은 겨울과 밤을 정복하는 힘, 비옥하게 하고 생명을 주는 활동적인 남성 원리였다. 반대로 달은 보통 여성 신으로 상상되었다.

원시 기독교에서도 그리스도는 태양의 상징 아래 숭배되었다. 따라서 인도-게르만 언어권에서 태양은 대부분 남성 성별로 나타난다. 예를 들어, 사브르와 스바리(고대 인도-게르만어), 수리야·사비타르(산스크리트어), 사발(고대 유럽어), 사벨(그리스-이탈리아어), 솔(라틴어) 등이 그것이다.

그러나 게르만어와 프로이센-리투아니아어에서는 남성과 여성 성별이 공존했다(예: 고트어 sunnan, 고대 고지 독일어 sunno). 노르웨이 에다에서 솔은 여성 신이며, 앵글로색슨어 sol 역시 여성이다. 특히 독일어는 중세 고지 독일어 시기에 남성에서 여성 성별로 전환된 후, '태양'이 여성 명사인 유일한 언어가 되었다. 이는 고대 튜턴족의 빛의 신들이 남성이었음을 고려하면 이례적이다. 결국 이러한 변화는 여성 숭배 시대에 최고 가치가 더 이상 남성으로 인식되지 않고 여성으로 자리 잡았음을 보여준다. 다시 말해, 여신이 신의 자리를 차지한 것이다. 아마도 민네징거들은 사랑하는 여인을 "태양 여인"이라는 상징으로 숭배하면서 여성 성별을 확정했을 것이다.

위대한 에로티시스트 하인리히 폰 모릉겐은 시에서 연인을 "새벽의 태양처럼" 빛난다고 노래한다.

> **내 여인은 마음속으로 빛나네,**
> **유리를 통해 태양이 스며오듯.**
> **그녀는 5월처럼 달콤하고, 기쁨으로 가득 차,**
> **구름 한 점 없는 황금빛 햇살이네.**

마리아 역시 '마리스 스텔라', 즉 새벽별로 불리다가 점차 태양의 상징을 띠게 되었다. 도미니코회 수사 수소는 여전히 "빛나는 새벽별"이라는 오래된 별칭을 사용하면서도, 마리아를 "영원한 태양의 눈부신 거울"이라 칭했다. 그의 전기에는 다음과 같은 구절이 남아 있다.

> **그의 눈이 열리고 그는 무릎을 꿇었다.**
> **떠오르는 새벽별, 하늘의 빛의 부드러운 여왕에게 인사했다.**
> **여름의 새들이 새벽을 맞이하듯,**
> **그는 영원한 날의 인도자를 영혼의 노래로 맞이했다.**

이것은 순수한 자연 숭배와 마리아 숭배가 결합된 모습이었다.

괴테의 『파우스트』에서 마리아 박사는 이렇게 기도한다.

> **너의 푸른 장막 속에서,**
> **최고로 군림하는 여왕이여,**
> **이제 내가 너의 비밀을 보고,**
> **높은 비전을 얻게 하소서.**

여기서 천국의 여왕과 태양은 동일한 상징으로 겹쳐진다. 아이헨도르프 또한 "태양은 놀랍도록 달콤한 여인처럼 미소 짓는다"라고 노래했다. 반면 알프레트 몸베르트는 태양을 청년으로 형상화하며, 시의 제목을 파격적으로 '태양 정신'이라 붙였다.

이탈리아 시인들도 최고 가치의 성별 변화를 인식했다. 『낙원』의 결론에서 단테의 성 베르나르 기도는 태양과 천국의 여왕을 연결한다.

> **"하늘에서 태양을 움직이는 사랑!"**

(d) 미켈란젤로

미켈란젤로에게서는 플라톤의 정신과 그리스 조형 예술의 천재성이 더 높은 차원으로 끌어올려지고, 기독교의 독특한 영광—영혼을 절대적 가치로 보는 관념—에 의해 밝혀진 모습을 볼 수 있다. 그는 절대적이고 영원하며 불변하는 아름다움에 대한 사랑에 전율했고, 구원의 필요성을 깊이 느꼈으며, 전례 없는 정신적 비전을 지녔다. 여기에 더해 한 여성에 대한 소모적인 사랑, 곧 자멸에 가까운 사랑이 있었기에, 그는 단테에 이어 모든 시대를 통틀어 가장 위대한 형이상학적 연인으로 꼽힌다.

피렌체 메디치 궁정의 피치노는 플라톤 아카데미를 세우고, 플라톤과 그의 제자 플로티누스의 저작을 2000년 만에 번역·해설했다. 많은 이들이 읽었지만 깊이 이해한 이는 드물었고, 오직 미켈란젤로만이 플라톤적 헬레니즘의 정신을 되살려 창조적으로 발전시켰다. 플라톤이 말한 완벽한 남성 형태에 대한 숭배와 사랑은 그의 상상력에 활력을 불어넣었고, 그 결과 청소년기의 인체와 정신은 그 이후로 유례없이 빛나는 방식으로 묘사되었다.

그의 초기 남성상들은 대부분—거대한 다비드를 제외하면—뚜렷한 남성성에서 벗어나 추상적 인간에 가까운 형태를 띠었다. 그래서 여성적 특성이 드러나거나 심지어 여성적인 인상마저 준다. 시스티나 성당 천장의 청년들, 바쿠스, 성 요한, 아도니스, 성가족 배경 인물들이 그러하며, 큐피드와 다비드 아폴로는 거의 양성적이다. 심지어 미완성 노예상에서도 여성적인 특징이 나타난다. 에리트레아 시빌 위의 청년들은 멀리서 보면 여성처럼 보이지만, 예레미야 위의 청년은 전형적인 헬레니즘의 에페보스로 묘사되었다. 반대로 그는 성모상 일부와 이브를 제외하고는 숭고하게 이상화된 여성상을 남기지 않았다. 그의 여성상들은 대체로 근심 어린 표정, 다소 사랑스럽지 않은 모습으로 특징지어졌으며, 특히 쿠마이 시빌은 남성적인 체격과 근육을 지닌 노년 여성으로 그려졌다.

그의 이상은 남성과 여성의 구분을 넘어선 순수한 '인간 형태'였다. 이는 현대적 이상과는 다르지만, 성별을 지운 인간 본연의 보편성을 강조했다는 점에서 의미가 크다. 플라톤적, 그리고 미켈란젤로적 청년 사랑은 본질적으로 인류애였으며, 청소년기에 구현된 완전한 육체와 영혼에 대한 사랑이었다. 플라톤주의자들은 소년의 우월한 정신적 재능 속에서 깊은 대화를 나눌 수 있었지만, 소녀와는 농담을 주고받는 데 그쳤다.

이렇듯 남성 간의 에로스적 우정을 추구한 문명과 개인들은 흔히 위대한 조형적 재능을 보였다. 조형 예술에 천재성을 보인 예술가와 시인들은 종종 동성애적 경향을 지녔으나, 음악적 재능은 대체로 여성에 대한 사랑과 연결되었다. 단순한 노래는 여성에 대한 사랑을 암시하지만, 인위적 리듬, 곧 그리스적 운율은 남성적 애정을 암시한다. 다만 나는 이 연관성을 언급할 뿐, 단정적인 결론을 내리지는 않는다.

미켈란젤로가 톰마소 데이 카발리에리에게 바친 시들은 우정과 헌신, 그리고 무엇보다 애정의 응답에 대한 갈망으로 가득하다. 그는 "한 영혼이 두 몸에 깃든다"라며 친구 사이의 모든 장벽이 허물어져야 한다고 노래했다. 이러한 시들은 차분하고 균형 잡힌

어조를 지니며, 그의 다른 시들과는 크게 구별된다.

> **만약 두 사람이 서로를 사랑하여
> 자신을 버리고, 기쁨과 행복, 그리고
> 하나의 목표로 그들의 의지를 결합한다면,
> 그 사랑은 완전한 일치가 된다.**
> (J.A. 시몬즈 번역)

미켈란젤로는 톰마소를 위해 「가니메데」를 그렸고, 원숙한 나이에도 열일곱 살에 요절한 체키노 브라치에게 시를 바쳤다. 그의 여성에 대한 경멸은 고전 그리스 정신과 더불어 남성과의 우정과 병행했다. 그러나 생애의 전성기에는 플라톤적 요소보다 더 강력한 내적 불꽃이 그의 영혼을 지배했다. 후기 작품에서 그는 고대 조각의 완벽한 형태를 넘어선 독자적인 정신적·열정적 생명을 부여했으며, 그 인물들은 지상의 존재라기보다 영원의 숨결에 닿은 듯하다. 그들은 모든 지상의 것을 영원한 아름다움의 상징으로 끌어올리고, 인간 운명에 대한 깊은 애도와 해방의 갈망을 품은 플라톤 유산의 화신이었다.

그리고 세월이 기울 무렵, 그의 삶에 비토리아 콜론나가 들어왔다. 그녀는 신적 완전의 형상 그 자체였으며, 그의 영혼을 압도했다. 이 사랑은 그의 전 생애를 변모시키고 종교적 차원으로 끌어올렸다. 늦게 찾아온 이 첫사랑은 단순한 연애가 아니라 숭배이자 황홀경이었으며, 그는 그녀 앞에서 거의 자멸에 이를 정도로 자신을 낮추었다.

그의 시집은 지상의 아름다움이 지닌 불완전함과 영원에 대한 갈망으로 가득하다. 그의 연인은 이 형이상학적 절정의 상징이었다. 지상의 아름다움은 단지 신성한 아름다움의 그림자였고, 그 화신은 곧 그녀였다.

> 그래, 나는 잘 안다.
> 하늘에서 이슬처럼 내린 너의 은총을
> 내 연약한 힘으로 갚으려 하는 것이
> 얼마나 어리석은 일인지.
> (J.A. 시몬즈 번역)

그리고 그는 사랑에 대해 노래했다.

> 가장 높은 별에서 내려온 광채가
> 영혼을 위로 이끌 때,
> 우리는 그것을 사랑이라 부른다.
> (하포드 번역)

그의 시는, 만약 그가 조각가가 아니었다면, 그를 위대한 시인으로 만들었을 만큼 강렬하고 탁월하다. 그것들은 사랑하는 이를 신격화하는 감정의 과정을 절정까지 드러낸다. 만약 우리가 비토리아 콜론나가 단테의 베아트리체나 괴테의 마가렛 같은 신화적 인물이 아니라, 역사적 인물이자 평범한 외모의 여인이었다는 사실을 알지 못했다면, 우리는 그녀를 전설의 여주인공처럼 여기고 싶어졌을지도 모른다. 그러나 미켈란젤로에게는 모든 완벽함이 그녀에게만 집중되어 있었고, 이 신념은 그의 예술 위에 그림자를 드리웠다.

그의 전기 작가 콘디비는 "미켈란젤로는 플라톤적 의미에서 사랑을 생각했다"라고 썼다. 그러나 이는 진실의 일부에 불과하다. 그의 마음속에서는 그리스적 아름다움 숭배와 기독교적 내세 신앙이 거대한 화해를 이루었다. 그는 헬레니즘의 꽃과 기독교의 가장 심오한 정신을 혼합해, 플라톤과 단테를 더 높은 직관으로 승화시켰다. 그의 동시대인 조르다노가 말한 '영웅적 분노(eroico furore)'는 그에게서 화신을 찾았다.

그의 삶을 밝힌 두 개의 큰 광선—완벽한 지상의 아름다움과 무한한 종교적 갈망—은 비토리아라는 여성 안에서 합쳐졌다. 그녀는 그의 세계관 속 불화의 해결책, 그에게는 기적과도 같은 존재였다. 그녀는 그의 삶의 가장 위대한 경험이었으며, 동시에 그를 거의 무너뜨릴 뻔한 경험이었다. 그는 그녀 안에서 신과 세계의 합일을 보았다. 세속과 여성으로부터 독립적이던 그에게 이 사랑이 준 충격은 실로 컸다. 갑작스레 그는 삶의 중심과 해답을 찾았다. 지상적인 것과 신성한 것의 이원론은 그녀 안에서 화해했다.

이 사랑은 젊은 시절의 꿈과 달리 내세를 향한 갈망의 신조였다. 미켈란젤로는 이 새로운 경험을 자신의 운명으로 받아들였고, 세상과 예술을 내려놓은 채 숭배자가 되었다. 비토리아 앞에서 그는 조각가가 아니라 신앙인의 모습으로 서 있었다.

우리는 이 숭배와 단테의 숭배 사이의 큰 차이를 확인할 수 있다. 단테의 사랑은 영원의 의식을 형성하며, 젊은 시절부터 그를 시인으로 만들었다. 그는 자신의 사랑이 지닌 형이상학적 의미를 결코 의심하지 않았다. 반면 미켈란젤로의 경우, 늙은 나이에 찾아온 사랑은 불안에 소진된 삶의 마지막 사건이었다. 여성 혐오자였던 그에게 이 숭배는 거의 절망의 행위였으며, 의심으로부터의 해방이 아니라 새로운 고통의 근원이 되었다. 그것은 그의 삶 전체를 뒤흔들며, 그가 쌓아온 예술을 무효화했다. 왜냐하면 이 새로운 경험—육체 안에서 만난 완벽함—앞에서 예술은 무너질 수밖에 없었기 때문이다. 가장 위대한 조각가였던 그는 영혼에 나타난 아름다움을 대리석이나 캔버스에 담을 수 없다고 느꼈고, 그것이 지상의 예술로는 결코 실현 불가능하다는 확신을 품었다.

비토리아 앞에서 그는 자신의 내면을 깊이 의식했다. 그녀는 그의 갈망의 방향과 상징이었으며, 그가 평생 추구하던 완벽함 그 자체였다. 그러나 그 인식은 곧 예술에 대한 절망으로 이어졌다.

> **당신의 아름다움은 천상에서 비롯되었네.**
> **구원의 상징, 영원한 예술가가**
> **그것을 땅으로 내려보냈네.**
> **설령 세월이 흐른다 해도,**

**내 사랑은 그 빛에 더 큰 가치를 부여하리.
나이는 신이 주신 아름다움을
퇴색시키지 못하리.**

그는 점점 더, 영원한 아름다움의 이데아만이 참된 가치이며, 모든 지상의 것은 그 앞에서 무가치하다는 신념에 사로잡혔다.

**열이 불에서 나오듯,
신성한 사랑에서 태양을 떠올리게 하는
숭배하는 마음은,
그녀가 솟아난 곳에서 결코 나뉠 수 없네.**
(J.A. 시몬즈 번역)

이처럼 그는 형이상학적 사랑과 비교하여 지상의 사랑의 허망함을 절실히 깨달았다.

**한 사랑은 솟아오르고,
다른 사랑은 아래로 향하네.
영혼은 이것을 밝히고,
저것은 단지 감각을 자극할 뿐.
나는 오직 최고의 아름다움만을 갈망하노라.**

그러나 이 격렬한 숭배자조차도, 자신이 연인에게서 본 아름다움의 창조자가 바로 자기 자신일 수 있다는 의심을 품었다. 그는 한 소네트에서 큐피드에게 묻는다. 그녀의 아름다움이 정말로 존재하는가, 아니면 자신의 감각이 빚어낸 환상인가?

네가 분별하는 아름다움은 모두 그녀의 것이니,
위로 솟아오를수록 광채가 더해지리라.
(J.A. 시몬즈 번역)

미켈란젤로가 점차 자신의 예술과 천재성에 절망하고, 모든 지상의 아름다움이 헛되다는 생각에 지배되는 모습은 비극적이다. 그에게 마지막 피난처는 영원과 초월적 아름다움의 종교적 개념, 곧 '보편적 형태(forma universale)'였다.

비토리아가 세상을 떠난 뒤 그는 콘디비에게 이렇게 말했다. "내 유일한 후회는 그녀가 임종할 때 비토리아의 이마나 입술에 입 맞추지 못한 것이다." 이후 그는 죄와 구원, 성육신과 십자가에 대해 더욱 깊이 몰두했다. 사랑하는 여인은 영원한 진리의 유일한 전령으로 남았고, 우울과 애도는 그의 영혼을 묶었다. 그가 생각한 유일한 행복은 오직 탄생 직후 찾아오는 죽음뿐이었다. 그러나 죽음에 대한 그의 사유는 다시금 예술적 열정 속에서 상징으로 승화되었다.

불로 정화되어 나는 영원히 살리라.
불꽃이 하늘로 솟아오르듯,
나 또한 변화되고 정화되어

하늘로 오르리라.
오, 행복한 날이여! 단 한 번의 섬광 속에
시간이 영원으로 스며드는 순간—
태양은 더 이상 하늘을 가로질러
달리지 않으리….

그는 단테와의 정신적 친연성을 강하게 의식했다. 『신곡』의 분실된 사본에 삽화를 그렸고, 단테를 기리는 시를 지으며 이렇게 노래했다.

내가 그와 같을 수 있다면!
같은 고통을 위해 태어났다면,
그의 유배와 그의 선함에 맞서
나는 기꺼이 세상의 모든 유산을 버리리라.
(J.A. 시몬즈 번역)

시스티나 성당의 그림들은 운명, 보복, 영원에 대한 구체적 사유를 담고 있으며, 『신곡』의 근본적인 감정과 맞닿아 있다. 천상과 지옥의 영들이 여기저기서 창조된 것은 예술적 상상력이 지닌 무한한 갈망의 산물이었다. 두 사람 모두 인간의 영혼을 전율케 하는 창조적 열정을 오직 최고이자 보편적인 것에만 쏟을 수 있었다. 인간의 영원한 운명, 죄와 구원, 지상의 헛됨, 세계와 신의 관계, 그리고 모든 한계를 넘어 영원을 향하는 사랑—이것이 그들이 공유한 사유의 핵심이었다.

그러나 단테는 자신의 영혼과 조화를 이루는 세계의 그림을 창조했고, 그것을 체계적이고 완전한 세계의 표현으로 남겼다. 그의 세계는 시작과 끝이 분명했으며, 그의 평생의 업적은 영혼과 우주의 합일 속에 존재했다. 반면 미켈란젤로의 영혼은 끊임없이 찢겨 있었고, 그는 조형적 생명을 부여하고자 했던 궁극적 진리에서만 잠시 평화를 찾을 수 있었으나, 그것조차도 끝내 그를 만족시키지 못했다.

게오르크 짐멜은 그의 연구에서 미켈란젤로 작품 전체를 덮고 있는 무한한 우울을 지적한다. 그의 천재성은 표현할 수 없는 것을 끝내 표현하려 했으나, 가장 숭고한 조형적 표현조차 그 열망을 충족시키지 못했다. 이것은 곧 형이상학적 에로티시스트의 비극이었다. 단테는 작품의 절대적 가치와 사랑이 영원 속에서 완성될 것이라는 확신을 결코 잃지 않았으나, 미켈란젤로는 작품에 대한 신앙마저 상실했다. 예술과 사랑은 그를 버리고, 그는 예감할 수만 있을 뿐 결코 파악할 수 없는 초월의 세계로 물러났다. 그의 신앙은 확신이 아니라 불안이었다. 그가 알았던 것은 오직 예술과 사랑의 불완전함뿐이었다.

셰익스피어의 천재성이 인간적인 모든 것에 생명을 불어넣고 그 속에서 만족을 찾았다면, 미켈란젤로의 창조력은 무한에 가까웠다. 그러나 세월이 흐를수록 그는 모든 지상의 것들의 헛됨에 더욱 깊이 사로잡혔다. 그의 망치와 끌은 인류의 철문을 두드렸으나, 남은 것은 산산이 부서진 조각과 침묵뿐이었다.

모든 천재의 삶에는 자신의 존재의 가장 깊은 핵심을 드러내야 하는 순간이 있다. 단테는 거대한 비전으로 초월을 붙잡으려 했고, 괴테는 조심스레 물러났다.

시스티나 성당의 예언자들과 청년들, 루브르의 사슬에 묶인 남자들, 보볼리 정원의 미완성 노예들, 그리고 그의 마지막 소네트들을 바라볼 때, 우리는 이 남자의 삶을 어둡게 한 심연의 우울을 엿볼 수 있다. 그것은 단순한 개인적 슬픔이 아니라, 더 이상 자신을 속일 수 없고 속이려 하지 않는 인류 전체의 우울이었다. 자신의 평생의 예술을 절망 속에 되돌아본 이 비할 데 없는 거장의 삶보다 더 큰 비극이 또 있을까?

> **예술과 재치와 열정은 시들고 사라지니,**
> **셀 수 없는 업적들, 아무리 새롭고 위대하다 해도**
> **하늘의 시야에서는 한낱 찌꺼기에 불과하네.**

바사리에게 보낸 소네트에서 그는 예술에 자신을 온전히 내맡기는 열정을 비난했다.

> **이제 나는 알았노니, 내 영혼을**
> **지상의 예술의 숭배자이자 노예로 만들었던**
> **그 애틋한 환상은 헛되도다.**
> (J.A. 시몬즈 번역)

그에게 신앙은 "자비 중의 자비"였다. 왜냐하면 그는 그것을 가장 깊은 신념으로 결코 붙잡지 못했기 때문이다. 그러나 그의 내면에서 불타던 열정은 끝내 억눌리지 않았다. 그의 영혼은 사랑과 죽음의 생각 사이에서 찢겼다.

**사랑의 불꽃과
죽음의 냉기가 내 마음속에서 싸우네.**

그는 사랑으로부터 벗어나 평화를 찾기를 갈망했고, 구원을 위해 죽음을 불렀으나 헛되었다.

**세월에 짓눌리고 죄로 가득 차
악한 관습이 깊이 뿌리 내려,
내 앞에 기다리는 두 죽음을 두려워하네.
그러나 내 마음은 독성 어린 생각으로
덜 잠식되네.**
(J.A. 시몬즈 번역)

그러나 나중에 그는, 죽음이 아니라 자신을 구원한 사랑에 다시 감사한다. 미켈란젤로는 이 마지막 소네트들에 온 마음을 쏟아부었다. 그의 고독하고 영웅적인 노년은 죽음의 그림자에 가려졌다. 그의 영혼 전체는 암흑 속에 잠겨 있었고, 예술은 허영이 되었으며, 사랑은 슬픔이 되었다. 모든 것의 헛됨에 대한 사유는 그의 사랑의 초상화를 검은 월계수 화환으로 장식했다. 그는 생애를 되돌아보며 마침내 다음과 같은 결론에 이르렀다.

많은 세월이 흘렀지만, 그 어느 한 해도 온전히 그의 것이 아니었다. 세상이 알고 있는 가장 숭고한 창조적 천재였음에도, 그는 스스로의 삶을 낭비했다고 자책했다. 미켈란젤로의 마음에서 신을 향한 찬송은 한 번도 솟아오르지 않았다. 베토벤의 경우 평생에 단 몇 차례라도 그것이 가능했던 것과는 달랐다. 그는 단 한순간의 진정한 내적 평화도 경험하지 못했다.

그는 여성의 신격화를 가능케 하는 토대인 형이상학적 세계 감정을 지니고 있었으나, 그것은 그의 내면에서 거대하게 성장해 더 높은 차원으로 들어 올려졌다. 이제 사랑뿐 아니라 모든 삶은 단편적이고, 내세를 가리키는 것으로 느껴졌다. 지상에서 완성을 찾을 수 없었던 것이 여성에 대한 사랑이었다면, 이제는 형이상학적 존재 안에서만 우리의 삶 전체와 모든 열망이 그 최고 의미와 최종적 진리에 도달할 수 있었다. 형이상학적 사랑의 비극은 그렇게 삶 자체의 비극으로 심화되었다.

3장. 형이상학적 에로티시즘의 도착

(a) 그리스도의 신부들

지금까지는 남성의 감정 생활 분석에 국한했지만, 고려해야 할 두 가지 문제가 남아 있다. 첫째는 남성이 여성에게 부여한 숭고한 위치에 대한 여성 자신의 태도이다. 둘째, 그리고 더 중요한 것은, 그 시대의 여성들이 감정 생활에서 남성이 경험한 성(性)의 신격화와 유사한 흔적을 보였는가 하는 점이다.

첫 번째 질문에 대한 대답은 분명하다. 연인의 숭배와 찬미는 여성들에게 기쁨 외의 다른 의미를 지니지 않았을 것이다. 프로방스의 재능 있는 백작 부인 베아트릭스 드 디의 시는 이를 잘 보여준다. 그녀는 친구의 불신을 진심으로 슬퍼하면서도, 시인들이 쏟아낸 황홀한 찬사를 의심 없이 사실로 받아들였다. 이처럼 여성은 남성이 부여한 위치—고된 노동자가 아닌, 완벽하고 신적인 존재로서의 위치—를 자연스럽게 수용했다. 베아트릭스 백작 부인은 숭배자의 상상력이 자신에게 부여한 특성을 모두 자기 것으로 여기며 노래했다.

> **이제부터 내 모든 노래는**
> **슬픔으로 가득 차리라.**
> **내 연인은 내 영혼을**
> **쓰라린 재앙으로 채우지만,**
> **그럼에도 내가 아는 모든 행복이다.**

> 내 은총과 호의는 아무 소용이 없네.
> 내 재치와 아름다움도
> 그의 사랑과 부드러운 생각을 붙잡을 수 없네.
> 내 모든 숭고한 가치는 빼앗긴 듯하네.

그러나 이러한 심리적 오해보다 더 중요한 것은, 여성의 감정 생활 속에 남성이 경험한 숭배와 유사한 형태가 있었는지이다. 이에 대한 대답은 단호히 "없다"이다. 여성의 역사 속 그 어떤 시기에서도 평행 현상은 발견되지 않는다. 중세의 비극적 이원론—그 결과 중 하나가 여성에 대한 정신적 사랑이었지만—은 여성의 영혼에 어떠한 흔적도 남기지 않았다. 여성의 내면에서 갈등은 생산성 대신 병리와 히스테리를 낳았다.

일부는 수녀들의 그리스도에 대한 사랑을 남성 숭배의 한 형태라 주장할 수도 있다. 그러나 금욕주의적 여성들의 사례를 살펴보면, 우리는 진정한 영성이 아니라 종종 병적인 상태를 본다. 이 시기의 여성 신비주의자들은 불순한 정신에 의해 움직였으며, 관능적 열정을 종교적 언어로 포장했다. 그들에게 종교적 상징과 형상은 성적 욕망의 배경이자 배출구였다. "사랑하는 영혼이 혼인방으로 들어간다"는 표현은 사실상 관능적 갈망을 가린 베일에 불과했다.

이러한 현상은 12~13세기, 위대한 신비주의의 시대에 특히 두드러졌다. 수녀원 전체가 히스테리적 열병에 휩싸였고, 여성들은 경련으로 몸부림치며 서로를 채찍질하고 밤낮으로 찬송가를 부르며 환각을 보았다. 신의 사랑과 악마의 유혹이 뒤섞인 광경이었다.

그중에서도 크리스티네 에브너(『자비의 충만함에 관하여』 저자)와, 임종 시조차 "오, 내 주 하나님, 얼마나 아름다우신가!"라고 외쳤던 오와니의 마리가 대표적이다. 드물게 예외적인 인물로 꼽히는 마그데부르크의 메히틸트는 진정한 신비주의자였지만, 그녀 역시 관능적 은유에 탐닉했다.『사랑과 영혼의 대화』에는 "내 사랑하는 이의 방이 준비되었다", "포옹이 가까울수록 입맞춤은 더 달콤하다"와 같은 구절이 가득하다.

라틴 민족 출신의 이른바 '그리스도의 신부들'은 대부분 정신병리학적으로 히스테리 환자였다고 해석할 수 있다. 시에나의 카타리나(1347~1388) 역시 영리한 정치가였지만, 그녀의 글에는 관능적 은유가 넘쳐난다.

"나는 당신이 신의 아들의 열린 옆구리로 물러나기를 바라노니, 그는 향기로 가득 찬 병과 같아서 죄 많은 것조차 향기로워진다. 거기서 신부는 불과 피의 침대에 누워 있고, 신의 아들의 마음의 비밀이 드러난다. 오, 넘쳐흐르는 잔이여, 모든 사랑하고 갈망하는 영혼을 취하게 하네."

그녀는 또 고백한다. "나는 내 주님의 몸을 보기를 갈망하노라." 그러자 환상 속에서 신랑이 그녀에게 나타나 옆구리를 열고 말했다. "이제 네가 원하는 만큼 내 피를 마셔라."

그러나—조형 예술에 자주 묘사된 덕분에—가장 큰 명성을 누린 성인은 의심할 여지 없이 성 테레사(테레시아 데 헤수스, 1515~1582)였다. 그녀는 어린 시절과 청소년기에 심각한 병을 앓았고, 한때는 죽은 것으로까지 여겨졌다. 『자서전』에서 그녀는 이렇게 고백한다. "내가 신의 존재를 느끼기 전, 나는 즐거운 감각을 경험했다. 그것은 전적으로 관능적이지도, 완전히 정신적이지도 않았으며, 내가 어느 정도 의지적으로 불러낼 수 있는 듯했지만 신으로부터 오는 쾌락이었다."

그녀는 『생애』에서 영혼을 신에게 이끄는 네 단계의 기도를 묘사한다. "주께서 영혼에게 주시는 기쁨은 그 어떤 것과도 비교할 수 없다. 기쁨이 너무 커서, 사소한 일이라도 영혼이 육체를 영원히 떠나게 할 것처럼 보인다." 영혼이 신을 찾는 순간, 그녀는 힘이 빠지고 황홀경에 사로잡히며, 숨도 힘도 잃어 큰 고통 속에서 손조차 간신히 움직일 수 있다고 기록한다. 이때의 기쁨은 매우 상세하고 관능적으로 묘사된다. 실제로 고통스러운 경련과 환각 같은 히스테리 증상은 종교적 체험으로 해석되었다. 그녀는 "이런 상태를 이해하지 못하는 고해성사들에게 고통을 겪는 것은 끔찍하다"고 한탄하기도 했다.

성 테레사는 장황한 자기 고백 속에서 종종 예수의 환영을 보았다고 전한다. 그는 그녀 곁에 서서 "내 딸아, 나는 여기 있다. 내 손을 보여라. 내 상처를 보라. 너는 나와 분리되지 않았다. 잠시의 지상 유배를 견더라"라고 말했다고 한다.

또한 그녀는 황금 창을 든 천사의 환영을 묘사했다. "그는 작은 체구였지만 아름답고, 얼굴은 찬란히 빛났다. 그의 창 끝에는 불꽃이 있었고, 그는 그것으로 내 심장을 꿰뚫었다. 그 고통은 강렬했으나 동시에 너무나 달콤해, 나는 결코 그것을 잃고 싶지 않았다. 이는 육체적 고통이 아니라 정신적 고통이었다." 그녀의 글에는 신과 영혼의 애무, 입맞춤, 포옹 같은 은유가 반복된다. 『아가서』를 해석한 저작과 『영혼의 요새』에도 이러한 관능적 언어가 가득하다.

이처럼 성 테레사의 황홀경은 최고의 기쁨과 육체적 고통의 융합으로 묘사된다. 그녀는 로드리게 알바레스 신부에게 보낸 편지에서 "몸에 대한 의식조차 사라졌다"고 고백했다. 이 고백은 그녀의 황홀경 체험과 정확히 맞아떨어진다. 그녀는 영적인 사랑 노래도 남겼는데, 원래의 스페인어 특유의 열정은 번역으로는 온전히 전달되지 않았을 것이다.

마지막으로 마담 귀용(1648~1717)을 들 수 있다. 그녀는 상세한 자서전을 남겼고, 남편에게는 냉담했으나 신과의 교제를 유일한 기쁨으로 삼았다. 그녀는 고백한다. "나는 오직 영혼을 형언할 수 없는 행복으로 전율케 하는 신성한 사랑만을 원한다. 그 사랑은 나를 녹여버리는 듯하다." 또 "내가 경험한 사랑을 가장 방탕한 자도 경험한다면 육체적 쾌락을 버리고 오직 신의 사랑만을 추구할 것"이라고 했다. 그녀는 "포도주와 사랑에 취한 자처럼, 내 열정 외에는 아무것도 생각할 수 없었다"고 적었다. 그녀의 체험은 감각적 쾌락과 긴밀히 연결되어 있음을 보여준다.

여기서 중요한 것은, 이 여성들을 단순히 병리학적 사례로 보는 것이 아니다. 이들은 여성적인 자기 헌신의 충동을 천상적 대상으로 투영했을 뿐이다. 그러나 그들의 사랑은 진정한 신비주의에 이르지 못하고 감상주의와 히스테리적 황홀경에 머물렀다. 예수의 환영, "구세주의 달콤한 상처"라는 상징에도 불구하고 창조적 힘을 불러일으키지 못했다. 반대로 천국의 여왕은 시인과 수도사들의 자유로운 창조의 산물이었다.

여성들은 형이상학적 사랑을 모방했으나 왜곡했다. 정신적·신격화적 사랑 대신, 성적 충동을 천상적 언어로 치장했을 뿐이었다. 이런 이유로 그들은 자주 진정한 신비주의자로 오해받았으나, 실상은 달랐다. 심지어 쇼펜하우어조차 마담 귀용을 "위대하고 아름다운 영혼"이라 칭했지만, 본질은 감각적 열정이었다.

결론적으로, 남성의 신격화된 사랑은 여성의 감정 생활에서 평행 현상을 찾을 수 없다. 여성의 감정은 형이상학적 사랑으로 승화되지 못했고, 결국 자연적 충동과 병적 상태를 벗어나지 못했다.

(b) 성적 신비주의자들

성적 신비주의는 그 자체로 모순이다. 진정한 신비

주의는 성(性)과 아무런 관련이 없기 때문이다. 그러나 억압된 성이 비밀리에 번성하며 영혼 전체를 점유할 때, 그 결과가 종교적 언어로 해석되곤 한다. 성적으로 고조된 주체가 자신의 황홀경에 종교적 의미를 덧씌우는 것이다. 나는 이러한 황홀경의 대다수—특히 여성의 경우—가 성에 뿌리를 두고 있으며, 소위 '신비주의'라 불리는 것의 상당 부분이 성적 충동의 일탈 또는 잘못된 해석에 불과하다고 단언한다. 이 점은 쇠퇴하던 중세의 채찍 수행자들과 일부 현대 개신교 종파에도 그대로 적용된다. 성 테레사와 마담 귀용의 황홀경 또한, 아무리 종교적 수사로 치장되더라도 결국 이 범주에 속한다. 나는 더 나아가, 동양 신비주의 역시 성적 기반 위에서 성장했다고 본다. 다만, 논의의 범위는 일관되게 유럽 문명에 한정하겠다.

이처럼 의심스러운 기원에서 비롯되어 신의 사랑을 가장하는 위조된 신비주의는, 진정한 신비주의자들과 형이상학적 에로티시스트들의 순수한 직관마저 더럽혔다. 그들조차도 이 가짜 성장물들을 완전히 피하지는 못했다. 중세의 심리적 순진함이 일정 부분 책임이 있다고도 할 수 있다. 이 중 대표적 인물이 클레르보의 성 베르나르다. 그는 『아가서 강해 (Sermones in Canticum)』에서 「아가서」를 신비-성적 상상의 토대로 삼았다.

이 방향에서 실상 새로운 것은 없다. 다만, 성 베르나르가 남긴 몇 연을 인용하면, 그것은 차라리 연애하는 수녀의 시처럼 읽힌다.

⟨그리스도의 옆구리 상처에⟩

주여, 내 입으로 당신을 만지고 숭배하나이다.
내가 가진 모든 힘으로 당신께 매달리나이다.
내 모든 사랑으로 내 마음을
당신 안에 잠그나이다.
내 생명의 피를 당신에게서
끌어내고자 하나이다.
오, 예수여! 예수여! 나를 당신께로 이끄소서!

당신의 맛은 얼마나 달콤한가!
당신을 맛본 자는, 오 예수 그리스도여,
당신 외에는 아무것도 맛볼 수 없나이다.
당신의 감미를 맛본 자는
당신으로 살아가나이다.

다른 모든 것은 공허하니,
영혼은 당신을 위해 죽어야 하나이다.
그리하여 내 마음이 희미해지고,
나는 당신을 위해 죽고자 하나이다!

(에밀리 메리 섀프코트 번역)

성 베르나르 이후 모든 시대의 가장 위대한 종교

시인은 야코포네 다 토디였다. 그는 드물게 열렬한 표현에 탐닉하기도 했다. 다만 그에게 귀속된 라틴 찬가 『슬픔의 성모(Stabat Mater Speciosa)』는 위작으로 판명되었다. 다음은 『성모의 묵주(Rosary of the B.V.M.)』에서 옮긴 번역이다.

> **다른 동정녀들을 훨씬 능가하는,**
> **동정녀여, 굽히지 마소서,**
> **당신의 겸손한 간청자의 호소에.**
> **그러니 내게 허락하소서, 당신과 하나 되어,**
> **그리스도의 사랑에 불타올라,**
> **여기서 내 환희를 노래하게 하소서.**

그러나 그는 의심할 여지 없이 다음 연의 저자였다.

> **사랑에 불타 위로 솟아오르며,**
> **영혼은 기뻐하고, 불꽃처럼 타오르며**
> **승리의 비행 속에 오르리라.**
> **지상의 근심은 아무것도 아니게 사라지고,**
> **사랑의 달콤한 발걸음이 가까워와**
> **그의 마음에 기쁨을 안겨주리라.**
> **모두 변모하고 완전히 벗겨져,**
> **웃음 속에 기쁨에 젖으며,**
> **순수하고 새롭게 빛나리니,**
> **신성한 사랑이 늘 그녀를 감싸리라.**

그러나 다음과 같은 시들은 의심할 여지 없이 진정한 종교적이고 순수한 감정에서 비롯되었다.

> **사랑에 싸여 네 팔이 그를 굳게 안고,**
> **그렇게 가까이 품어 결코 놓지 않으리라.**
> **네 마음속에 그의 신성한 형상을 새기고,**
> **죄의 길에서 멀리 영원히 나아가리라.**
> **그의 죽음이 네 무정한 마음을 가르니니,**
> **한때 단단한 바위를 쪼개듯 하리라.**

후대의 열렬한 신의 연인들 가운데 가장 저명한 인물은 성 요한 데 라 크루아, 알폰소 다 리구오리, 프랑수아 드 살이었다. 특히 프랑수아 드 살의 저서 『신의 사랑에 관한 논문』은 이 전통에서 이루어진 모든 성취를 능가한다.

나는 가톨릭과 개신교를 막론하고 여러 감상주의자들의 불모의 정서를 더 이상 길게 설명하지 않고, 이 장을 노발리스에 대한 짧은 논의로 맺고자 한다. 내가 이 시인을 언급하는 이유는 그의 천재성을 폄하하기 위함이 아니다. 그는 드물 정도로 감정의 깊이와 표현력을 지닌 중요한 증인이기 때문이다. 그의 시는 곳곳에서 야코포네를 떠올리게 하지만, 그는 그 열광적인 광신자와 달리 지나치게 병적이고, 또 충분히 순진하지 않았다. 그럼에도 그는 야코포네와 다른 시인들과 마찬가지로 초월적인 것을 감각으로 붙잡으려 했으며, 관능적이라 부를 수밖에 없는 사랑으로 신에게 다가가려는 갈망을 공유했다.

노발리스의 『밤의 찬가』는 관능적 사랑과 초월적 사랑이 완벽히 융합된 가장 장엄한 예이다. 동시에 젊은 나이에 죽은 약혼녀를 향한 사랑과 성모 숭배가 하나로 녹아든 작품이기도 하다. 그의 시에서 '밤'은 무한을 열어젖히는 상징이 되며, 그 독특하고 비통하며 숭고하고 병적인 시인의 마음속에서 사랑의 비밀이 드러난다. 그는 온 우주를 자신이 포옹하기를 갈망하는 여성적 존재로 보았다. 이는 성모에 대한 순결한 숭배도, 단순한 성적 신비주의적 노력이 아닌 새로운 감정이었다. 밤은 막연한 욕망을 불러일으키고 진정시키며, 새로운 예감을 낳았다. 연인은 밤에 대해 이렇게 노래한다.

> **무한한 공간 속에서**
> **너는 녹아내리리라.**
> **만약 그것이 너를 붙잡지 않는다면,**
> **만약 그것이 너를 묶지 않는다면,**
> **그리고 너를 전율케 하지 않는다면,**
> **불타올라 네가 세상을 낳으리라.**
>
> **진실로 네가 있기 전에 나는 있었네.**
> **내 성과 함께 어머니가 나를 보내셨네.**
> **네 세상에서 살도록,**
> **그리고 그것을 거룩하게 하도록,**

사랑으로.

여기서 신과 합일하려는 고대의 신비적 갈망이 '밤'이라는 상징으로 형상화된다. (이는 바그너의 『트리스탄』에서 다시, 더 확대된 형태로 등장한다.)

> 보라, 사랑이 감옥을 부수었네.
> 이제 이별은 없으리니,
> 삶의 만조가 끝없는 바다처럼 솟구치네.
> 초월적 사랑의 하룻밤,
> 오직 하나의 황금빛 노래,
> 그리고 영원한 자의 얼굴이
> 우리의 길을 밝히리라.

또한 노발리스는 완벽한 여성 숭배자였다. 그는 중세와 가톨릭을 사랑하며 이렇게 말했다. "종교 개혁은 기독교를 죽였다. 이제부터 기독교는 존재하지 않는다." "가톨릭은 기독교의 거룩하고 아름다운 여인, 즉 신성한 덕을 부여받아 모든 충실한 영혼을 가장 큰 위험에서 구원할 수 있었던 여인에 대한 사랑 외에는 아무것도 설교하지 않았다." 그는 경건주의자들의 전통을 따라 마리아에게 찬가를 썼으며, 특히 모성의 원리를 강조했다.

> 오, 마리아여! 당신의 제단에
> 수천의 마음이 엎드려 있나이다.

**이 쓸쓸한 그림자의 삶 속에서
그들은 오직 당신만을 갈망하나이다.
삶의 고통과 아픔에서 벗어나길 바라며,
오 거룩한 어머니여,
그들을 당신의 마음에 받아주소서.**

그는 젊은 나이에 죽은 약혼녀를 우상화했다. "그녀의 기억은 나의 더 나은 자아가 될 것이다. 내 마음속 신성한 상징이 되어 성소의 등불을 밝히고, 악마의 유혹으로부터 나를 구원할 것이다." 그리고 『오프터딩겐의 하인리히』에서 그는 이렇게 선포한다. "내 사랑하는 이는 우주의 축소판이다. 우주는 내 사랑하는 이의 확장이다." "하늘은 당신을 숭배하기 위해 내게 주어졌다. 나는 당신을 숭배한다. 당신은 성인이다. 당신은 신성한 영광이다. 당신은 영원한 생명이다."

이 감상적 여성 숭배는 만족할 수 없는 관능과 결합해, 그에게 특징적인 독특한 성적·신비적 세계 감정을 낳았다. 밤은 그의 영혼을 흔들었고, 사랑하는 여인의 기억, 성모 숭배, 우주에 대한 환상은 하나의 거대한 감정으로 융합되었다.

**세상의 여왕이여, 찬양을 받으소서!
신성한 세계의 숭고한 전령이여,
황홀한 사랑의 수호자여!
당신이 오시네, 사랑하는 이여―**

밤이 내렸네.
내 영혼은 황홀해지고,
이 지상의 여정은 끝났네.
당신은 다시 내 것이네.

나는 당신의 깊은 눈을 들여다보네.
사랑과 행복 외에는 아무것도 보지 못하네.
우리는 밤의 제단에 쓰러지고,
부드러운 침상에 베일은 벗겨지며,
황홀한 포옹에 불붙어
순수한 불꽃이 타오르네―
달콤한 희생의 불꽃이.

관능의 정점이자 육체적 포옹의 상징으로 독보적인 예는 「사랑의 비밀을 아는 자는 거의 없다」라는 찬가이다. 전체는 너무 길기에, 일부만 인용한다.

바다가 붉어지기를!
향기로운 살 속에서
바위가 녹기를!
달콤한 식사는 무한하니
사랑은 결코 만족하지 못하네.

더 부드러운 입술에 의해
과거의 황홀경은 변모하여
더 가까워지고 더 친밀해지네.

**황홀한 사랑이 영혼을 전율케 하네.
더 배고프고, 더 목마르게,
사랑의 황홀경은 영원히 지속되네.**

여기서 관능은 영원 속으로 흘러들고, 세상을 부수며 새로운 관계를 창조하려 한다. 이 앞에서 다른 모든 우주적 감정은 둔하고 초라하다. 가톨릭의 초월적 상징들은 만족할 수 없는 관능적 상상력을 형이상학으로 인도한다. 노발리스는 이렇게 묻는다. "누가 피의 본성을 이해한다고 말할 수 있는가?" 여기서의 피는 단순한 은유가 아니라, 우주의 몸을 따라 맥동하며 분출하려는 인간의 피다.

**장차 모든 것이 하나의 몸이 되리라.
천상의 피 속에서,
황홀경에 잠긴 두 존재가 떠다니리라.**

인간의 피는 천상의 피가 되었고, 인간의 관능은 곧 세계의 관능이다. 온 세상이 하나의 몸이기에, 이원성은 더 이상 필요하지 않다. 우주의 법칙이 된 성(性)은 인류, 하나님, 그리스도, 그리고 우주 전체를 지배한다. 이 찬가는 관능의 불멸화이다. 만약 사랑-죽음이 지상에서 충족될 수 없는 사랑의 불멸화라면, 그 반대편인 우주적 관능은 동양주의적 최종 의미에 닿는다. 오직 천재만이 유럽인에게 이질적인 감정을 표현하기 위해 새로운 상징적 언어를 만들어낼 수 있었다. 지상의 관능은 노발리스를 만족시키지 못했다. 인간으로부터 분리된 관능, 그 자체의 관능이 그의 종교였으며, 성(性)이 우주적 감정으로 고양되어 그의 최고의 창조물로 완성되었다.

나는 이제 남성의 감정 생활이 처음부터 두 가지 뿌리, 즉 성적 충동과 개인적 사랑에 기반했음을 명확히 밝혔다고 생각한다. 초월적 사랑의 연구에서 이 두 원리의 대비가 분명히 드러나며, 우리가 이들이 이론과 현실에서 언제나 뒤섞여 있었던 이유를 이해하게 된다. 우리는 마지막으로 성(性)이 온 우주를 소유하려는 시도를 살펴보았다. 이제는 두 에로스적 요소의 진정한 결합, 곧 괴테와 노발리스가 정신적 사랑과 우주적 관능을 최고 정상으로 끌어올린 시기를 주목해야 한다.

3부
성(性)과 사랑의 결합

1장. 합일에 대한 갈망

 인류는 동물 세계로부터 짝짓기 본능을 물려받았다. 그러나 문명이 발전하면서 이 본능은 점차 소수의 개인, 때로는 단 한 사람에게 집중되는 경향을 보였다. 12세기 초, 인류 역사에 전례 없는 감정―개성에 기반한 남성의 여성에 대한 정신적 사랑―이 등장했다. 이로부터 현대에 이르기까지, 성적 충동과 정신적 사랑이라는 두 에로스적 원리는 내적 결합 없이 나란히 공존해왔다.

 처음부터 성적 충동은 존재했고, 그 궁극적인 목적은 쾌락이었다. 그러나 곳곳에서 성적 쾌락과 병행해 다양한 강도의 정신적 사랑이 나타나기도 했다. 그러던 18세기 후반, 처음에는 조심스럽게, 그러나 점차 힘과 결단력을 얻으면서, 에로스적 감정의 유일한 근원을 '사랑하는 이의 개성'에서 찾으려는 경향이 나타났다. 이는 성적 충동과 정신적 사랑을 분리하지 않고 조화로운 전체로 융합하려는 갈망이었다. 개성은 육체와 영혼을 하나로 결합시키는 더 높은 종합의 원리로 인식되기 시작했다.

 이 새로운 징후는 프랑스 혁명 시기에 뚜렷이 드러났다. 루소의 작품과 괴테의 『젊은 베르테르의 슬픔』은 그 흔적을 보여준다. 이후 낭만주의자들에 의해 발전되었고, 오늘날까지 이어지는 현대적 사랑의 전형이 되었다. 이 통합은 곧 육체와 영혼의 한계를 극복하는 것을 의미하며, 에로티시즘의 가장 큰 문제로 자리 잡았다.

　에로티시즘의 세 번째 단계는 쾌락보다 사랑이 우위를 차지하고, 성적·생식적 요소는 정신적이고 개인적인 사랑에 의해 중화되는 특징을 가진다. 연인들의 육체적·정신적 결합은 궁극적 현실이 되어, 영혼과 감각 사이의 경계가 지워진다. 극단적인 경우, 육체적 결합은 특별한 즐거움으로조차 느껴지지 않으며, 전체 사랑의 체험에서 차지하는 비중이 줄어든다. 동물 세계에서 비롯된 보편적 유산인 관능적 쾌락은, 인간의 최고의 보물인 개성에 의해 정복된 것이다.

　첫 번째 단계의 특징은 관능적 만족과 인간 형태의 아름다움에 대한 미적 쾌락이 지배하는 것이었다. 두 번째 단계는 덕, 순수함, 친절, 지혜 등 인간 영혼의 고귀한 특성을 사랑이 일깨우는 단계였다. 세 번째 단계에 이르러서는 관능적 쾌락과 정신적 사랑이 더 이상 분리되지 않는다. 사랑하는 이의 개성만이 본질적인 것이 된다. 그녀가 행복을 주든 불행을 주든, 선하든 악하든, 아름답든 평범하든 상관없이, 개성 자체가 에로티시즘의 유일하고 최고의 원천이 된다. 이 단계에서는 첫 번째 단계처럼 남성이 여성을 지배하지도 않고, 두 번째 단계처럼 여성을 숭배하며 복종하지도 않는다. 이는 완전한 성 평등, 상호적 교류의 단계이다.

　만약 성적 충동이 물질처럼 무한하고, 정신적 사랑이 형이상학적 이상처럼 영원하다면, 그 둘의 종합은 인간적이고 개인적인 것이다.

18세기 이전에는 이러한 새로운 결합이 문명 속에서 뚜렷하게 존재하지 않았다. 그러나 간혹 예견되거나 암시되는 경우가 있었다. 초기 독일 민네징거들, 이를테면 디트마르 폰 아이스트나 퀴른베르크는 특히 여성의 목소리를 빌려 말할 때 현대적 감정에 가까운 정서를 드러냈다. 알브레히트 폰 요한스도르프의 시는 현대적 사랑의 핵심인 상호성을 잘 표현한다.

> 두 마음이 그렇게 결합되어
> 그들의 사랑이 결코 시들지 않을 때,
> 나는 어떤 이도 그것을 망쳐서는 안 된다고 믿네.
> 오직 죽음만이 두 사람을 갈라놓으리라.

더 나아가 그는 다음과 같은 구절에서 훨씬 현대적인 감정을 표현한다.

> 이것이 사랑의 척도이니,
> 두 마음과 하나의 기쁨,
> 두 사랑이 하나의 사랑, 더도 덜도 아니네.
> 둘 다 행복으로 가득 차 있고,
> 재앙 속에서도 하나의 재앙,
> 어느 쪽도 다른 쪽을 떠나지 않네.

발터 폰 데어 포겔바이데는 사랑을 모든 선하고 고

귀한 것의 원천으로 보는 동시대의 개념을 받아들였으나("사랑이 무엇인지 말해주오?"), 끝내 그것을 전적으로 수용하지는 않았다.

사랑은 두 애틋한 마음의 황홀경이니,
만약 둘이 똑같이 나눈다면,
그곳에 사랑이 있네.

더 오래된 증거는 신비주의 성향을 띠었던 스콜라 철학자 성 빅토르의 휴고에게서 찾을 수 있다. 그는 결혼을 "남성과 여성 사이의 우정"이라 정의했다.

내 지식이 완벽할 수는 없지만, 나는 세 번째 단계—개인적 사랑, 즉 성적 충동과 정신적 사랑의 융합—이 18세기 후반 이전에 명확히 표현된 사례는 없다고 본다. 시간이 흐르면서 성(性)과 정신적 사랑 사이의 긴장은 다소 완화되었고, 성은 덜 악마적으로, 사랑은 덜 천상적으로 이해되었으나, 원칙 자체는 변하지 않았다.

이 주제와 관련해 특별히 언급할 만한 인물은 레오나르도 다 빈치다. 그는 종합을 완전히 성취하지는 못했으나, 예술적으로 예감한 최초의 인물이었을 것이다. 그의 여성들—특히 모나리자—이 예외적인 위치를 차지하는 이유는 바로 이 예감에 있을 것이다. 레오나르도는 예술가로서뿐 아니라 연인으로서도 시대를 앞선 사람이었지만, 고립된 사례로 보아야 한다.

세 단계는 오직 남성의 에로티시즘에만 해당한다. 남성의 감정은 잔인함에서 신성함으로, 그리고 점차 인간적인 차원으로 발전하며 역사를 형성했다. 그러나 여성에게는 이러한 변화가 전혀 영향을 미치지 않았다. 남성과 비교하면 여성은 오늘날에도 처음과 다름없이, 자연 그 자체로 존재한다.

여성에게 연인은 언제나 전부였다. 그는 감각적 쾌락의 수단도 아니었고, 순수히 정신적 사랑의 대상으로서 숭배받는 초월적 존재도 아니었다. 그러나 그녀는 언제나 나뉘지 않은 사랑을 바쳤고, 그 속에서 육체와 영혼의 구분은 존재하지 않았다. 남성이 오랜 세월 추구하고도 완전히 소유하지 못한 '더 높은 직관'은 여성에게 본래부터 주어진 것이었다. 그녀의 가장 진정한 소명은 사랑이었고, 남성이 힘겹게 반쯤만 성취한 것을 자연으로부터 본능적으로 지닌 것이다.

남성의 심오한 이원론은 여성에게 낯선 것이다. 여성의 위대함이자 한계는 본능의 단순성과 무오류성에 있으며, 그것은 진화가 없고 따라서 격세유전이나 일탈을 낳지 않는다. 여성은 성적 본능과 개인적 사랑 사이의 간극을 거의 의식하지 못한다. 이 점이 예외적으로 드러날 때, 우리는 예카테리나 여제와 같은 지적 위대함을 보거나, 반대로 병적 현상이나 무감각을 보게 된다.

따라서 이원론적 에로티시즘은 정상적인 여성에게는 이해할 수 없고, 불건전하게 느껴진다. 사랑의 통일은 여성에게는 당연한 것이기에, 세 번째 단계는 실질적으로 여성의 직관을 남성이 인정한 것에 불과하다.

오늘날 여성의 권리와 주장이 크게 부각되는 시대에도, 여성의 감정은 여전히 그 자체로 완결되어 있다. 남성의 불화와 이질성에 비해 여성은 단순함과 조화를 보여준다. 순수히 정신적 숭배나 미분화된 성적 욕망은 그녀에게 예외적인 현상일 뿐, 여전히 비정상적인 것으로 남는다.

이 끊임없고 결정적인 여성의 에로티시즘은 아마도 오토 바이닝거가 설명했듯, 여성의 성적 본질에서 기인한 것으로 보인다. 그것은 절대적이며, 명확한 의식의 수면 위로 떠오르지 않는다. 그러나 바이닝거의 이원론은 본질적으로 자기 기준에 맞지 않는 것을 평가하고 규정하려는 시도라는 한계가 있다.

결국 여성 에로티시즘의 핵심은 정신과 육체의 통일에 있다. 반면 남성의 경우는 다르다. 에로스적 요소들의 점진적 기원을 살펴보는 것이 이 차이를 이해하는 데 도움이 될 것이다.

여성의 경우, 일차적인 성적 본능은 존재 전체에 스며들어 큰 변동이나 변화 없이 점차 세련되고 정화되었다. 반면 남성의 경우, 이 본능은 언제나 육체적·정신적 삶의 특정 영역에 국한되었고, 개인적 사랑의 최종적 형태에 도달하기 위해서는 전혀 새로운 경험이 필요했다. 따라서 남성의 사랑은 오랜 갈등과 투쟁의 결과물로 강화된 것이며, 그 속에는 수 세기 동안 이어진 고통과 흔적이 담겨 있다. "쾌락은 저속하다"는 말의 진실은 이 경험을 통해 확립된 것이다.

여성 에로티시즘을 설명하는 역사적 사례들이 이를 뒷받침한다. 그리스 고대에는 알케스티스가 있었다. 그녀는 남편의 생명을 연장하기 위해 자발적으로 죽음을 택했으며, 이는 부모의 사랑도 이루지 못한 헌신이었다. 에우리피데스의 알케스티스는 오늘날에도 우리에게 친숙한 감정을 보여준다. 충실한 순교자인 페넬로페 또한 비슷한 사례다.

정신적 사랑이 라틴어 논문과 기행문과 함께 점차 형성되고 격렬한 갈등 속에서 자리를 잡아갈 때, 여성의 영혼은 이미 오늘날 우리가 '사랑'이라 부르는 감정으로 빛나고 있었다. 이를 증명하는 세 가지 사례가 있다.

첫째, 프랑스 여류 시인 마리 드 프랑스의 『레(Lais)』이다. 그녀의 작품은 브르타뉴와 켈트 전승을 바탕으로 하며, 민요적 감수성과 가까운 순수한 감정으로 가득하다. 단순한 사랑과 갈망, 그리고 사랑의 슬픔을 노래한다. 예를 들어, 한 편은 란발과 귀네비어의 애절한 이야기를, 또 다른 편은 트리스탄과 이졸데의 비극을 다룬다.

> **트리스탄과 여왕에 대하여,**
> **그들의 사랑이 너무나 섬세하여,**
> **그로 인해 많은 고통을 겪었고**
> **마침내 같은 날에 죽었네.**

이 단순하고 순진한 감정은, 동시대 프로방스 시인들의 세련되고 학식 있는 사랑의 무기고와 뚜렷한 대조를 이룬다.

둘째, 한 전설 속에서 한 남작은 딸을 안고 산 정상까지 오를 수 있는 자만이 그녀의 손을 얻을 수 있다고 선언한다. 많은 이가 도전했으나 중간에서 힘이 다했다. 그러나 그녀가 은밀히 사랑한 기사는 세상으로 나가, 몇 년간 탐색 끝에 마시면 엄청난 힘을 주는 마법의 묘약을 발견한다. 그는 환희에 차 사랑하는 이를 품에 안고 등반을 시작했고, 처음에는 강인하게 묘약을 비웃었으나 곧 힘이 빠지기 시작한다. 처녀는 간청했다. "마셔요, 사랑하는 이여, 제발!" 그러나 그는 오직 자신의 힘으로 정상에 도달하려 했고, 끝내 정상에 도착했지만 곧 땅에 쓰러져 숨을 거두었다. 처녀는 그의 시신 위에 몸을 던져 눈과 입술에 입 맞추고 그와 함께 죽었다.

이 단순한 이야기는 새로운 사랑의 형태—상호 헌신과 사랑의 완성으로서의 '사랑-죽음'을 보여준다. 이는 600년 뒤에야 명확히 표현될 개념이었으나, 이미 켈트 영혼 속에서 그 싹을 틔운 것이다. 여성 숭배가 로마네스크 세계(튜턴 영혼의 산물)에서 비롯되었다면, 이 사랑-죽음은 억압된 켈트족의 꿈에서 태어났다. 그들은 영혼을 꿈에 쏟아부어, 오늘날에도 깊은 감동을 주는 아름답고 숭고한 비전을 남겼다.

12세기 독일 여성의 라틴어 사랑 편지 세 통은 당시 여성의 내면을 보여주는 귀중한 기록이다. 그녀는 연인에게 감동적인 말로, 그에 대한 사랑이 결코 마음에서 지워질 수 없음을 고백한다. "나는 영원히 내 가장 깊은 마음속에 가두어 둔 당신에게로 향합니다." 그녀는 죽을 때까지 변치 않을 충실함을 약속하고, 그 역시 같은 충실함을 요구한다. "수천 명 중에서 내 마음은 당신을 선택했습니다. 당신만이 내 갈망을 만족시킬 수 있으며, 결코 내 사랑이 부족하다고 느끼지 못할 것입니다. 나는 당신에게 나 자신을 맡깁니다. 내 모든 희망은 당신에게 집중되어 있습니다. 나는 더 많은 말을 할 수 있지만, 그럴 필요는 없습니다." 이어 매혹적인 독일어 연이 덧붙는다.

너는 나에게, 나는 너에게,
영원히 묶여 있네.
내 마음속에 너는 갇혔고,
나는 열쇠를 던져버렸네.
결코 다시는 자유로울 수 없네.

세 번째 편지에서 그녀는 형식적인 라틴어를 버리고 친근한 독일어로 직접 말한다. 그러나 남자의 대답은 서툴고 어색하다. 그는 "당신은 말의 목에 인간의 머리를 얹었고, 아름다운 여성의 모습은 추한 물고기 꼬리로 끝납니다"라며, 자신에 대한 불확실함을 드러낸다. 이별이 불가피해 보인다.

그러나 중세의 가장 감동적인 증거는 무엇보다 아벨라르와 엘로이즈의 유명한 사랑 이야기다. 이는 현대의 감정과 다르지 않은, 한 여성의 열정적인 헌신을 보여주는 가장 오래된 문서라 할 수 있다. 아벨라르는 엘로이즈에게 베일을 쓰고 수녀원에서 관능의 죄를 회개하라고 설득했으나, 그녀의 영혼은 오직 연인에게만 향해 있었다. "나는 신에게서 아무런 보상도 기대하지 않는다. 내가 한 일은 그에 대한 사랑 때문이지, 하나님 때문이 아니었다. 나는 당신에게서 당신 자신만을 원했다. 결혼이나 선물을 바라지 않았다. 내 욕망을 충족시키려 하지 않았고, 오직 당신의 뜻을 이루려 했다. 아내라는 이름은 명예로울지 모르지만, 나는 당신의 정부, 심지어 창녀라고 불리는 것을 더 선호했다. 그만큼 나는 당신 눈에 은총을 얻고 싶었다. 나는 오직 당신을 위해 살기 위해 세상의 모든 즐거움을 포기했다."

그러나 아벨라르의 답장은 차갑고 신학적이었다. 그는 과거의 사랑을 "육체의 저주받은 욕망"이라 규정하며, 그것은 악마의 덫에 불과했다고 단언한다. "우리 둘 다를 죄에 얽히게 한 내 사랑은 사랑이라 부를 자격이 없다. 그것은 육체의 욕정일 뿐이었다." 그는 엘로이즈가 소중히 간직한 추억을 지옥과 악마의 소행으로 치부했고, 심지어 그에게 가해진 잔혹한 범죄를 "영원히 관능의 죄에서 구원한 축복"이라 불렀다. 더 나아가 그는 거의 조롱조로 이렇게 썼다. "당신의 지혜가 날마다 주님께 얼마나 많은 영적 결실을 낳는가! 만약 당신이 육체의 욕망에 빠져 몇 명의 지상의 자녀만 낳았다면, 얼마나 끔찍한 손실이었겠는가! 그러나 지금은 천국의 왕국을 위해 수많은 영적 딸들을 낳으니, 당신은 다른 여성들과 달리 남자들보다도 훨씬 높은 자리에 올랐다."

이 서신들은, 여전히 갈등과 회개 속에 남은 남성과, 이미 사랑 속에서 완성에 이른 여성을 극명하게 대비시킨다. 그녀는 처음부터 목표에 도달했지만, 그는 여전히 길고 고통스러운 여정을 걸어야 했다. 그래서 엘로이즈는 이렇게 탄식한다. "세상이 늙어버린 듯하고, 모든 인간과 생명체가 신선함을 잃은 것 같다. 사랑이 사람들의 마음에서 식어버린 것 같다."

그렇다면 중세 기독교가 관능에 적대적이었던 근본 원인은 무엇인가? 그것은 에로티시즘 그 자체에 포함된 긴장이었다. 당시 세상은 정신적 사랑과, 인간이 동물과 공유하는 성적 본능이라는 두 요소만을 알았다. 문명과 기독교의 관점에서 유일한 구원은 동물적 본능을 극복하는 것이었다. 이원론적 시대를 지배한 관능에 대한 경멸과 투쟁은 일관된 것이었다. 금욕주의는 그 시대 문화가 도달할 수 있었던 최고의 형태였다.

그러나 기독교를 본질적으로 금욕의 종교로 규정하는 것은 오류다. 중세의 금욕은 개성의 원리가 아직 미성숙한 단계에서 나타난 현상일 뿐이었다. 성(性)과 정신적 사랑이 종합될 때, 기독교는 마침내 개성의 종교로서 사랑을 인정해야 했다. 개신교는 이를 마지못해 수용했다. 루터의 성(性)에 대한 동요는 그 우유부단함의 전형이다. 그는 성(性)을 '타협해야 하는 악'으로만 보았고, 결혼 역시 불완전한 타협이었다. 그러나 새로운 형태의 사랑이 태어나자, 기독교는 개성의 종교로서 마침내 그것을 수용할 수밖에 없었다.

이 여담 후, 나는 다시 세 번째 사랑 단계의 시작으로 돌아간다. 만약 내가 에로티시즘의 역사를 쓰고 있다면, 이제 로코코 시대를 다루어야 할 것이다. 로코코는 본질적으로 합리주의적이고 쾌락에 돌두한 시대였다. 눈에 보이는 것 외에는 믿지 않았고, 사랑을 오직 관능적 쾌락으로 이해했다. 이전까지 관능이—적어도 이론적으로는—악으로 간주되었다면, 이제는 외설적인 것으로 전락했다. 모든 웅장함과 초월적 의미를 잃은 채, 단순한 오락의 형태로 변질된 것이다.

18세기는 에로티시즘 연구자에게는 흥미롭지만, 본질적으로 새로운 것을 낳지 못했다. 프랑스의 압도적 지배 아래, 인류 역사에서 유례없는 관능의 시대가 펼쳐졌다. (아마도 초기 동양 문명을 제외하면.) 파리의 귀부인들은 심지어 고대의 여성 지배 풍습을 부활시켰다. 카사노바는 그 시대의 성적 영웅이었으며, 말년까지도 성공적인 여성 편력가였다. 그는 깊이나 섬세함은 부족했지만, 잘 교육받은 노련한 성애자였다. 라클로의 『위험한 관계』 속 발몽 자작은 냉정하고 교활한 유혹자의 전형으로, 관능의 신으로 묘사된다. 여기에 니농 드 랑클로 같은 인물이 더해졌다. 그녀는 80세가 되어서도 여전히 욕망의 대상으로 남았고, 쾌락을 즐겼다.

이 과도한 세련됨과 관능의 시대가 끝나자, 루소, 괴테의 『베르테르』, 횔덜린에게서 볼 수 있듯 문명에 대한 혐오와 자연에 대한 사랑이 등장했다. 여기에 밀접하게 연결된 것이 바로 감상적 사랑이었다. 이는 오늘날의 현대적 사랑 개념의 직접적 선구자였다. 감상적 사랑은 정신에서 비롯되었지만, 육체와 영혼의 통일을 갈망했기에 항상 약간의 불협화음을 내포하고 있었다.

루소는 이 낭만적인 자연 숭배와 여성에 대한 감상적 사랑을 최초로 제창했다. 그는 구체제의 경박함에 대한 반동이었고, 동시에 세 번째 사랑 단계의 시작을 알렸다. 그의 『신 엘로이즈』(1759)는 감상적 사랑을 본격적으로 표현한 첫 작품이라 할 수 있다. 이어 괴테의 『베르테르』(1774)는 시인의 개인적 감정을 충실히 반영하며 더욱 강렬하게 그려졌다.

베르테르의 사랑은 처음에는 순전히 정신적이었다. "로테는 내게 신성하다. 그녀 앞에서는 모든 욕망이 침묵한다." 그러나 결국 그는 극복할 수 없는 열정으로 그녀를 갈망한다. 꿈은 그 본질을 속이지 않았고, 그는 열정적인 포옹 속에서 갈망의 정점에 도달했음을 깨닫는다. 이 결말은 마치 현대 사랑의 전형처럼 보이며, 그 이전의 모든 단계를 아우른다. 작품 속 부수적 인물들도 각각 극단을 보여준다. 한 남자는 숭배하는 사랑으로 미쳐 11월의 들판을 헤매며 꽃을 모았고, 다른 젊은 농부는 질투심에 경쟁자를 죽였다. 그러나 베르테르는 두 극단 사이의 길을 택했고, 그것이 곧 죽음으로 이어졌다.

『신 엘로이즈』와 『베르테르』는 모두 감상적으로 영혼을 통해 종합을 시도한 작품이다. 그러나 프리드리히 슐레겔은 『루친다』(1799)에서 정반대의 길을 모색했다. 그는 격렬히 비난받는 동시에 열렬히 칭송받았다. 당시 "육체의 해방"이 시대의 모토가 되었을 때, 그는 순교자로까지 추앙받았다. 철학자이자 신학자인 슐라이어마허는 루친다에서 수세기의 속박에서 벗어난 해방을 보았다. 그는 기쁨에 차 외쳤다. "사랑은 다시 온전해지고 하나가 되었다." 그는 이를 "신만이 아시는 먼 미래 세계의 비전"이라고 불렀다.

"사랑은 다시 올 것이다. 새로운 삶이 부서진 팔다리를 결합하고 활기를 불어넣을 것이다. 사랑은 자유와 기쁨 속에서 인간의 마음과 행위를 지배하고, 생명 없는 허상의 덕을 대신할 것이다." 슐라이어마허는 또 이렇게 말한다. "왜 우리는 이 투쟁(관능과 정신적 사랑 사이의 투쟁)에서 멈춰야 하는가? 인류의 새로운 발전은 언제나 과거의 성취와 조화를 이루려 하지 않는가?"

그의 『슐레겔의 루친다에 관한 비밀 편지』는 슐라이어마허를 에로티시즘 세 번째 단계의 철학자로 자리매김하게 했다. (두 번째 단계의 이론가가 사제 안드레아스였던 것처럼.) 세 번째 단계는 독일 낭만주의자들 사이에서 처음 발판을 마련했다. 여성들도 이 승리를 성취하는 데 중요한 역할을 했다. 나는 장 파울, 헨리에타 헤르츠, 브렌타노, 소피 메로, 도로시 베스트, 셸링, 프리드리히 겐츠의 이름만 간략히 언급해 두겠다.

빌헬름 폰 훔볼트는 혁명의 해에 실러와 나눈 대화를 기록했다. 실러는 주저 없이 고백했다. "사랑과 관능의 융합은 언제나 가능하고 언제나 존재한다." 그러나 훔볼트는 망설였다. "그것은 가장 아름답고 섬세한 관계를 파괴할 것이다. 너무 이질적이어서 일관성을 유지할 수 없다. 무엇보다 대부분의 경우 그것은 불가능하다."

1779년의 한 문서에는 현대적인 조화로운 사랑의 개념 전체와 그 황홀한 정점인 사랑-죽음이 담겨 있다. 이는 후대의 낭만주의자들이 이론화한 『루친다』조차 그 빛을 잃게 만든다. 그것은 고트프리트 아우구스트 뷔르거가 몰리에게 보낸 편지 중 유일하게 보존된 한 통이다. 그 안에는 다음과 같은 열정적인 구절이 있다.

"내가 영적으로 당신을 얼마나 열렬히 껴안는지 표현할 길이 없습니다. 내 안에는 격렬한 삶의 소동이 일어나 종종 폭발하고, 그 후에는 정신과 영혼이 지쳐 죽음 직전의 상태에 이르는 듯합니다. 짧은 평온은 언제나 더 거센 폭풍을 부릅니다. 종종 폭풍우 치는 칠흑 같은 밤, 나는 당신에게 달려가 당신의 품에 몸을 던지고, 무한한 기쁨의 바다 속에서 당신과 함께 죽고 싶습니다. 오 사랑이여, 오 사랑이여! 육체와 영혼을 끊을 수 없는 끈으로 묶는 당신의 힘은 얼마나 놀라운가! … 나는 온 세상을, 아니 모든 하늘을 헤매며 모든 기쁨을 검토해 보아도, 영원한 신 앞에 맹세하건대, 당신을 내 품에 안는 것만큼 열렬히 바라는 것은 없습니다. 맨발로 가시와 바위, 눈과 얼음을 딛고 지구를 한 바퀴 돌아 당신을 얻을 수 있다면, 그리고 죽음 직전 마지막 불꽃으로 당신의 가슴에 안겨 새로운 생명과 행복을 얻을 수 있다면, 나는 그것을 하찮은 대가라고 여길 것입니다."

이보다 더 많은 현대 사랑의 증거를 제시할 필요는 없을 것이다. 다음 장에서는 그것의 형이상학적 완성, 즉 사랑-죽음을 논의하겠다. 다만 여기서는 성(性)이 개인에게 투영된 것과 종합적 사랑 사이의 미묘한 차이를 간단히 짚고자 한다.

몇몇 동물에서도 성적 본능은 어느 정도 개별화되어 나타나지만, 결국 그것은 만족을 위한 적절한 짝을 찾는 충동에 불과하다. 쇼펜하우어에서 바이닝거에 이르기까지 잘 알려진 '성적 매력' 이론들은 사랑을 단순히 종족의 번식을 위한 상호 보완으로 해석한다. 그러나 이는 진정한 의미의 현대적 사랑과는 무관하다. 이 이론들은 개인을 무시하고 오직 종족만을 강조하며, 개별화를 단지 종족에 봉사하는 도구로 본다. 반면 진정한 개인적 사랑은 본능에 의해 불타오르는 것이 아니다. 그것은 단순히 전문화된 성적 충동이 아니라, 성적 욕망을 의식하지 않은 채 사랑하는 이의 정신과 육체를 통합적으로 포용한다. 그것은 순수한 정신적 사랑과 함께, 숨은 욕망 없이 여성을 높이고 영화롭게 하려는 열망을 공유한다.

물론 이 구별은 때때로 실제로 불가능할 수 있으며 머리카락을 쪼개는 듯 보일 수 있다. 그러나 기원을 따져 올라가 보면, 세 번째 단계의 형이상학적 정점인 사랑-죽음에서 그 반속적(反屬的) 성격이 드러나므로 원칙적으로 중요하다. 그러나 한 남성이 동일한 여성에게 다른 시기에 정신적 사랑과 관능적 사랑을 함께 투영하는 일은 드물지 않다.

쇼펜하우어가 주장한 '자손애(子孫愛) 본능'은 오늘날 학자와 일반인 모두에게 거의 신조처럼 받아들여지고 있다. 그는 사랑이란 결국 종족 보존을 위한 무의식적 본능일 뿐이며, 최고의 자손을 낳으려는 종족의 의지 외에는 다른 목적이 없다고 보았다. 『사랑의 형이상학』에서 그는 이론을 정교하게 제시하며 "모든 사랑은, 아무리 고상하게 포장되더라도, 본질적으로 성적 본능에 뿌리를 두고 있다. 그것은 단지 전문화된, 개별화된 성적 욕망일 뿐이다"라고 단언했다.

그러나 그의 이론은 내가 언급한 현상들을 설명하지 못한다. 그는 대조가 서로를 끌어당긴다는 피상적 관찰 외에는, "종족의 천재"라는 신화를 뒷받침할 근거를 제시하지 못했다. 설령 육종학적 결과가 인간에게도 적용된다 하더라도, 그것은 사랑과는 무관하다. '자손애 본능'의 신봉자들은 구체적으로 어떤 인물이 다음 세대를 위해 최선의 짝인지 설명하지 못한다. 그것이 법을 지키는 시민인지, 불안한 개혁가인지, 아니면 예술가나 사상가인지조차 답하지 못한다.

그럼에도 불구하고 이 전설은 오늘날 과학자들조차 무비판적으로 받아들인다. 니체조차 이 교리에 매혹되었는데, 결혼을 "창조자들보다 더 위대한 것을 창조하려는 두 사람의 의지"라 정의하고, 인간은 그 자체로 목적이 아니라 다리를 놓는 존재라 말한다. 그가 "아직 자녀의 어머니가 될 여성을 찾지 못했다"고 한 발언 역시 쇼펜하우어의 '자손애의 천재' 신화를 반복한 것이다. 쾌락이나 자손을 고려하지 않은 사랑의 본질적 가치는 그에게 알려지지 않았던 듯하다.

쇼펜하우어의 영웅은 사랑의 의미를 개인이 아닌 종족 개념에 두며, 개별적이고 독특한 존재의 가치를 지운다. 그러나 모든 위대한 감정은 그 자체로 목적이다. 우리가 거기에 '목적'이나 '편의성'을 덧붙이는 것은 후대의 발명일 뿐, 감정 자체와는 무관하다. 두 번째 단계의 정신적 사랑은 번식을 목적으로 하지 않았으나, 그 숭고함은 능가하기 어려운 것이었다. 여성의 신격화와 함께 사랑은 무한으로 뻗어 나갔으며, 사랑-죽음은 사랑에 부여된 모든 속적인 목적을 무의미하게 만들었다.

설령 사랑을 배제하고 단순히 성적 본능만 인정한다 하더라도, 종족의 이익을 위해 본능이 '분별력'을 발휘한다는 생각은 순수한 상상에 불과하다. 본능은 인류의 행복과 불행에 관심이 없으며, 오직 자기만족만을 추구한다.

요컨대 '자손애 본능'은 존재하지 않는다. 있는 것

은 단순한 짝짓기 본능과, 별도로 존재하는 의식적인 자녀 욕망일 뿐이다. 이 둘은 본질적으로 다르다. 짝짓기 본능은 대체로 자녀에 대한 소망을 동반하지 않으며, 자녀에 대한 갈망은 성적 욕망 없이도 충분히 존재할 수 있다. 이 상이한 충동들을 억지로 하나의 본능으로 묶는 것은 환상적 형이상학일 뿐, 영적 현실이 아니다.

고대의 역사는 이를 잘 증명한다. 먼 과거에는 성적 충동과 자녀에 대한 소망이 각각 독립된 영역을 차지했으며, 자녀에 대한 소망은 종종 의무로 이해되었기 때문이다.

오늘날 널리 믿어지는 '자손애 본능'의 전설은 성관계 자체가 비천하고 저속하다는 일반적인 감정에서 비롯되었다. 그러나 실제로 성관계가 사랑에서 가장 갈망되는 것임을 누구나 어렴풋이 알면서도, 그것을 공개적으로 인정할 용기가 부족했기 때문에 사회적 관점에서 이를 정당화하려는 시도가 이루어진 것이다.

사랑과 관능 사이의 균형은 아직 확립되지 않았다. 성적인 문제가 끊임없이 논란이 되는 것은, 더 높은 단계가 아직 최종적으로 도달되지 않았음을 의미한다. 수많은 결합은 결함을 안고 있다. 현대 문학이 지칠 줄 모르고 에로티시즘을 다루는 것도 같은 맥락이다. 만약 언젠가 완전한 통일이 이뤄진다면, 그것은 게르만 민족의 몫일 것이다. 왜냐하면 신라틴 민족은 사랑을 개별화된 본능, 혹은 드물게 순전히 정신적인 사랑으로 이해했기 때문이다. 그러나 세 번째 단계가 인류 보편의 상태가 될 가능성은 낮다. 그것은 오래도록 특정한 개인에게만, 그리고 그들의 삶의 한 시기에만 국한될 것이다.

대다수 남성들의 감정은 변하지 않았다. 그것은 원시적으로 성적이다. 사랑에 빠졌다고 불리는 상태에서 한 여성에게 집중되지만, 시간이 지나면 다른 관심사에 묻혀 버린다. 반면 여성의 감정은 고대와 크게 다르지 않다. 사랑은 여성을 한 남자의 품으로 이끌고, 그녀는 충실히 그 곁에 머물다가, 서서히 본능이 자녀에 대한 사랑으로 전환된다. 그러나 평균적인 여성조차 육체와 영혼이 동시에 영향을 받는다. 여성이 사랑했던 남자가 그녀를 단지 만족의 도구로만 대했다는 사실을 알게 되는 순간보다 끔찍한 경험은 없다. 조화롭게 조직된 여성이 오직 성적 욕망만을 좇는 남자에게 자신을 바쳤다면, 그것은 그녀의 본성을 가장 심각하게 배반하는 일이 된다. 이런 이유로 정상적인 여성은 매춘부를 혐오한다. 매춘부는 남성의 성적 만족을 위한 수단으로 자신을 내맡음으로써 고유한 조화와 개성을 잃어버렸기 때문이다. 또한 이것은, 윤리적 신념이나 논리적 결론과 상관없이, 우리가 남편과 아내의 충실함을 다른 기준으로 평가할 수밖에 없는 이유이기도 하다.

남성에게 성(性)은 독립된 요소로, 비록 가치 없는 것으로 보이더라도 역사적 뿌리를 지닌 채 존재한다. 남자가 본능에 굴복하더라도 그의 개성은 파괴되지 않고 거의 영향을 받지 않는다. 여성의 경우는 다르다. 그녀에게 해방된 성은 곧 내적 소멸을 의미한다. 과거의 지지가 없기 때문에 독립적으로 존재할 수 없기 때문이다. 남성은 본래 조직이 이질적이어서, 영적 소멸이 감정의 영역에서는 거의 불가능하다. 순전히 성적인 남성은 이미 극복된 과거의 단계를 되풀이할 뿐이지만, 그는 완전히 성의 마법에 사로잡히지 않기 때문에 존재의 다른 부분을 발전시킬 수도 있다. 따라서 이중도덕은 객관적인 근거를 갖고 있으며, 남성이 완전한 에로스적 통일을 성취했을 경우에만 부당하다.

삶이 복잡해질수록 개인과 집단의 관계도 다양해지고 복잡해진다. 사람은 노동조합의 일원이자 정치·예술·스포츠·사교의 네트워크 속에 놓여 있다. 또 그는 수집가이거나 특정 사회 현상에 몰두하기도 한다. 현대 문명에서 인간 개성의 요소들은 전체로서가 아니라 부분적으로 분리되어, 다른 사람들의 유사한 요소들과 연결된다. 우리의 사회 원리는 공동체뿐 아니라 개인에서도 '분업'이다. 한 사람과는 철학만, 다른 사람과는 음악만, 또 다른 사람과는 사적인 문제만 이야기할 수 있다. 그러나 이런 방식은 언제나 인간의 일부분만 만족시킬 뿐, 전체 존재를 충족시키지 못한다. 그 결과, 자신의 온 개성을 하나의 위대한 업적이나 혹은 한 개인과의 관계에 쏟아붓고 싶어 하는 욕망은 사회가 전문화될수록 더 강해진다.

풍부하게 재능을 지닌 사람일수록 인류에 흩어져

있는 자질들이 한 개성 안에 결합된 대상을 찾고, 그 개성에 자신을 완전히 헌신하고자 한다. 현대 사회가 만들어낸 인간의 분열은, 우리가 논하는 위대한 사랑에 대한 갈망의 중요한 원인 가운데 하나다. 인간을 분리하지 않고 전체로 포용하고, 더 높은 직관 속에서 육체와 영혼을 소멸시키며, 상호적 자기 헌신을 주고받는 사랑에 대한 갈망은 점점 강해지고 있다. 인간 발전의 모든 폭을 포괄하는 현대 사랑의 이념은 역사상 유례가 없다. 한 사람이 온 인류를 대표해야 한다.

연인은 여성에게 언제나 세상의 전부였지만, 남성은 사랑하는 이 외에도 다른 세계를 소유했다. 그러나 현대는 여성이 존재하는 모든 것을 더 높은 형태로 남자에게 주어야 한다고 요구한다. 단순히 감각적 만족이나 정신적 사랑만이 아니라, 동료로서의 우정까지 포함해야 한다. 그녀는 고대 그리스인과 튜턴족에게 의미 있었던 '친구'의 역할까지 담당해야 한다. 흥미롭게도 진정한 에로티시스트는 우정을 나눌 여유가 거의 없고, 반대로 단지 성적 충동에 지배된 남자는 여성에 대해 빈약한 생각을 가지며 오히려 남성적 우정을 크게 평가한다.

현대 사랑은 모든 인간적 관계를 포괄하려 하며, 일·오락·예술까지 포함하려 한다. 여성이 연인과 공유하지 못하는 활동에 대해 본능적인 질투를 느끼는 것은, 그가 자신에게 배타적으로 속하지 않는 것들이 사랑의 통일을 위협할 수 있다는 두려움 때문이다. 이런 전면적 사랑이 풍부하게 부여받은 본성에서 가능할지, 또 새로운 갈등을 낳을지는 단언하기 어렵다. 그러나 한 가지는 확실하다. 위대한 사랑은 지상에서 완전한 완성을 얻지 못한다.

2장. 사랑의 죽음

형이상학적 에로티시즘의 두 번째 형태

무한에 대한 갈망은 사랑 속에 잠재되어 있다. 그것의 본질은 도달 가능한 것을 넘어, 황홀경 속에서 삶과 세계의 의미를 찾으려는 열망이다. 위대한 에로티시스트란 감정을 본질로 삼는 내적 존재이며, 그 감정을 극한까지 끌어올리고자 하지만 결국 인간 감정의 불완전함에 좌절하는 인물이다. 그는 자기실현을 향한 의지에 의해 이끌리지만, 그 최종적 비극은 인간의 한계라는 수레바퀴에 부서지는 것이다.

행동가의 비극은 다른 유형의 위대한 인물들의 비극보다 덜 보편적이다. 그는 인류 전체의 제약에 구속되지 않고 개인적이고 우연한 조건에 의해 제한된다. 따라서 그의 목표를 달성하면 일종의 완성에 이른다. 그러나 사상가, 예술가, 종교적 열광자, 그리고 연인은 다르다. 사상가는 지성을 통해 존재를 파악하려 하지만, 존재의 본질은 결코 지성으로 붙잡히지 않는다는 고뇌를 겪는다. 예술가는 걸작을 창조하지만, 그의 마음속 이상은 영원히 손에 닿지 않는다. 성인은 인간에게 가능한 완벽을 이룩했으나, 인류를 짓누르는 불완전성에 절망한다. 그리고 위대한 에로티시스트는 감정의 세계에서 영웅이며, 사랑의 완성을 갈망하면서 이미 삶의 경계에 도달한다.

에로티시스트가 완벽에 이르는 길은 여러 갈래다.

돈 후안처럼 끝없이 탐구하는 자가 있는가 하면, 지상에서 만족을 찾지 못한 여성 숭배자도 있다. 그러나 가장 드물고 위대한 연인, 즉 온 존재의 섬유로 육체와 피의 여성을 사랑하는 이는 이들과 본질적으로 다르다. 영혼의 깊이가 클수록 보완적 존재를 찾기는 어렵고, 잃었을 때 대체하기도 불가능하다. 진정한 에로티시스트는 보완적 존재를 찾으면 압도적인 의지로 완벽한 결합을 추구한다. 그것은 반박할 수 없는 논리로 다가오며, 동시에 최고의 행복과 무한한 슬픔을 수반한다.

그러나 바로 이 압도적 사랑 속에서 넘을 수 없는 장벽이 드러난다. 연인은 둘이며, 결코 하나의 불가분한 실체가 될 수 없다. 개성의 사실 그 자체가 완전한 결합을 가로막는 최종적인 장애물로 서 있다. 감정이 강렬할수록 연인들은 이 장벽을 더 절망적으로 느끼며, 서로의 존재를 완전히 흡수할 다른 형태의 삶을 갈망한다. 개성과 존재의 영원한 이원성은 저주처럼 다가온다. 연인들은 분리된 개성으로 삶을 계속해야 한다는 사실을 견디지 못한다.

위대한 에로티시스트는 자신을 거리낌 없이 바칠 수 있는 존재를 찾았을 때, 바로 그 사랑 속에서 행복과 동시에 불행의 근원을 발견한다. 인류에게 주어진 가장 위대한 선물인 개성은, 동시에 고독과 분리의 근본 원인이 된다. 영혼은 자신의 고립과 사랑하는 이와의 최종적 합일이 불가능하다는 사실을 경악 속에서 인식한다. 유럽 문명이 최고의 가치로 여겨

온 완전한 개성은, 이제 가장 큰 고통의 원인으로 드러난다. 따라서 그 완성이 아니라 소멸만이 진정으로 갈망해야 할 것이 된다.

이 지점에서 인류는 경계에 도달한다. 위대한 사상가가 지성의 한계에서 모든 지식의 경계를 발견했다면, 위대한 에로티시스트는 개성의 완전함 자체에서 장벽을 발견한다. 그는 그것을 견딜 수 없기에, 사랑 속에서 자아의 영원한 분리성을 체험한다. 결국 그 장벽을 허물 수 있는 유일한 길은 개성의 소멸, 곧 죽음을 통한 파괴다.

영혼은 사랑하는 이와 함께 고독을 벗어나려는 의지로 나아간다. 삶이 부정하는 것을 죽음을 통해 성취하고, 꿈에서 예감한 더 높은 상태를 실현하며, 사랑하는 이와 하나 되어 새로운 보편적 존재로 변모하고자 한다. "그러면 나 자신이 곧 세상이다." 모든 개인적 삶은 지워지고, 사랑과 죽음을 통한 합일은 더 높은 존재 상태로 들어가는 문이 된다. 그것은 삶이 결코 줄 수 없는 마지막 황홀경이며, 인간 이해의 한계를 넘어선 해방을 향한 절망적인 시도다. 바그너가 '구원'의 문제를 자신의 과제로 삼아 이를 웅장하게 표현한 것은 상징적이다.

사랑-죽음의 이념을 유럽적 삶의 관점 부정이나 개성의 세계 감정 거부로, 혹은 존재 위에 비존재를 높이는 무력한 동양 철학의 승리로 해석하는 것은 잘못이다. 사랑-죽음의 본질은 오히려 개성이 새로은 긍정적 존재 형태로 자신을 실현하려는 결단 속에 있다. 이는 다른 영역에서 이상과 개인이 결합해 인간 삶의 완벽에 이르는 것과 마찬가지로 최종적인 종합으로 느껴진다. 영혼이 먼저 최고의 가치로 전제되지 않는다면, 개인적 사랑의 원천인 영혼을 동시에 소멸시키고 초월하는 것도 불가능할 것이다. 개인적 사랑이 존재하지 않는 동양이나 일본에서는 사랑-죽음의 사상 자체가 성립하지 않는다. 인도의 과부 소각 풍습은 사랑-죽음과는 전혀 다르다. 그것은 사랑의 희생이 아니라, 주인의 죽음으로 삶의 목적을 잃은 여인이 노예처럼 스스로를 버리는 행위일 뿐이다.

연인의 완전한 통일은 지상에서도 짧게나마 가능하며, 대체로 에로스적 갈망을 충족시킨다. 이는 두 가지 방식으로 실현된다. 하나는 모든 욕망이 침묵하고 시간의 폭정을 잊게 하는 평화로운 합일의 순간이다.

> **마음은 고요하고, 아무것도 방해할 수 없네.**
> **가장 깊은 생각, 그녀의 것이 되려는 생각을.**

또한 새로운 시인은 이렇게 노래한다.

> **내 주위에, 놀라운 존재여,**
> **네 마법의 망각의 베일을 드리워라.**
> **내 마음을 불안에서 풀어주고**
> **흔들리지 않는 평온이 머물게 하라.**
> **세상의 혼란은 이미 지나갔네.**

**이 좁고 고요한 피난처에는
강력한 치유의 향유가 깃들어 있네.**

 이 목가적 완성 옆에는 또 다른 길, 곧 상호 황홀경의 완성이 있다. 이때는 두 존재가 아니라 하나의 존재로 느껴지며, 육체와 영혼이 황홀경 속에서 개인적 의식을 거의 지워버린다. 이 기쁨은 너무 순수해 쾌락조차 독립된 요소로 인식되지 않고, 삶이 완전히 변모하는 의식만 남는다. 위대한 심리학자가 말한 "영원을 갈망하는 쾌락"은 이 정점에서 소멸되어 더 이상 자신을 의식하지 못하며, 연인의 완전한 통일감 속에 흡수된다. 따라서 더 이상 영원을 갈망하지 않는다. 니체가 말한 수준은 외곽일 뿐, 진정한 심연에서는 쾌락이 사라지고 새로운 의식만이 남는다.

 위대한 사랑의 황홀경은 감정이 쾌락과 고통을 넘어 육체적 존재의 한계를 인정하지 않음을 증명한다. 따라서 사랑의 절정은 필연적으로 영원성을 향한 열망, 곧 개인적 의식의 파괴라는 이념을 낳는다. 이를 잘 보여주는 예로 에리카 라인쉬의 시 구절이 있다.

**이제 내 입술을 여는 것은 헛되리라.
말도, 입맞춤도 고백하지 못하리라.
어떤 기쁨과 슬픔, 희망과 절망이
번개처럼 나에게서 그대에게 번쩍이는지.
신조차도 우리를 결합시킬 수 없기에
눈물은 비처럼 내리고**

타오르는 불길은 꺼지지 않네.
오, 마법을 깨뜨리고, 폭풍에 맞서
부서진 심장과 소멸하는 생명의 피로
그대를 위해 죽음의 고통을 견디리라.
어둡고 혼란스러운 사랑이여, 마침내
너는 안식에 이르리라.

우리는 사랑이 더 이상 차선에 만족할 수 없다는 사실을 인식한다. 사랑은 마지막 영웅적인 단계를 감행해야만 한다. 곧 육체와 영혼을 넘어 새로운, 최종적인 무엇을 창조하는 것이다. 왜냐하면 "하나님 자신도 결코 우리 둘을 결합시킬 수 없기 때문"이다. 사랑-죽음은 그 자체 외에 어떤 가치도 알지 못하며, 외부의 영향을 거부하고 영원과 마주하기로 결심한 상호 사랑의 최종적이고 불가피한 결론이다. 사랑과 죽음, 이 두 힘은 운명적이고 신비롭게 인간 삶 위에 솟아 있다. 고립된 경험은 그들을 달랠 수 없으며, 그들은 전체 존재를 삼킨다. 모든 것을 흡수하는 사랑에 사로잡힌 연인에게, 그리고 죽음의 문턱에 선 이에게, 다른 모든 것은 하찮아진다. 사랑-죽음의 위엄 앞에서 삶은 무너지고, 새로운 예감된 영역에서 포착되고 초월된다.

사랑-죽음의 사상, 즉 세상이 사랑에 의해 지배되어야 한다는 의지는 감정이 제시할 수 있는 가장 절대적인 가정이다. 왜냐하면 사랑-죽음은 감정의 결정적이고 돌이킬 수 없는 승리이기 때문이다. 그것은 세계 문제와 인간 존재의 근본 과정을 해결하려는 황홀경의 응답이다. 우리는 흔히 사랑과 죽음을 대립물로 간주하고 서로 멀리 떨어진 것으로 생각한다. 결혼과 장례가 사회생활의 극점인 것도 같은 맥락이다. 그러나 사랑-죽음의 황홀경은 모든 것을 초월하는 힘으로 이 두 극점을 결합한다. 삶의 정점은 곧 그 끝이 되어야 한다.

연인의 완전한 합일은 지상에서도 잠시 실현될 수 있으며, 대체로 에로스적 갈망을 충족시킨다. 그것은 모든 욕망을 침묵시키고, 시간의 폭정을 빼앗아 버리는 듯한 평화로운 합일 속에서 나타난다. 괴테는 이렇게 말한다.

> **마음은 고요하고, 아무것도 방해할 수 없네.**
> **가장 깊은 생각, 그녀의 것이 되려는 생각을.**

또 다른 시인은 이렇게 노래한다.

> **내 주위에, 놀라운 존재여,**
> **망각의 마법의 베일을 드리워라.**
> **내 마음을 불안에서 풀어주고,**
> **흔들림 없는 평온이 깃들게 하라.**
> **세상의 혼란은 이미 지나갔네.**
> **이 좁고 고요한 피난처에는**
> **강력한 치유의 향유가 머물고 있네.**

이 목가적 완성 곁에는 또 다른 완성이 있다. 곧 상호 황홀경 속에서 이루어지는 합일이다. 이때 연인들은 더 이상 두 존재가 아니라 하나로 느껴지며, 육체와 영혼은 황홀경 속에서 개인적 의식을 거의 지워버린다. 이 기쁨은 너무나 순수해 쾌락조차 독립된 요소로 의식되지 않고, 삶 전체가 완전히 변모하는 체험으로 다가온다.

위대한 심리학자가 말한 "영원을 갈망하는 쾌락"은 이 정점에서 소멸해 더 이상 자신을 의식하지 못하며, 연인의 완전한 합일 속에 흡수된다. 따라서 더 이상 영원을 갈망하지 않는다. 니체가 다다른 단계는 여전히 바깥 마당에 불과하다. 진정한 심연에서 쾌락은 소멸하고, 새로운 의식만이 남는다. 위대한 사랑의 최고 황홀경은 감정이 쾌락과 고통을 넘어 육체적 존재의 한계를 부정한다는 것을 증명한다. 그리고 필연적으로 사랑의 황홀경은 자신만의 영원성, 곧 개인적 의식의 파괴라는 이념을 낳는다.

이를 잘 보여주는 예로 에리카 라인쉬의 시가 있다.

> **이제 내 입술을 여는 것은 헛되리라.**
> **말도, 입맞춤도 고백하지 못하리라.**
> **어떤 기쁨과 슬픔, 희망과 절망이**
> **번개처럼 나에게서 그대에게 번쩍이는지.**
> **신조차도 우리를 결합시킬 수 없기에**
> **눈물은 비처럼 내리고,**

**타오르는 불길은 꺼지지 않네.
오, 마법을 깨뜨리고 폭풍에 맞서,
부서진 심장과 꺼져가는 생명의 피로,
그대를 위해 죽음의 고통을 견디리라.
어둡고 혼란스러운 사랑이여, 마침내
너는 안식에 이르리라.**

우리는 사랑이 더 이상 차선에 만족할 수 없다는 사실을 인식한다. 사랑은 마지막 영웅적인 단계를 감행해야 한다. 곧 육체와 영혼을 넘어 새로운 최종적 실재를 창조하는 것이다. 왜냐하면 "하나님조차 우리 둘을 결합시킬 수 없기 때문"이다. 사랑-죽음은 그 자체 외에는 어떤 가치도 알지 못하며, 어떤 외부적 영향도 허용하지 않은 채 영원과 마주하려는 상호 사랑의 마지막이자 필연적인 결론이다. 사랑과 죽음, 이 두 힘은 운명적이고 신비롭게 인간 삶 위에 군림한다. 고립된 체험으로는 그들을 잠재울 수 없으며, 그들은 전체 존재를 집어삼킨다. 모든 것을 흡수하는 사랑 속에서, 죽음의 문턱에 선 연인에게, 다른 모든 것은 무의미하다. 사랑-죽음의 위엄 앞에서 삶은 무너지고, 새로운 예감된 영역에서 포착되고 초월된다.

사랑-죽음이라는 사상, 즉 세상이 사랑에 의해 지배되어야 한다는 의지는 감정이 내세울 수 있는 가장 절대적 가정이다. 그것은 감정의 최종적이고 돌이킬 수 없는 승리이며, 세계와 존재의 문제에 대한 황홀경의 해답이다. 인간은 사랑과 죽음을 대립적 개념으로 여기며, 결혼과 장례를 사회생활의 양 극점으로 삼는다. 그러나 사랑-죽음의 황홀경은 모든 것을 초월하는 힘으로 이 두 극점을 결합한다. 삶의 정점은 곧 그 끝이어야 한다.

여기서 발견되는 것은 낳음과 파괴의 단순한 결합이 아니라, 예감된 통일을 이루려는 자발적인 생명의 포기다. 종종 관능과 죽음이 연결된 것으로 오해되지만, 에로티시즘의 더 높은 차원에서는 그렇지 않다. 사랑-죽음 속에서 관능은 자신을 희생하고 소멸한다. 낳음과 쇠퇴가 관련된 기능이라는 생각은 사랑을 단순히 번식과 연결하는 잘못된 전제에 기반한다. 이것이야말로 현대 사랑 이론의 치명적 오류이며, 인간 영혼에 울림을 주지 못하는 합리주의적 추상에 불과하다. 사랑과 죽음의 관계를 단순히 생성과 쇠퇴의 연관성으로 설명하는 것은 아름다운 사상일 수 있으나, 그 이상은 아니다. 현대의 종합적 사랑은 이러한 관계를 스스로의 형이상학적 완전성 속에서 산출한다. 그것은 단순한 성(性)도, 순수한 정신적 사랑도 아니다. 관능과 죽음을 결합하려는 충동이 발견되는 곳에서는 오히려 병적 본능이 작용하고 있을 뿐이다.

연인들이 외부적 장애 때문에 동반 자살을 선택하는 경우가 종종 있지만, 이는 사랑-죽음과는 무관하다. 그것은 상처 입은 자존심이나 불치병으로 인한 자살과 같은 단계에 속한다. 삶이 견딜 수 없게 된 개인이 절망 속에서 그것을 버리는 행위일 뿐이다. 사랑-죽음은 이에 비해 전적으로 긍정적 행위이며, 더 높은 차원의 형이상학적 통일을 향한 의지다. 사랑-죽음은 기적을 꿈꾸며, 아마도 그 완전한 위대함 속에서 결코 실현된 적이 없을 것이다.

하인리히 폰 클라이스트와 헨리에타 포겔의 동반 자살은 그 예로 종종 언급되지만, 진정한 사랑-죽음으로 볼 수 없다. 클라이스트는 생애 마지막 날까지 이 결심에 몰두했으며, 사촌 마리 폰 클라이스트에게 보낸 편지에서 이렇게 썼다. "만약 당신이 사랑과 죽음이 내 삶의 마지막 순간들을 천상과 지상의 장미로 아름답게 장식하는 것을 이해할 수 있다면, 나는 만족스럽게 죽을 수 있을 것입니다. 나는 지금 최고로 행복합니다." 그는 또 "가장 관능적인 죽음"을 말하기도 했다. 그러나 이것은 사랑이 필연적으로 완성을 요구한 결과가 아니라, 이미 각자 자살을 결심한 두 사람이 우연히 뜻을 모으면서 생긴 관념이었다. 사랑은 여기에서 결정적 역할을 하지 못했다. 클라이스트는 "헨리에타의 결심은 저항할 수 없는 힘으로 나를 그녀의 팔로 이끌었다"고 했지만, 이는 그가 어차피 자살했을 것임을 보여준다. 단지 그 기회를 공동 죽음의 황홀경으로 치환했을 뿐이다.

사랑-죽음의 사상은 진정으로 사랑하는 이들의 마음속에 종종 자리한다. 슐레겔의 『루친다』에는 "저 초월적 세계에서 우리의 갈망은 만족될 것이다"라는 구절이 있다. 레나우가 소피에게 보낸 편지에도 같은 사상이 반복된다.

바그너의 『트리스탄과 이졸데』에서 사랑-죽음의

사상은 완벽과 불멸의 차원에 도달했다. 이 감정의 복합체를 처음이자 마지막으로 온전히 구현한 것은 바그너의 업적이며, 그의 연인들은 인간 사랑의 궁극적 표상으로 인간 감정의 정점을 상징한다. 바그너는 종합적 사랑의 형이상학적 형태를 불멸화했으며, 그 의미는 신격화를 구현한 단테의 위상마저 능가한다.

1막에서 교환되는 사랑의 묘약과 죽음의 묘약은 깊은 상징성을 지닌다. 트리스탄과 이졸데는 외부의 장애에 절망해 죽음을 택하려 하지만, 사실 그들의 마음속에는 처음부터 사랑이 궁극적 차원에서만 완성될 수 있다는 예감이 깃들어 있었다. 묘약은 단순한 환영이 아니라, 이미 내면에 잠재해 있던 충동을 깨우는 계기였다. 트리스탄은 이졸데가 잔을 내밀던 순간 "너의 손길이 죽음을 주었다"는 확신을 얻고, 이졸데 또한 "너를 영원히 결합된 죽음으로 운명 지었다"고 고백한다.

2막은 연인들을 사랑의 심연 속으로 더 깊이 끌어들인다. 그들은 점차 죽음만이 완전한 결합을 보장한다는 사실을 깨닫고, "죽음이 파괴할 수 있는 것은 오직 우리를 갈라놓는 것뿐"이라는 인식에 이른다. 트리스탄이 내린 최종 결단을 이졸데가 따라가며, 두 사람은 "끝없는 기쁨 속에서 하나가 되어, 영원히 꿈꾸리라"고 선언한다. 바그너는 이를 밤과 낮의 상징으로 표현한다. 낮은 기만적 화려함, 밤은 무덤 너머의 참된 통일의 상징으로 대조된다. 이 순간 연인들은 위대한 사랑이 지상에서 완성될 수 없음을 깨닫고, 삶과 세계의 최종적 의미가 사랑을 통한 죽음, 곧 개별적 존재의 소멸에 있음을 발견한다.

3막은 호른과 비올라의 사라지는 선율로 시작된다. 이는 사랑에 의한 세계 재창조가 사라진 후의 삶의 공허와 무의미를 드러낸다. 트리스탄은 이 무의미를 쇼펜하우어적 세계관 속에서 해석하며, 사랑의 완성이 죄의 결과와 맞닿아 있음을 인식한다. 그는 "끔찍한 묘약, 내가 그것을 끓였다!"라며 사랑이 불러온 죄와 운명을 저주한다.

마지막 장면, 흔히 "이졸데의 사랑-죽음"이라 불리는 대목에서 바그너는 사랑의 최종적 통일, 곧 의식으로는 포착할 수 없는 형이상학적 상태를 음악으로 형상화한다. 그는 이를 빛, 소리, 향기의 이미지로 표현하며, 세계의 다원성이 더 높은 차원에서 하나로 흡수되는 비전을 제시한다. 그러나 여기서의 죽음은 단순한 소멸이 아니다. 사랑 속에서 변모되고 완성되는 것이다. 연인들의 감정은 현실 세계를 버리고 새로운 삶을 창조하는 신성한 힘을 얻은 듯 보인다. 이것이 『트리스탄과 이졸데』의 위대한 형이상학적 성취이자, 인간 사랑의 궁극적 형상이다.

사랑-죽음을 가장 깊은 존재의 필연성으로 인식하는 사람은, 지상의 삶이 더 이상 충족시킬 수 없는 황홀경에 빠진 이와 같다. 그는 자신을 더 높은 우주적 존재로 이끄는 힘을 의식하며, 그 경험은 결국 신 안에서 개인 영혼의 소멸로 귀결된다. 사랑 속에서 죽는 이는 서로의 완전한 통일을 직접 추구하고, 이를 통해 간접적으로 예감된 형이상학적 존재 속에서의 소멸을 갈망한다. 사랑-죽음은 신비적 황홀경의 에로스적이고 인간적인 형태이며, 최고 형태의 사랑이 발전하기 전에는 불가능한 개념이었다.

형이상학적 에로티시즘은 유럽 정신의 산물이다. 그것은 사랑을 불멸화하려는 개성과 결합되어 있으며, 이 개성 문화가 결여된 동양에서는 이해되지 않는다. 셈족, 인도인, 일본인은 감각적 황홀경만을 경험할 뿐, 그것은 향락과 피로 속에서 맴돌며 불임으로 끝난다. 역사 속 종교적 성적 난교는 관능을 통해 더 높은 직관에 도달하려는 시도였지만, 우연한 성관계와 개인의 소멸은 결코 새로운 가치를 낳지 못했다. 헤겔에 따르면 역사의 의미는 개인이 노예 상태에서 자유로 성장하는 데 있다. 그러나 동시에 문화의 발전은 개인이 자신을 개별적 존재로 인식하게 만든다. 형이상학적 에로티시즘은 바로 이 지점에서 탄생하며, 개성의 완성과 동시에 여성 신격화가 시작된다. 고도로 발달한 개성의 파괴, 즉 불행한 본성의 마지막 산물은 사랑-죽음의 개념이었다.

여성의 신격화는 에로스적·예술적·종교적 창조 행위로서 초자연적 여성 존재를 창출했다. 이는 새로운 내용과 새로운 감정 세계를 열어, 더 높은 이상을 위한 힘을 낳았다. 여성에 대한 사랑이 영원으로 투영되던 그 순간, 오늘날 정신적 삶의 기반이 되는 위대한 씨앗이 뿌려진 것이다. 그러나 이 신격화는 응답 없는 사랑, 즉 고독한 남자의 사랑에 근거한 것이었다. 완벽한 여성의 꿈은 현실에 어떤 요구도 하지 않기에 결코 실망시키지 않는다. 본질적으로 사회적 감정이 이원성에서 완성되는 대신, 고독 속에서 성취되는 점은 역설적이지만 사실이다.

반면 사랑-죽음은 절대적 평등과 상호성 위에 서 있다. 그것은 고독이 아닌 연인의 동반 속에서만 완성을 찾는다. 온 존재를 사랑하는 이에게 바치는 연인에게 고독한 숭배는 차갑고 무의미하게 느껴진다. 여성은 본질적으로 고독을 알지 못하며, 신격화의 사상도 그녀에게는 낯설다. 그녀는 남자와 함께, 그를 통해서만 최고에 도달한다. 연인을 따라 죽음으로 들어가는 것은 그녀에게 더 자연스러운 행위다. 그러나 그녀가 그 뒤에 영원을 예감하는지는 여전히 의문이다.

여성 신격화가 창조적이고 봄처럼 신선한 힘을 불러일으킨다면, 사랑-죽음은 우울한 비애 속에서 개별 존재 전체를 요구하고 그 외의 모든 것을 파괴한다. 그것은 창조적이지 않다. 이미 모든 것을 소멸시킨 후에는 그 너머가 존재하지 않기 때문이다. 신격화에서 종교적 충동은 숭배 속에서 만족을 얻지만, 사랑-죽음은 종교적 황홀경의 가장 극단적 실현이다. 두 현상 모두 사랑과 종교의 결합이며, 형이상학적 에로티시즘의 역설적이면서도 논리적인 귀결이다.

사랑의 압도적인 갈망은 사회적 의미로도 해석될 수 있다. 사랑은 두 존재 사이에서 가능한 가장 직접적이고 강렬한 관계이지만, 동시에 그 완전한 성취가 불가능하기에 사회적 삶의 가장 진정한 비극을 드러낸다. 모든 사회적 감정이 결핍과 불완전함을 안고 있듯, 사랑 역시 이 운명을 피할 수 없다. 결국 사랑은 지상의 삶을 넘어 공동 죽음의 마지막 포옹 속에서 자신을 던지며, 그 완성이 불가능함을 인정한다.

3장. 성(性)과 사랑의 갈등

사랑의 탐구자와 사랑의 노예

성(性)과 사랑의 균형이 항상 확립될 수 없다는 점은 명백하다. 진정한 의미에서 완전한 통일은 매우 드물며, 아마도 유토피아적 이상에 가깝다고 할 수 있다. 앞 장에서 나는 에로티시즘의 최고 형태에서 두 요소가 융합되는 과정을 다루었다. 이제는 성과 사랑이 불완전하게 결합될 때 나타나는 주요 현상들을 살펴보고자 한다. 이 현상들은 지금까지 제대로 해석되지 않았으며, 흔히 병리학적 형태로만 설명되어 왔다. 그러나 본질적으로 병리적이지 않은 도착 역시 존재한다.

소위 사디즘의 근본적 형태는 내가 '사랑의 탐구자'라 부르는 에로스적 유형에서 찾아볼 수 있다. 이 유형의 연인은 순수하고 정신적인 사랑을 갈망하지만, 현실 속에서는 물질적 성향에 끌려 끝내 성적 충동에 굴복한다. 그는 여인에게서 이상을 찾으려 하지만 번번이 실망하고, 그 결과 자신이 정복한 여성을 비난하거나 경멸한다. 종종 무의식적으로 그는 그에게 욕망을 불러일으킨 여성을 미워하고, 그녀를 벌하거나 학대한다. 이때 우리는 진정한 돈 후안과, 그의 병적인 변형인 사디스트를 보게 된다. 심지어 가장 잔혹한 사례조차도 결국은 "여자에게서 정신적 사랑을 찾지만, 성적 본능만을 발견하고 복수하는 남자"

라는 심리학적 유형으로 설명할 수 있다. 많은 남자들이 특정 여성, 특히 자신에게 깊은 환멸을 안겨준 여성에게만 사디즘적 감정을 품기도 한다. 시간이 흐르며 이 도착의 정신적 뿌리를 거의 잃고 육체적 행위에만 몰두하는 경우도 있지만, 여성에 대한 막연한 복수 본능은 여전히 그 속에 남아 있다.

사랑의 탐구자와 여성 숭배자는 공통적으로 일상적 여성을 넘어서는 이상을 추구한다. 그러나 숭배자는 자신과 숭배 대상 사이에 거리를 둠으로써 감정의 순수성을 지켜내며 결코 실망하지 않는다. 반면 탐구자는 모든 여성을 자신에게 끌어들이려 하고, 매번 자신이 결국 관능주의자에 불과하다는 사실을 확인한다. 새로운 정복은 그의 꿈을 반복적으로 무너뜨리고, 그는 돈 후안이라면 희생자를 경멸하거나 불명예스럽게 하고, 사디스트라면 학대함으로써 복수한다. 그럼에도 그는 결코 환상을 완전히 버리지 못한다. 만족에 대한 갈망은 여전히 남아 있고, 자기 인식의 부재로 인해 언젠가 이상적인 여인을 만날 수 있다는 희망을 놓지 않는다. 그는 한 여인만을 영적으로 사랑했으나, 다른 모든 여성들을 성적 관점에서만 바라본 소르델로와 크게 다르지 않다.

돈 후안의 비극은 그가 낮은 에로스적 세계에서 방황하면서도, 결코 되돌아갈 수 없는 더 높은 영역을 영원히 동경한다는 데 있다. 그는 한 여성의 도움으로 자신을 구원할 수 있다고 믿지만, 오히려 점점 더 깊이 관능의 수렁에 빠진다. 결국 그는 악의적이고 잔인하며 무감각해지고, 쾌락의 노예가 된 자신을 혐오한다.

**갈망에서 향락으로, 다시 향락 속에서 갈망을,
나는 비틀거리며 방황한다.**

그는 만족을 알지 못한다. 그러나 원시적인 쾌락주의자와 달리 그의 본성 자체가 쾌락에 있는 것이 아니라, 쾌락을 사랑으로 착각하기 때문에 방황한다. 그는 오직 "여성들"만을 알 뿐, 개성과 그 결과물인 사랑을 이해하지 못한다.

돈 후안을 단순한 쾌락의 신봉자로 보는 해석은 타당하지 않다. 예컨대 카사노바는 전혀 다른 유형이다. 카사노바는 정신적 갈등이나 비극성이 없는 관능주의자였다. 그의 목표는 오직 인생에서 최대한의 즐거움을 누리는 것이었으며, 현실의 여성을 알았그 환상을 좇지 않았다. 그는 노년에 회고록을 쓰며 지난 쾌락을 회상했다. 반면 돈 후안은 자신이 배신한 여성들을 혐오하여 거의 기억조차 하지 않으며, 그 기억이 불러내지는 것을 극도로 싫어했다. 카사노바는 비형이상학적이고 단순한 인물이었으며, 그의 철학은 회고록 서문에서 분명히 드러난다. "나는 언제나 관능적 쾌락의 향유를 내 삶의 주요 목표로 여겼다. 그보다 중요한 것은 알지 못했다." 그가 에로스적 명성을 얻었음에도 본질적으로는 평범한 세속적 인물이었다. 발몽 자작 또한 모든 재치와 기교에도 쿨구하고 진정한 사랑의 탐구자가 아닌, 단순히 허세와 자랑을 위해 여성들을 유혹한 인물에 불과했다.

일부 비평가들은 돈 후안을 독재자, 파괴자, 여성의 사회적·도덕적 죽음을 노리는 악마적 성격으로 규정한다. 즉 정복 자체가 그의 열정이었다는 것이다. 이 해석이 전혀 근거 없다고는 할 수 없지만, 지나치게 외적인 현상에 집착하여 본질을 놓친다. 돈 후안은 여성을 해치려는 악한 욕망에서 움직인 것이 아니라, 자신이 찾는 것을 끝내 발견하지 못하는 실망감 속에서 그들을 버렸다. 그는 독재자의 욕망조차 갖지 않았다. 여성은 그에게 필요했지만, 결코 그가 갈망하는 것을 줄 수 없었다. 신성한 사랑은 그에게 닿지 않았고, 그는 영원히 구원받지 못한 존재로 남았다.

그럼에도 여성들이 그를 거부하지 못한 이유는 무엇일까. 여성이 남성에게서 본능적으로 감지하는 것은 단순하다. 자신이 그에게 큰 의미를 갖는가, 작은 의미에 불과한가 하는 점이다. 남자가 여성을 삶에서 가장 중요한 존재로 대할 때, 여자는 본능적으로 그에게 끌린다. 돈 후안은 무한한 에로스적 갈망으로 여성에게 접근했고, 그 갈망의 강도와 무한성은 여성을 거부할 수 없게 만들었다. 그녀들은 그의 공허함 속으로 자신을 던졌고, 패배의 순간에도 오히려 행복을 느꼈다.

만약 단 한 여성이라도 그를 거부했다면 그는 구원받았을지도 모른다. 그러나 그의 운명은 예외 없는 승리였다. 모든 여성이 그의 품에 스스로 몸을 던졌다. 이 점에서 돈 후안은 다른 성(性)을 지배하는 논쟁의 여지가 없는 주인이었다.

따라서 그는 제한된 의미에서 형이상학적 에로티시스트라 할 수 있다. 그는 성적 충동을 혐오하면서도 더 높은 사랑을 갈망했다. 이 태도는 '사랑의 노예' 유형과도 닮아 있다. 사랑의 노예는 숭배자의 태도를 흉내내지만 결국 성적인 영역에 빠져든다. 크라프트-에빙 이후 '마조히즘'으로 불린 이 감정은 병적 퇴화로 간주되지만, 반드시 병적인 것은 아니다. 여성을 여왕처럼 숭배하고, 그녀 앞에 무릎 꿇어 발에 입맞추기를 갈망하는 감정은 중세 음유시인과 기사들 사이에서도 흔했다. 도스토옙스키의 『젊은 영웅』 역시 이 감정을 섬세하게 묘사한다.

마조히스트는 사랑을 갈망하지만 순수한 정신적 사랑을 유지하지 못하고, 육체적 접촉을 열망한다. 사랑과 성을 융합하지 못하는 무능력, 즉 가치와 쾌락의 혼동이 가장 선명하게 드러나는 유형이다. 그가 택하는 외적 방식은 단지 상징일 뿐, 본질은 여성 숭배자의 태도, 곧 여왕 앞의 노예의 태도이다. 사랑의 노예는 정상적으로 남성적인 방식으로 여인에게 다가갈 수 없는 관능주의자이며, 정신적 숭배자의 자세를 빌려야만 한다. 그는 자신의 무능력을 비하와 학대 속에서 속죄하려는 욕망을 품고 있을지도 모른다.

그렇기에 인간적 관점에서 보면 사랑의 노예는 탐구자보다 더 높은 유형이다. 그의 잘못은 자신에게 돌아오지만, 탐구자는 희생자들에게 복수한다. 탐구자가 본질적으로 일부다처적이라면, 사랑의 노예는 대체로 일부일처적이다. 그러나 둘 다 결국 관능과 정신적 에로티시즘을 융합하지 못하고 실패한다. 오늘날 기록된 수많은 병적인 사례들 역시 결국 이러한 이론 안에 위치할 수 있다. 중요한 것은 현상의 군더더기 속에서 본질적인 유형을 구별해내는 일이다.

소위 페티시스트 역시 사랑의 노예의 변종이다. 그의 열정은 사랑하는 이, 혹은 사실상 어떤 여성에게 속했거나 속할 수 있는 사소한 대상에 의해 불러일으켜진다. 페티시즘의 고전적인 예는 중세 기사에게서 발견된다. 그는 연인에게 속한 손수건이나 장갑, 또는 다른 의복을 심장 가까이에 지니고 다니며, 그것이 악한 영향으로부터 자신을 보호한다고 믿었다. 여기서 우리는 정신적 사랑이 지상적 지지를 얻기 위해 물질적 대상을 의지하는 모습을 본다. 모든 이가 단테처럼 영혼을 세속의 오염으로부터 지켜낼 수 있는 것은 아니다.

신문 독자에게 잘 알려진 '땋은 머리 자르는 사람', 가터 수집가 같은 이들도 겉으로는 숭배하는 듯한 물건, 즉 페티시를 필요로 한다. 이와 같은 범주에는 여성의 그림이나 조각상, 특히 머리에 대한 우상 숭배적인 집착도 속한다. 일부 예술가들, 혹은 정신적으로 불안정한 이들이 여기에 해당한다. 이 경우 본래는 순수한 정신적 에로티시즘의 요소인 '아름다움에 대한 사랑'이 관능적 목적으로 전용된다. 다만 정상적인 개인은 그림 속 머리에서 어떤 성적 열정을 느끼지 않고, 그것이 정신적 감정을 고취하는 데 그치기에 이러한 숭배가 자기 계시로부터 보호받는다.

  내가 에로티시즘의 두 뿌리에 대한 이론을 제시한 이유는, 이러한 에로스적 도착을 새롭고도 그럴듯하게 설명할 수 있기 때문이다. 사실 도착의 존재는 피할 수 없는 결과라고도 말할 수 있다. 관능과 사랑의 조화로운 균형은 언제나 유지되기 어렵기 때문에, 균형을 상실한 도착이 반드시 발생하는 것이다. 이 장은 앞서 다룬 현대 사랑의 완벽함에 대한 논의를 보완하는 역할을 한다.

  사랑의 탐구자와 사랑의 노예는 모두 통일에 도달할 수 없는 이원론적 에로티시즘의 현상이다. 그렇기에 이들은 고대에는 존재하지 않았으며, 여성의 성(性) 안에서도 그 진정한 예를 찾을 수 없다. 여성의 모든 도착은 자세히 보면 히스테리, 즉 내적 균형의 결여의 다양한 형태일 뿐이다. 남성의 의지에 대한 여성의 복종은 많은 경우 자연스러운 현상이며, 그것만으로는 도착이라 할 수 없다. 따라서 우리는 다시 한 번, 여성의 에로티시즘이 남성의 그것보다 더 조화롭고 자연스럽다는 사실을 인식하게 된다.

4장. 성(性)의 복수

악마적인 것과 외설적인 것

결론적으로, 나는 오늘날의 감정 생활에서 중요하지만 종종 간과되는 현상들을 분명히 하고자 한다. 그것들은 관능과 사랑의 조화 부족에서 비롯되며, 이 주제와 밀접한 관련이 있다. 관능이 자연스러운 요소로 받아들여지고 의식에서 별도의 원리로 부각되지 않는 한, 악마적·성적 혹은 외설적인 감정 영역은 성립하지 않는다. 그러나 관능이 더 높은 원리, 즉 정신적·신성한 원리와 마주하는 순간, 자연스러운 삶, 특히 성(性)은 비천하고 불경하며 심지어 악마적인 것으로 낙인찍힌다. 신의 개념이 더 숭고해질수록 악마의 개념은 더욱 끔찍해졌다. 영혼이 높이 솟아오를수록 육체는 깊이 추락했다.

이 순수한 영성의 철학을 클레르보의 성 베르나르가 이렇게 표현했다. "오, 영혼이여, 신의 형상으로 빚어지고 그의 모습으로 장식되었으며, 신앙과 결혼하고 그의 피로 구속받고, 천사들의 동료이며 이성을 부여받은 너는, 왜 그렇게도 고통을 주는 육체와 무슨 관련이 있는가? 그러나 그것은 네 가장 가까운 동반자다. 보라, 언젠가 그것은 비참하고 창백한 시체, 벌레들의 먹이가 될 것이다. 아무리 화려하게 치장해도 결국 육체일 뿐이다."

후기 중세의 사람, 특히 금욕과 성의 대조에 사로

잡힌 성직자는 신을 사랑하기보다 악마를 두려워했다. 그는 상상력을 괴롭히는 관능적 유혹을 악마가 보낸 것이라 믿었다. 이로써 관능의 순진함은 영원히 사라졌다. 선은 신성하고 초자연적인 것으로 여겨졌고, 자연과 본능은 정죄되었다. 인간은 산산조각 났다.

그러나 악마는 두려움의 대상일 뿐 아니라 숭배의 대상이기도 했다. 10세기부터 14세기까지 절정에 달했던 악마 숭배는 신 숭배와 나란히 존재했다. 이단과 주술에 대한 공포가 커질수록, 구원을 포기한 이들은 피할 수 없는 악마 앞에 무릎 꿇었다. 단 한 번의 악한 생각만으로도 영원한 저주를 받는다고 믿었기에, 그들은 차라리 악마에게 몸을 맡겨 화형을 면하고 세상의 쾌락을 얻고자 했다. 사탄은 무한한 쾌락을 약속했고, 성직자들에게 박해받는 자들의 '구원자'로 받아들여졌다. 그 숭배는 미사의 외설적 패러디로 진행되었다고 전해진다. 미슐레의 기록에 따르면, 여성 숭배자의 몸이 제단이 되었고, 그 위에서 두꺼비가 성체 대신 축성되어 먹혔다. 신봉자들은 예수를 부인하고 그의 상에 입맞춤함으로써 사탄에게 경의를 표했다.

금욕주의와 방탕은 늘 짝을 이뤘다. 그것들은 희생자를 찢는 상호 전환 가능한 원리였다. 악마는 새로운 영혼을 얻기 위해 부하를 보낸다고 여겨졌다. 수도사들은 관능적 여성의 형상, 즉 서큐버스의 모습으로 나타난 악마에게 유혹당했고, 수녀들은 인큐버스에게 시달렸다. 실제로는 과도한 흥분 속에서 꾸는 꿈이 이러한 경험의 중요한 원인이었다. 많은 히스테리적 여성들은 악마의 입맞춤과 포옹을 체험했다고 확신했으며, 그들의 환각은 곧 현실로 받아들여졌다. 13세기 이후 주술에 대한 믿음이 확립되자, 이들은 화형을 통해 '속죄'했다.

성모에 대한 숭배와 마녀에 대한 공포는 쇠퇴기 중세의 특징이었다. 초기 기독교 세기에는 천상의 여인으로서의 성모 개념이 희미했고, 마녀 개념 또한 존재하지 않았다. 샤를마뉴 시기에는 주술을 믿는 자에게 사형이 선고되었다. 그러나 시간이 흐르며 인간은 여성을 천상의 존재 혹은 지옥의 존재로 이분화하는 경향을 강화했다. 중세 이원론자의 정신 속에서 이 경향은 가장 뚜렷하게 드러났다. 그는 성모라는 천상의 여왕, 신과 인류 사이의 중재자를 창조하는 동시에, 마녀라는 멸시받고 두려움의 대상이자 악마와 인간을 잇는 유혹자를 만들어냈다.

정신적 사랑과 관능적 쾌락을 화해시키지 못한 중세인은 욕망의 두 방향을 각각 다른 여성상으로 의인화해야 했다. 여성이 정신적 사랑의 대상으로 신성화되자, 육체적 쾌락은 저속하고 죄 많으며 악마적인 것으로 규정될 수밖에 없었다. 이 점에서도 여성은 남성 의지에 순응하며 묵묵히 그 역할을 받아들였다.

마리아와 악마는 13세기에 들어 실제적인 적대 세력으로 인식되었다. 여성 숭배의 전성기는 곧 악마와 주술에 대한 공포의 절정기였다. 마리아 숭배 확산에 가장 크게 기여한 도미니코회 수도사들은 종교재판소가 설치되자 곧 마리아의 적인 마녀들을 단죄하기 시작했다. 13세기 후반에 이르러 이단 박해는 점차 주술 박해로 바뀌었다.

정신적 배경은 분명하다. 선과 여성에 대한 정신적 사랑에 몰두한 사람에게 관능은 위험하고 불안한 동시에 악마적 매력을 띠었다. 이는 에로티시즘 속에서 이원적 의식이 빚어낸 악마적 요소였다. 오늘날의 사람에게는 다소 낯설게 느껴지지만, 당시에는 감정 구조 자체가 부조화했기 때문이다.

외설 개념 역시 악마적 관념과 연관된다. 현대의 종합적 사랑에서 외설은 늘 유혹과 그림자처럼 따라다닌다. 개인적 사랑 속에서 관능과 영혼은 더 이상 대립하지 않는다. 개성은 정신적 토대 위에 관능을 포함한다. 그러나 최고 단계에서 상호 애정으로 거룩해지지 않은 에로티시즘은 용납될 수 없는 것으로 느껴진다. 순전히 성적인 원리가 인격을 배제하고 잔인한 형태로 나타날 때, 외설이 성립한다. 외설은 개인적 사랑에 대한 경멸과 조롱이며, 더 높은 가치에 대한 파괴적 저항이다.

벌거벗은 여성의 사진은 본래 외설적이지 않다. 그러나 얼굴이 가려지고 인격적 요소가 제거되면, 그것은 외설에 가까워진다. 이런 그림에서 사람들은 어떤 책임이나 존중도 요구받지 않고 쾌락을 얻는다. 그래서 외설은 마치 더 높은 에로티시즘의 희생 없이도 가능한 쾌락처럼 보인다. 그러나 실제로는 정신적 입장이 포기되고, 인격적 인간성은 내부적으로 소멸된다.

이로써 외설의 매력은 오직 개성의 원리를 인식하고 동시에 그 안에 이원적 갈등을 지닌 사람만이 온전히 느낄 수 있다. 감정이 더 성숙한 사람일수록, 그는 순전히 성적인 것의 강조를 부적절하고 불쾌하게 느끼면서도, 동시에 그것의 유혹에 끌려간다. 순진하게 관능에만 사는 사람은 외설을 느끼지 못한다. 그러나 더 높은 개념을 의식하는 사람은 오히려 짧은 순간이라도 타락한 쾌락 속에 자신을 던지며, 그 안에서 죄책과 쾌락을 동시에 경험한다.

이와 관련해 흥미로운 사실은, 사랑의 세 번째 단계에 완전히 도달한 남성이 순전히 정신적인 사랑조차 불완전하게 느끼며 혐오한다는 점이다. 그에게는 그것이 부자연스럽고 강제적인 것으로 보인다. 그러나 이는 정신적 사랑 자체를 경멸하는 것이 아니라, 불완전함에 대한 반응이다.

원시적 인간은 미분화된 성만 알기에, 단순히 벌거벗음을 즐길 뿐 티치아노의 비너스와 평범한 사진의 차이를 구분하지 못한다. 반면 미학자나 예술가는 예술 작품이 관능적으로 자극적일 수 있다는 생각 자체를 거부한다. 그러나 교양 없는 사람에게 여성의 몸 그림은 단지 쾌락을 상기시킬 뿐이다. 이 감정은 외설과는 다르다. 그것은 자연스럽고 조화로운 즐김일 뿐이다. 그러나 교양 있는 남자가 미학적 가치를 무시하고 단지 벌거벗은 몸으로만 즐긴다면, 그 순간 그것은 외설로 전락한다. 여기서도 유혹은 미학적 가치의 파괴, 즉 악마적 요소에 있다.

따라서 외설은 현대 사랑의 어두운 그림자다. 그것은 더 높은 원리에 의해 억압된 혼돈스러운 성의 복수이며, 금지된 것에서 오는 특별한 매력을 지닌다. 현대 사랑이 쾌락을 그 본질로 인정하지 않기 때문에, 오히려 인간은 쾌락만을 위한 별도의 영역을 확보하려는 충동을 갖게 된다. 이 영역이 곧 외설이며, 개성의 원리가 강해질수록 더 성장할 것이다. 쾌락은 언제나 더 높은 요구에 방해받지 않는 은신처를 필요로 하기 때문이다.

현대인은 또 다른 독특한 유혹을 겪는다. 과거에는 신성시되었던 여성의 아름다움이 쾌락의 수단으로 전락해, 가치의 영역에서 관능의 영역으로 끌려들어갈 수 있기 때문이다. 이는 개인적 사랑의 원칙과의 단절이다. 왜냐하면 개인적 사랑에서 여성의 아름다움은 전체 개성의 일부에 불과하여, 그것을 따로 떼어 즐길 수 없으며 실제로 뚜렷한 요소로 인식되지 않기 때문이다. 그러나 오늘날 이 분열은 거의 보편화되어, 우리는 그 심각한 도착을 의식조차 하지 못한다. 이는 곧 자연·예술·아름다움·지식·친절·종교 등 인간 영혼의 더 높은 가치들을 관능적 쾌락의 도구로 전락시키는, 모든 고차원적 에로티시즘이 지닌 '원죄'라 할 수 있다. 오늘날 남성은 여성의 영혼조차 종종 단지 육체적 아름다움처럼 느낀다. 그는 그것을 신비로 존중하지 않고, 미묘한 매력으로 소비한다.

아름다움이나 영혼을 분리된 요소로 즐기려는 경향은 종합적 사랑의 원칙, 즉 사랑하는 이의 개성을 나눌 수 없는 전체로 받아들이는 태도와 단절된 것이다. 아름다움을 따로 떼어 감상하는 것은 연인의 개성과 연인의 의식 모두를 분열시키며, 결국 사랑의 통일 원칙을 파괴한다. 미학자든 방탕아든 결국 더 낮은 쾌락의 차원으로 추락하며, 그들의 감정은 외설적으로 변질된다. 그러나 트리스탄이 이졸데의 환영 속에서 "얼마나 아름다운가!"라고 외칠 때는 이러한 분열이 없다. 위대한 사랑은 연인의 영혼 속에서 사랑하는 이의 아름다움을 창조하기 때문이다.

정숙함 역시 유사한 이원론에 기반한다. 그것은 벌거벗음이 단순히 매혹적이고 외설적일 수 있다는 인식에서 비롯된 두려움과 회피의 태도다. 정숙은 성적으로 자극받은, 대개 히스테리적 성향이 있는 여성들의 방어 무기이며, 그들의 '영역'은 놀랍도록 넓게 확장되기도 한다. 정숙은 성을 의식 속에서 하나의 뚜렷하고 제한된 복합체로 취급한다. 그러나 이러한 분열은 여성 본성에 이질적이며, 그것이 강하게 나타날 때는 내적 불화, 즉 히스테리 상태를 드러낸다.

정리하면, 정상적인 남성이 외설적이라고 인식하는 것들은 오직 히스테리적이고 내적으로 불화한 여성들에게만 영향을 미치며, 그들은 정숙이라는 방패 뒤로 숨으려 한다. 반대로 정상적인 여성은 외설을 하나의 정신적 원리로 경험하지 않는다. 그녀는 저급한 성적 발현에 대해 본능적인 불쾌감과 거부감을 느끼며, 심지어 그것들을 우스꽝스럽게 여긴다. 에로티시즘에서 개성을 제거한 매력―심지어 가장 고도로 분화된 남성조차 느끼는 유혹―은 여성에게 언제나 이질적이었다. 여성이 지닌 끊임없는 종합적 감정은, 남자가 천천히 그리고 어렵게 극복하려 애쓰는 에로스의 이원성이 애초부터 그녀에게는 결여되어 있음을 보여준다.

결론

심리유전 법칙

인류의 축소판으로서의 개인

에른스트 헤켈의 생물유전 법칙에 따르면, 인간 배아는 하등 동물 세계에서 진화해 온 조상들이 거쳤던 모든 발달 단계를 거친다. 각 단계가 선행 단계를 대체하지만, 후자는 여전히 그 유기적 토대로 남아 있다. 인간은 진화의 주요 과정을 거치기 전까지는 인간으로 태어나지 않는다. 이 법칙은 혈액의 유전이 아닌 문화의 유전에 기반을 두며, 이는 종의 기원 교리와는 무관하다. 다시 말해, 개인은 발달 과정에서 인류가 걸어온 정신·심리적 단계를 반복한다. 다만 인간의 신체는 완전히 발달하기 전에는 생존할 수 없는 반면, 정신적 완성의 정도는 매우 다양하다. 모든 개인이 완전성에 도달하지는 않으며, 일부는 기초조차 습득하지 못한 채 멈춘다.

아이의 발달 과정에서 인류의 역사적 정류장을 지적하는 일은 흥미롭다. 예컨대 아이가 생애 처음으로 "나"라고 말하는 순간은 대개 두 살 무렵이며, 이는 원시인이 처음으로 영적 본성을 예감하고 외부 세계와 자신을 구분했던 직관의 재현이다. 또 아이가 약한 피조물을 짐승처럼 잔인하게 다루는 모습은, 한때 인류가 전쟁과 사냥으로 살던 시대의 흔적이다. 소년들이 놀이 속에서 규칙과 계급 질서를 만들고 구별의 표지를 세우려는 열망 또한 그러하다. 나는 여기서 에로스적 삶에 국한해 논의를 이어가므로, 이러한 과제를 더 깊이 다루지는 않겠다.

심리유전 법칙은 이렇게 요약된다. 오늘날의 모든 발달한 남성은 유럽 인류가 거쳐 온 세 가지 사랑의 단계를 순차적으로 경험한다. 물론 모든 사람에게서 뚜렷하게 드러나지는 않는다. 발달이 정체된 경우도 많다. 그러나 고도로 분화된 개인의 감정 생활에서는 이 단계들이 분명하게 나타나며, 영혼이 풍부할수록 인류의 역사를 더 충실히 반영한다. 모든 재능 있는 개인의 발달 과정은 문명사의 축도를 이룬다. 그 속에는 선사 시대, 고전 시대, 중세, 현대가 존재한다. 많은 이는 과거에 갇혀 있고, 또 다른 이들은 단편적이거나 뿌리 없이 공중에 떠 있는 듯 보인다. 그러나 인류 정신은 과거를 극복함으로써 미래를 창조해 왔다.

여성 지배의 단계는 오늘날도 유아기 속에 남아 있다. 어린 시절 어머니는 절대적인 권력을 쥐고 있으며, 아버지는 침입자처럼 느껴지고, 형제들은 누이에게 지배당하기도 한다. 여성은 남성보다 일찍 성숙한다. 이는 문명사에서도, 개인의 성장에서도 동일하게 적용된다. 유아기를 지나 소년이 되면, 그는 오로지 친구들과 어울리고 어머니와 누이들의 세계를 피하며, 여성 친척들을 부끄러워한다. 이는 고대 남성 집단 생활의 반복이다.

사춘기에 접어들면 성적 본능이 처음으로 깨어난다. 그러나 그것이 반드시 다른 성(性)을 향하는 것은 아니다. 기회의 부족이나 수줍음 때문이 아니라, 단순히 아직 타인에 대한 갈망이 생겨나지 않았기 때문이다.

20대와 30대에 이르면 남자는 이전에 지배하던 관능과는 전혀 다른 정신적 사랑에 압도되곤 한다. 이 사랑을 통해 그는 자신도 몰랐던 깊은 자아를 발견한다. 원초적이고 미분화된 충동은 개인에 대한 사랑으로 대체되고, 비천한 것으로 낙인찍힌다. 귀니첼리의 말처럼 "사랑과 온유한 마음은 하나"라는 원리가 개인적 삶의 두 번째 단계에 적용된다. 현실이 채워주지 못하는 남자의 마음속에서는 이상적 여인이 형체를 얻기도 한다. 그것은 실제 여성의 이상화된 모습일 수도, 혹은 실체 없는 그림자일 수도 있다. 여기서 우리는 여성의 신격화를 목격한다. 이를 설명하기 위해, 나는 입센의 작품에서 폴달—쓴맛 나는 노 서기—과 욘 가브리엘 보르크만의 대화를 인용하겠다.

보르크만: 정말! 좋은 사람이 한 명이라도 있는지 보여줄 수 있소?

폴달: 바로 그 점입니다. 제가 아는 몇 안 되는 여성들은 결코 좋지 않습니다.

보르크만: (비웃으며) 당신이 그들을 알지 못한다면 무슨 소용이 있겠소?

폴달: (흥분하여) 그렇게 말하지 마시오, 욘 가브리엘! 어딘가 멀리, 어디든 상관없이 진정한

여인이 살고 있다는 사실을 아는 것이 얼마나 고귀하고 고양된 생각이겠소?

보르크만: (참을성 없이) 당신의 허풍스러운 헛소리를 그만두시오!

폴달: (상처받아) 허풍스러운 헛소리? 당신은 내 가장 신성한 믿음을 그렇게 부르는 것이오?

결론적으로, 나는 오토 바이닝거를—우리 시대의 인물 가운데—거의 극복할 수 없는 내적 결핍에 병들어, 두 번째 사랑 단계의 비극적 희생자가 된 사례로 언급하고자 한다.

첫 번째 단계를 지나 삶의 전성기에 이르면 성(性)과 사랑의 융합이 이루어진다. 이는 현대적 의미의 결혼의 내적 본질이며, 그것이 드물게든 자주든 실현되는지 여부는 부차적이다.

앞 장에서 나는 몇몇 저명한 인물들의 삶과 그 반영을 통해 감정 생활의 다양한 현상을 설명했다. 이제 결론적으로, 리하르트 바그너의 정신적 진화 속에서 인류가 거쳐 온 에로스의 세 단계를 되짚고, 그의 작품에 그것들이 어떻게 불멸화되었는지를 짚고자 한다. 그의 개성 안에서 우리는 현대인의 에로스적 대표를 본다. 다른 이들에게는 막연히 표현되던 것이 그에게서는 위대하고 전형적인 형태로 드러난다. 사랑은 그의 삶을 움직이는 주된 힘이었다. 열아홉 살 청년이 작곡한 초기 오페라 『요정들』의 결말은 사랑의 무한한 힘을 노래하며, 그의 죽음 이틀 전의 마지막 말 또한 사랑과 비극을 주제로 했다.

1834년에 쓴 오페라 『사랑의 금지』는 첫 번째 단계를 잘 보여주는 작품이다. 셰익스피어의 희곡 『자에는 자로』를 더 조야하게 각색한 것으로, 모든 인물이 관능적 쾌락을 추구하고, 더 높은 것을 갈망하는 듯 보이는 자들을 조롱한다. 예술적으로는 미숙하지만, 스물한 살 청년의 첫 단계—순전히 성적인 사랑—를 놀라울 만큼 솔직하게 드러낸다. 당시 "젊은 독일"의 좌우명은 관능의 해방이었다. 바그너 자신은 "내 개념은 청교도적 위선에 맞서는 것이었고, 억제되지 않은 관능을 대담하게 미화하는 데 있었다. 나는 셰익스피어의 주제를 오직 이 의미에서만 이해했다"고 회고한다. 또 『자전적 스케치』에서 그는 "나는 물질을 사랑하는 법을 배웠다"고 고백한다. 이보다 이른 시기에 구상했으나 분실된 『결혼』이라는 리브레토의 개요는 더욱 노골적이다. 한 청년이 친구의 약혼녀를 광적으로 사랑해 그녀의 침실 창문으로 침입하지만, 약혼녀에게 격렬히 저항당해 마당으로 떨어져 죽는다는 줄거리였다.

두 번째 단계, 즉 불협화음의 단계는 29세의 바그너가 작곡한 『탄호이저』에 구현되어 있다. 아마도 중세의 이원론적 감정을 현대 예술에서 이보다 더 큰 비애로 표현한 작품은 없을 것이다. 인간은 하늘과 지옥, 성인의 숭고함과 관능의 유혹 사이에서, 악마로 형상화된 힘에 의해 갈등한다. 바그너는 이 오페라를 구상하면서 처음에는 『비너스산』이라는 제목을 붙였으며, 그 버전에서는 관능이 훨씬 더 큰 비중을 차지했다. 그곳에서 탄호이저는 구원받지 못한 채 비너스에게 돌아가고, 더 높은 가치를 버리고 영원히 감각적 쾌락에 자신을 내맡긴다. 후기로 가면서 비너스를 극복하고 엘리자베스에 대한 정신적 사랑이 승리하는 구조로 발전했다.

중세의 절망한 수도사가 신에게 버림받았다고 느껴 사탄을 숭배했듯, 탄호이저 역시 교황에게 거부당하고 엘리자베스에게 버림받은 후 다시 관능의 품으로 향한다. 그러나 이때의 관능은 단순한 본능이 아니라 악마적인 힘으로 그려진다. 그는 두 여성 사이에서 갈등하는 것이 아니라, 엘리자베스를 통해 드러나는 정신적 사랑과, 비너스가 상징하는 무분별한 성 사이에서 갈등한다. 온 우주를 찢는 이원성은 음악과 대사 곳곳에서 강하게 드러난다. 바그너는 주요 배역의 핵심을 "중간 감정이 없이 기쁨과 후회의 극단을 오가는, 갑작스럽고 격렬한 표현"이라고 규정했다. 1막의 마지막 대사 "내 구원은 마리아에게 있다!"는 드라마의 전환점이며, 3막에서 다시 비너스로 돌아가려는 급작스러운 반전 또한 같은 구조를 따른다.

엘리자베스는 마리아 옆에 더 인간적이고 지상적인 모습으로 자리하지만, 동시에 이상화된 인물이다. 그녀는 베아트리체나 마가렛과 닮은 성격으로, 정신적 사랑의 화신으로 제시된다.

『탄호이저』의 음악, 특히 서곡은 두 에로스적 세계의 대조를 놀라운 급격함으로 표현한다. 서곡의 시작과 끝을 이루는 순례자들의 합창은 종교적 갈망을 조화롭고 완벽하게 담아내지만, 그 사이에는 관능의 유혹과 황홀경을 담은 짧은 모티프들이 침투한다. 바이올린의 떨리고 간지러운 선율은 수많은 요정들처럼 합창의 신성한 선율을 둘러싸며 유혹한다. 비너스산의 음악은 순수한 관능을 가장 완벽하게 형상화한 작품으로, 음악사에서도 유례를 찾기 어려운 성취다. 관능적 갈망과 황홀경을 음악의 언어로 완전히 번역해낸 것이다.

파리 공연을 위해 작곡된 비너스산의 음악은 훨씬 더 정교하게 확장되었고, 후기 버전에서 삭제된 여러 세부가 최근 공개된 스케치에 남아 있다. 그곳에서 관능은 인간 커플, 님프, 마이나데스, 사이렌, 파우누스에 머물지 않고, 켄타우로스와 스핑크스 같은 반인반수, 검은 염소와 고양이, 호랑이와 표범 등으로까지 표현된다. 나아가 레다와 백조, 에우로파와 황소의 신화를 불러와 도착의 정점에 이르는 외설적 상징으로 치닫는다. 그것은 억제되지 않은 성을 웅장하고 시적이며 음악적으로 형상화한 장면이며, 그 중심에는 비너스로 대표되는 관능의 여사제가 있다. 반면 탄호이저의 영혼 속에서 신성과 순수한 사랑을 향한 갈망은 이 세계에 악마적 색채를 입힌다. 초월적인 것과 대립할 때, 자연스러운 관능조차 위험하고 악마적인 것으로 여겨지기 때문이다. 결국 탄호이저의 내적 각성 순간에 비너스와 그녀의 세계는 환영처럼 사라진다.

바그너 자신도 "소모적이고 관능적인 흥분이 내 피와 신경을 찌릿하게 했다. 내가 탄호이저의 음악을 스케치하고 작곡하는 동안…."이라 고백했다. 또 다른 곳에서는 관능의 유혹이 그를 끌어당기면서도 혐오감으로 채웠다고 적었다. 그는 "현대 생활과 예술의 특징인 관능에 오염되지 않은 더 높고 고귀한 요소 속에서 갈망을 만족시키고 싶었다. 그것은 순수하고, 처녀 같으며, 접근할 수 없고, 만질 수도 없는 것이었다. 내가 품은 가장 고귀한 감정인 사랑에 대한 갈망은 결국 이 세계를 넘어 무한하고 초월적인 사랑으로 흡수되며, 죽음만이 그 문이 될 수 있다"고 말한다.

『탄호이저』의 음악 속 이원론은 끝까지 유지된다. 두 요소는 결코 융합되지 않고, 끊임없이 충돌한다. 엘리자베스를 특징짓는 음악은 고귀한 비애와 섬세한 감정으로 물들어 있다. 2막 초반의 그녀는 아직 경쾌한 소녀처럼 웃을 수 있다. 그러나 다시금 탄호이저의 비현실적 매력에 사로잡히고, 그가 돌이킬 수 없이 비너스에 바쳐진 존재임을 깨달았을 때, 그녀는 위대한 결단을 내리고 범죄자를 처벌하려는 칼 앞에 단호히 선다. 이 순간 그녀는 자신의 사명을 자각하고 그 짐을 짊어질 준비가 된 성인으로 변모한다. 베아트리체나 마가렛보다도 더 영웅적인 그녀는 "웃으며 마음을 찔렀던" 연인에게 구원의 길을 가리킨다.

그녀의 선배들처럼, 엘리자베스 또한 연인의 구원을 위해 마리아에게 기도한다. 사랑하는 이를 위한 기도는 언제나 여성에게 가장 진실하고 열렬한 기도였던 것이다.

위대한 사랑으로 한 남자의 구원을 이루려는 발상은 이미 『방황하는 네덜란드인』의 주제였고, 바그너 작품에서 중요한 자리를 차지한다. 이 때문에 그는 괴테의 열렬한 숭배자들로부터 조롱을 받기도 했다. 그러나 단테와 괴테가 제기한 위대한 구원 문제는 『탄호이저』에서 가장 명료하게 드러난다. 핵심은 혼란과 유혹 속에 있는 한 남자의 삶에 사랑이 직접 개입하여 그의 영혼을 일깨운다는 점이다. 사랑은 그의 흔들리는 마음을 감싸고, 마침내 그가 그것에 자신을 내맡김으로써 변함없는 충절에 의해 구원받게 된다.

물론 이는 "은총"과 다름없는 기적일지 모르지만, 동시에 현실의 정신적 사실이다. 사랑은 죄인의 도움을 향한 신앙뿐 아니라, 자기 자신을 회복할 힘에 대한 신앙도 일깨우기 때문이다. 어둠과 악에 실망한 그는 빛을 향해 나아간다. 『탄호이저』에서 이러한 상태는 『파우스트』의 마지막 장면만큼 명확히 표현된다. 엘리자베스에 대한 사랑은 비너스가 그의 마음속에 불러일으킨 욕망을 꺾을 만큼 강했다. 그러나 그는 다시 감각의 유혹 앞에 흔들린다. 비너스의 환영이 눈앞에 나타나는 순간, 볼프람의 외침 "엘리자베스!"가 울려 퍼진다. 그는 그제야 엘리자베스가 밤낮으로 자신을 위해 기도했고, 마침내 자신의 생명을 바쳤음을 깨닫는다. 이 깨달음 앞에서 비너스의 힘은 무너지고, 신성한 사랑이 빛처럼 그의 어둠 속에 스며든다. "오, 신성한 사랑의 영원한 힘이여!" 그 빛은 그의 사랑을 다시 일으켜 세우고, "성 엘리자베스여, 나를 위해 기도하소서!"라는 말과 함께 그는 쓰러진다. 그의 길은, 파우스트와 마찬가지로, 혼돈과 죄에서 순수한 사랑과 구원으로 나아간다. 그것은 자신의 힘으로가 아니라, 영화롭게 된 여인의 사랑을 통해 그에게 주어진 은총이었다.

신과 악마, 엘리자베스와 비너스 사이에서 고통스럽게 흔들리는 탄호이저 곁에는, 유혹에 휘둘리지 않는 여성 숭배자 볼프람이 서 있다. 두 극단은 민네징거들의 경연에서 충돌한다. 볼프람이 차분하게 정신적 사랑을 찬미하자, 자신과 싸우던 탄호이저는 격분하여 다른 극단으로 치닫고, 사랑의 여신과 감각적 쾌락을 열광적으로 찬미한다. 이 작품이 단순한 창작이 아니라, 바그너 자신의 내적 갈등이 구체화된 것임은 분명하다. 『탄호이저』와 같은 작품은 작가의 가장 깊은 영혼에서 잉태된 것이다. 바그너의 위대한 작품들이 성실함과 강렬함의 흔적을 분명히 지니는 반면, 괴테의 경우는 충동의 압력 아래 쓴 진정한 것과, 지성에만 빚진 것을 비교적 쉽게 구분할 수 있다.

『탄호이저』는 유럽 인류의 청소년기를 불멸화한 작품이다. 그러나 세 번째 단계는 아직 예견조차 되지 않는다. 이어지는 『로엔그린』은 에로스 외적 관심이 중심이지만, 두 번째와 세 번째 단계 사이의 과도

기를 보여준다. 육체와 영혼이 더 이상 적대적으로 싸우지 않으며, 이를 넘어서는 더 큰 조화가 어렴풋이 감지된다. 로엔그린은 엘사의 사랑 속에서 지상의 행복을 찾기 위해 초월적 세계에서 내려온다. 그러나 그는 실망할 수밖에 없다. 바그너는 이를 두고 이렇게 썼다.

"로엔그린은 그가 누구인지, 어디서 왔는지를 묻지 않고, 그 자체로서 사랑해 줄 여인을 찾고 있다. 그의 유일한 욕망은 사랑하고 사랑받는 것, 사랑을 통해 이해받는 것이다. 그의 의식은 강렬하지만, 그는 평범한 인간으로서 살고 싶어 한다. 사랑 속에서 인류의 완전한 표본이 되고 싶어 한다."

바그너는 또한 "여성"을 향한 갈망을 말한다. 즉, 언제나 새로운 형태로 나타나는 여성적 원리이다. 『방황하는 네덜란드인』이 갈망했던 여성, 탄호이저를 관능의 동굴에서 구해낸 여성, 로엔그린을 초월적 고독에서 인간적인 온기로 이끌어낸 여성이 바로 그것이다. 여기서 우리는 아직 미완성이지만, 예술 속에서 예견된 새로운 사랑의 형태를 보게 된다.

『트리스탄과 이졸데』에서 이 사랑은 완전하고 궁극적인 조화로 실현된다. 바그너가 마틸다 베젠동크에게 보낸 편지와 일기는 『트리스탄』이 탄생한 개인적 경험을 보여주는 감동적인 기록이다. 바그너가 리스트에게 보낸 편지에서 이렇게 말한 대목은 세 번째 단계의 조화를 완벽히 드러낸다.

"내 마음과 정신, 내 온 존재를 던질 수 있는 여성

의 사랑을 주시오. 나를 완전히 이해해 줄 사랑을 주시오. 세상에서 내가 더 무엇을 필요로 하겠습니까?"

『트리스탄』과 거의 동시에 작곡된 『뉘른베르크의 명가수』 또한 의미심장하다. 여기서 세 번째 단계의 사랑은 목가적 가능성 속에서, 결혼이라는 중산층적 성취의 형태로 나타난다. "나는 한 처녀를 사랑하고, 그녀의 손을 청한다!" 이 단순한 선언 속에 사랑의 종합적 완성이 담겨 있다. 비록 『트리스탄』만큼 형이상학적이지는 않지만, 『명가수』 역시 사랑의 최종 완성을 예고한다.

같은 천재가 두 단계를 이렇게 완벽히 묘사했다는 것은 놀라운 사실이다. 『탄호이저』와 『트리스탄』은 바그너 자신이 가장 내밀하게 고백한 연인의 자화상이며, 열정으로 맥동한다. 반면 『니벨룽의 반지』의 거대한 세계, 『로엔그린』의 숭고한 평온, 『파르지팔』의 지혜와는 결이 다르다.

흥미롭게도 바그너는 『트리스탄』의 구상을 하기 전에 이미 『반지』를 완성해 두었다. 『반지』에서 그는 사랑의 가치와 우주적 위치를 주제로 삼으며, 현대 세계의 문제를 신화적 인물들로 구현했다. 인간의 가장 큰 야망은 힘과 부이며, 그 상징이 황금 반지다. 금은 그 자체로는 무해하다. 그러나 만족할 줄 모르는 탐욕이 그것을 폭정의 도구로 바꾸었다.

세계와 타인을 지배하고, 그 대가로 사랑을 포기한 자만이 인류를 노예로 만들 수 있다. 사랑은 동료의 가치를 훼손하지 않는다. 연인은 완전히 이기적일 수 없으며, 적어도 그 여인에 대한 감정은 순수해야 한다. 따라서 인류와 개인의 영혼 속에서, 힘과 사랑이라는 두 본능의 투쟁이 『반지』의 위대한 주제가 된다. 이 비극은 겉으로는 세계사의 장엄한 흐름처럼 보이지만, 본질적으로는 금과 권위의 노예가 된 자들과, 사랑을 따르며 진정 자유로운 자들의 투쟁을 그린다.

사소하고 탐욕스럽고 고된 인간 해충들, 즉 부를 위해 사랑을 기꺼이 포기한 자들은 니벨룽겐, 곧 결코 태양을 보지 못하는 지하 세계의 거주자들이다. 그들에게는 오직 하나의 기준, 돈과 부가 가져다주는 권력만이 존재한다. 미메는 자신의 동족, 즉 소상인들을 이렇게 한탄한다.

"우리는 아내들을 위해 보석과 장신구를 만들었고, 화려한 장식품들을 다루었으나, 그 노동을 비웃었다. 그러나 자본가 알베리히가 반지의 마법을 통해 권력을 빼앗고, 우리를 노예로 만들었다. 이제 그는 우리를 산 속 깊이 몰아넣어, 그의 보물을 늘리기 위해 끝없이 파고, 녹이고, 두드리게 한다."

금의 악마적 본질은 모든 사람이 그 유혹에 굴복한다는 점에 있다. 라인 딸들이 노래하던 순진한 삶의 기쁨, 자연의 심장에서 솟는 듯한 노래는 라인 금의 도난으로 파괴된다. 이전까지 빛나던 "깊은 곳의 별"은 권력의 수단으로 변모한다. 탐욕스러운 자들의 프로그램은 변하지 않는다. 알베리히는 "온 세상을 내가 얻으리라" 선언하며, 사랑을 폄하하고 권력을 유일한 가치로 삼는다. 그는 "내가 사랑을 포기했듯, 모든 사람도 포기해야 한다. 금으로 내가 너희를 샀으니, 너희도 금을 갈망해야 한다"라며 사랑을 죽이고 욕정으로 대체하려 한다. 그의 부는 신들의 아내들조차 굴복시키는 힘을 갖게 했다.

그러나 빛나는 금속을 돈으로 바꾼 알베리히의 저주는 금과 권력에 스스로 묶여 있다는 데 있다. 그는 선언한다. "그것은 기쁨을 주지 않으리라. 가진 자는 슬픔에 시달리고, 갖지 못한 자는 질투에 삼켜질 것이다." 폭정과 노예제, 부의 근심과 빈자의 질투라는 이 영원한 연쇄는, 내적으로 자유롭고 주인도 노예도 아닌 자에 의해서만 끊어질 수 있다.

지크프리트는 새들의 노래와 원소적 존재들의 음성을 이해한다. 그는 인간의 욕망과 탐욕을 알지 못한다. "나는 내 몸 외에는 아무것도 물려받지 않았다. 그리고 그마저도 언젠가 소모될 것이다." 그는 반지의 마법에 저항하며, 오직 사랑만을 가치로 안다. 알베리히는 말한다. "내 저주는 용감한 영웅에게는 아무런 힘도 없다. 그는 반지의 가치를 모르기 때문이다. 그는 자신의 힘을 낭비하고, 웃으며 사랑으로 빛나고, 마침내 불타 사라진다."

알베리히와 지크프리트 사이에는 보탄이 서 있다. 그는 마음속에서 권위와 사랑이라는 두 동기를 모두 버리지 못한 채 갈등한다. 상징적으로, 세상을 탐욕과 폭정의 저주에서 구원하는 길은 반지를 라인 딸들에게 돌려주어, 강물의 순수한 물속에 용해하는 것이다. 금은 본래의 자리로 돌아가, 인간의 마음을 기쁘게 하는 빛을 되찾는다.

이렇듯 바그너는 현대 예술가 중 가장 위대한 사랑의 주창자로서, 모든 가치 가운데 사랑이 가장 고귀하다고 선언했다. 그의 직관적 천재성은 쇼펜하우어와 부처의 교리를 넘어, 비관주의를 단호히 거부한다. 그는 트리스탄의 음악을 작곡하며 마틸다 베젠동크에게 보낸 편지에서, 쇼펜하우어 철학의 수정이 필요함을 밝힌다.

"어떤 철학자도, 심지어 쇼펜하우어도 발견하지 못한 구원의 길, 즉 사랑을 통해 의지의 완전한 평온에 이르는 길을 지적해야 한다. 나는 인류 전체에 대한 추상적 사랑이 아니라, 남녀 간의 성적 사랑, 진정한 사랑을 의미한다."

그의 최후의 작품이자 가장 성숙한 『파르지팔』은 새로운 길을 제시한다. 여기서 남녀 간의 사랑은 더 이상 최고의 자리에 있지 않다. 그것은 세계의 형이상학적 목적, 곧 "완전성에 도달하는 목적"에 종속되며, 더 높은 사상 속으로 흡수된다. 성적 사랑은 신비주의자의 무조건적 사랑으로 변모한다.

수수께끼 같은 쿤드리는 한 개인 여인이 아니라 여성 일반의 화신이다. 그녀는 관능적이고 파괴적인 유혹자이자, 모성적이고 헌신적인 원리를 동시에 구현한다. 그녀는 남성을 그의 더 높은 사명에서 벗어나게 하는 악의 도구이지만, 동시에 구원을 갈망하며, 마침내 성배 앞에서 죽는다. 그녀 곁의 꽃 처녀들은 무책임하게 피고 시드는 존재로, 관능의 무의식적 매혹을 상징한다.

『파르지팔』의 음악은 비에로스적이고 비감상적이며, 절대적으로 순수하고 종교적이다. 남성의 여성에 대한 사랑은 초자연적이고 절대적인 사랑으로 대체된다. 바그너는 인류가 지나온 모든 사랑의 단계를 경험하고 작품에 담은 뒤, 마침내 우리가 아직 이해하지 못한 새로운 단계에 이른다. 이 네 번째 단계는 바이닝거의 이상과 크게 다르지 않다. 그것은 형이상학적 헌신 속에서 남성 안의 여성적이고 지상적인 요소가 전복되는 단계다.

바그너의 마지막 입장, 즉 의도적으로 취한 태도는 두 가지 설명을 가능하게 한다. 첫째, 그는 남성의 감정 생활에서 마지막 단계를 예감했다는 것이다. 성적 사랑을 넘어 신비주의로 나아간 단계다. 이 잠재적 네 번째 단계를 고려할 때, 이전의 세 단계는 하나의 흐름으로 이해될 수 있다. 둘째, 『파르지팔』에서 드러난 감정은 인류 전체의 감정이 아니라 바그너 개인의 문제라는 해석이다. 그러나 후자를 제쳐 두더라도, 바그너의 감정 생활은 한 천재가 어떻게 인류의 전형이 될 수 있는지를 보여준다. 그는 가장 개인적인 삶을 살았지만, 동시에 보편적이고 대표적인 의미를 구현했다.

내 주장은 사랑의 진화와 그 일탈이 본질적으로 남성에게만 적용된다는 것이다. 남성은 오디세우스처럼 천국과 지옥을 방황하며, 결국 변치 않는 여인이

기다리는 집으로 돌아온다. 여성에게는 태초부터 정신적 사랑과 관능적 사랑의 융합이 자연스러운 자질로 주어져 있었다. 남성은 이를 최고의 이상으로 여기며 갈망하지만, 혼란스러운 성적 충동 때문에 언제나 불완전하다. 여성 앞에서 그의 욕망은 비천하고 서투르게 보인다. 남성이 여성을 여신으로 숭배하거나 악마로 낙인찍는 동안에도 여성은 자연스럽고 안정적이었다. 그녀의 본능은 자연 그 자체이며, 죄의 개념조차 알지 못했다. 남성이 덧씌운 짐을 묵묵히 감내했을 뿐이다. 따라서 역사 속에서 변해온 것은 남성의 감정뿐이며, 여성의 감정은 본질적으로 변하지 않았다.

만약 인류가 개인에게서 재현되는 법칙이 있다면, 이른바 격세유전은 한때 존재했다가 사라진 조건의 단순 재현이 아니라, 낮은 단계에서의 정체다. 곧 더 높은 단계에 이르지 못한 결과다. 한 개인 안에 인류적 요소가 많을수록 그는 인류가 거쳐 온 단계를 더 온전히 반복한다. 과거에 활기를 불어넣었던 것이 반복되고 능가될수록, 새로운 가치가 창조될 가능성은 더 커진다. 그러므로 격세유전은 초기 단계의 지속이 아니라, 후기 단계의 부재다. 이는 신경증을 초기 발달의 고착으로 보는 프로이트의 관점과 일맥상통한다.

사랑의 세 단계는 각각 시대의 뚜렷한 방향을 반영한다. 고대의 감정은 지상적이고 비인격적이었으며, 중세는 내세와 영혼에만 가치를 두었다. 봄의 아름다움조차 단지 천상의 반영으로 보았다.

**"아래 삶이 얼마나 영광스러운가!
하늘은 얼마나 더 큰 영광을 품고 있을까!"**

요한 형제가 노래한 것처럼, 중세인은 이원적 세계관에 살았다. 그러나 현대인은 이 지상에서 욕망을 실현하고 가능한 최고의 정신적 완전함에 도달해야 한다는 필요성을 자각한다. 이는 초월적 이상을 파괴하는 것이 아니라, 그것들의 형이상학적 성격을 벗겨내어 현실에 적용하는 과정이다. 우리의 목적은 영혼의 생존 교리를 부정하는 것이 아니라, 과거의 초월적 가치를 이해하고 그것들을 현세에서 삶의 지침으로 삼는 데 있다. 곧 현실주의와 이상주의의 조화, 영원의 관점 속에서 삶을 고양하는 것이다. 사랑 또한 마찬가지다. 무한하고 영원한 사랑의 개념은 인간적이고 자연적인 모든 것을 고귀하게 해야 한다.

이 이론이 옳다면, 그것은 인간 정신의 진화가 역사적이라는 사실을 증명한다. 인간의 특징적인 성질들은 처음부터 존재한 것이 아니라, 역사 속에서 점차 발달해왔다. 따라서 역사는 인간 정신과 영혼의 기원과 진화를 밝히는 학문이 되어야 한다. 철학적으로 역사를 연구하는 목적은 단순히 "무엇이 있었는가"가 아니라, "무엇이 되었는가, 우리는 어떻게 현재에 이르렀는가"를 밝히는 것이다. 단순히 과거에 대한 지식에 머문 역사학은 죽은 학문에 불과하다.

오직 과거가 현재에도 생산적인 힘을 지니고 새로운 가치를 낳을 때만, 그것은 진정으로 역사적이다.

이러한 관점은 심리학과 역사 사이의 긴밀한 관계를 드러낸다. 인간 심리의 본질을 이해하는 데 역사 연구가 필수적이라는 것이다. 인류가 발전시킨 모든 특성은 오늘날 정상적으로 발달한 개인 속에 반드시 존재해야 한다. 오늘의 정상인은 과거의 정상인과 다르며, 더 풍부하고 복잡해졌다. 그러나 그는 여전히 역사 속에서 직관적으로 발견될 수 있다. 이 의미에서 역사는 심리학의 보조 학문이 아니라, 곧 인류의 심리학이다. 개인의 심리 발달사는 인류의 심리 발달사를 축약한 것이기 때문이다. 따라서 개인의 삶 속에서 과거 문명의 흔적을 찾을 수 있으며, 반대로 역사 속에서 개인의 심리적 발달 단계를 발견할 수 있다.

만약 인간 마음의 근본적 감정이 역사 속에서 비롯된 것임이 확립된다면, 위대한 가치들이 처음부터 존재했다는 흔한 가설은 반박될 것이다. 동시에 "한때 존재했던 것은 결코 완전히 사라지지 않는다"는 보완적 주장도 받아들여야 한다. 인간 영혼에서 아무것도 소멸하지 않는다. 다만 전체 속에서의 위치가 새롭게 개입한 동기와 가치들에 따라 옮겨질 뿐이다. 성격이 본질적으로 바뀌지 않더라도, 영혼의 전체 맥락 속에서는 다른 의미를 지니게 된다.

예컨대 먼 과거에는 의심의 여지 없이 당연했던 성(性)은, 에로스적 삶에 새로운 요소들이 더해지자 곧 문제적이고 심지어 악마적인 것으로 여겨졌다. 인류가 아직 진화 중이고 자의식을 갖지 못했을 때는 자연과 조화를 이루는 삶이 가능했다. 그러나 지성과 자의식이 발달하면서 문명이 생겨났고, 자연은 더 이상 가치의 근원이 될 수 없게 되었다. 아직 문명화되지 않은 부족의 경우, 새로운 세대는 이전 세대를 거의 그대로 반복한다. 환경 적응으로 인한 변화는 있을지라도 도덕적 가치는 형성되지 않으며, 따라서 역사도 없다.

나는 사랑이 본질적으로 비극과 분리될 수 없는 이유를 설명하고자 했다. 모든 깊은 감정은 스스로 억제할 수 있는 한계를 가지고 있으며, 동시에 그 한계를 넘어 무한을 향해 나아가려는 갈망을 품는다. 인간의 감정 생활은 무한한 진화를 지향한다. 그러나 가장 낮고 동물적인 단계에서는 단순한 욕구만이 존재하며, 이는 쉽게 충족된다. 굶주림, 갈증, 성적 욕망은 큰 노력 없이 해결되며, 따라서 이 첫 단계에는 비극이 없다. 그러나 영혼을 압도하는 더 깊은 감정은 쉽게 달랠 수 없다. 위대한 사상가의 지식에 대한 갈망, 신비주의자의 종교적 열망, 예술가의 미적 의지, 그리고 열정적인 연인의 사랑과 갈망은 언제나 현실의 한계를 넘어 무한을 지향한다. 이 땅의 세계는 결국 "비천한" 행위와 감정, 그리고 "비천한" 인간들의 영역일 뿐이다. 이러한 한계를 견디지 못하는 연인은, 자신만의 새로운 세계—형이상학적 사랑의 세계—를 창조하지 않을 수 없다.

사랑의 진화

초판 1쇄 발행 2025년 9월 30일

지 은 이	에밀 루카
옮 긴 이	마이너스
펴 낸 이	송누리
편 집	강영은
디 자 인	강영은
마 케 팅	김경래, 최승윤
펴 낸 곳	해밀누리
등록번호	제2024-000196호
등록일자	2024년 8월 16일
주 소	서울, 마포구 성지길 25-11, 지층 1190호 (합정동)
메 일	haemilnuli@gmail.com
I S B N	979-11-7505-203-1 03850

* 이 책에 대한 출판·판매 등의 모든 권한은 해밀누리에 있습니다.
  간단한 서평을 제외하고는 해밀누리의 서면 허락 없이 이 책의 내용을
  복사·인용·촬영·녹음·재편집하거나 전자문서 등으로 변환할 수 없습니다.
* 책값은 뒤표지에 있습니다.
* 잘못된 책은 구입처에서 교환해 드립니다.